사주문답 2

四柱問答 ②

글쓴이
낭월 박주현

동학사

■ 들어가는 말

　안녕하세요, 낭월입니다.
　『사주문답』1권을 벗님들께 내놓은 지도 벌써 3년이 되었습니다. 그 동안에 독학으로 공부하는데 궁금증이 많이 풀렸다는 격려의 말씀을 많이 해주셨습니다.
　이제 문답실의 내용을 정리하여 『사주문답 2』가 나오게 되었습니다. 늘 공부하는 마음으로 살아가는 나날이기에 어제와 오늘이 다를 것 없지만, 그 속에서도 늘 변하는 것이 있는 것 같습니다.
　가령 당시에는 이렇게 봤는데 지금 와서 생각해보니 저렇게 보는 것이 더러 있습니다. 안목이 발전하는 과정이라고 생각하면서도 늘 염려되는 것은 '자칫 잘못 안내하여 소중한 벗님의 시간을 헛되이 하지는 않을까' 하는 것입니다.
　이 자료도 첫 번째 『사주문답』과 같이 인터넷의 〈낭월명리학당〉 회원공간에서 문답을 나눈 내용들입니다. 일부 수정도 했지만, 대체로 그 분위기를 살리기 위해서 그대로 두는 방향으로 정리했습니다. 그리고 개인의 이름은 모두 없애서 선의(善意)의 피해가 생기지 않도록 배려했습니다.

늘 정진하는 마음으로 공부에 임하는 인터넷 회원님들께 이 자리를 빌어 깊은 감사를 드립니다. 정말로 공부하고자 하는 이가 없다면 가르치고자 한들 무슨 소용이 있겠느냐는 생각을 늘 하고 있습니다.

그럼 또 벗님의 자평명리학 공부에 조금이나마 안내서의 역할을 하게 되기를 기원하며, 아울러 더욱 알찬 나날이 되시기 바랍니다.

고맙습니다.

2003년 새해에 계룡 감로에서
낭월 두손 모음

1 이 책의 내용은 인터넷 홈페이지(www.gamlo.com) 〈낭월명리학당〉의 여러 문답게시판에서 모은 자료로 구성되었다. 내용 중에서 일부는 수정을 가했으나 대부분은 거의 원본 상태이다. 그러다 보니 통일감이 부족하고 중복되는 부분도 있어서 한 권의 책으로서는 부족한 감이 없지 않지만, 성격이 판이하게 다른 질문들을 현장에서 직접 접하고 논의하는 난상토론의 분위기를 느낄 수 있다면 공부하는 데에는 오히려 도움이 되지 않을까 기대해본다.

2 질문해주신 회원들의 이름은 삭제하는 것을 원칙으로 했다. 개인적인 자료를 공개함으로 인해 입장이 곤란해질 수도 있지 않을까 하는 우려 때문이다.

3 〈낭월명리학당〉에 질문을 함으로써 좋은 데이터가 이렇게 모아질 수 있도록 해주신 회원들게 이 자리를 통해 깊은 감사를 드린다. 이 자료들이 앞으로 공부하는 벗님들의 참고 자료로서 잘 활용된다면 더욱 가치 있는 일이 될 것이라고 믿는다.

4 이 책의 모든 답변은 낭월이 드린 것이다. 다른 벗님들이 주신 답변도 다수 있었지만, 책의 일관성을 위해 다른 벗님의 답변 내용은 게재하지 않았다.

5 앞으로도 〈낭월명리학당〉의 회원문답실 자료가 계속 쌓여나간다면 분량이 되는 대로, 비정기적으로나마 계속 출판할 예정이다.

6 이 책을 보면서 자신이 했던 질문임을 알아보는 독자가 있다면 색다른 느낌이 들지 않을까 생각한다. '그때에는 이런 것을 몰라서 질문을 했었구나……' 하는 식으로 말이다. 앞으로도 좀더 구체적인 궁금증에 대해 그냥 넘어가지 말고 질문해주기 바란다. 그 자체가 또 하나의 훌륭한 시작이 될 것이기 때문이다.

7 이 책의 기본 자료들을 일일이 저장하고 편집해서 이렇게 다듬어준 현송(玄松) 남주현 벗님께 깊은 감사를 드린다.

차례

- 366 게시판에서 퍼온 글입니다 19
- 367 용신은 水·金일까요? 21
- 368 강하지 않은 것으로 보입니다 22
- 369 결혼시기가 궁금해서요 23
- 370 木 용신, 土 희신이지요? 24
- 371 강하지 않은 것으로 보았습니다 25
- 372 천간 지지의 배합이 더 중요하지 않을까요? 26
- 373 대운 교체시기 계산 27
- 374 신약한 사주로 볼 수 없나요? 28
- 375 혼사가 이루어지겠습니까? 30
- 376 가정에 비중을 두는 사람일까요? 31
- 377 축토를 쓰겠지요? 32
- 378 편고에 기반이라도 사화에 의지해야 하는지요? 33
- 379 火 용신, 土 희신인가요? 35
- 380 종재격으로 볼까요? 36
- 381 월간 임수가 있는데 약한가요? 37
- 382 극과 설 중 어느 것을 먼저 쓰나요? 38
- 383 억부로 관을 쓸 수 있을까요? 39
- 384 운세가 좋지 않으니 자중하는 것이 좋지 않을까요? 40
- 385 용신을 土, 희신을 火로 봐야 할까요? 41
- 386 한신운이 좋게 작용할까요? 42
- 387 용신은 병화로 보았습니다 43
- 388 정화대운의 역할이 궁금합니다 44
- 389 병든 남편인데 어찌합니까? 45
- 390 관보다는 임수 상관을 쓰는 게 나을까요? 46
- 391 종아생재격으로 봐도 됩니까? 47
- 392 조후를 볼 수 있는지요? 48
- 393 겨울 火가 습기가 많아서 약할 것 같습니다 48
- 394 화기(火氣)가 약한가요? 49
- 395 질문이 많습니다 50
- 396 허리 디스크는 왜 그런가요? 53
- 397 좋은 운이 맞나요? 54
- 398 남방운에 대하여 55
- 399 충해도 신강한 사주로 봐야 할까요? 56
- 400 여명 사주에 관살이 없으면 용신이 남편궁이 되나요? 57
- 401 火운이 오면 어떤가요? 59
- 402 土 용신, 火 희신으로 보나요? 60
- 403 임상적 접근입니다 61
- 404 金과 木의 역할이 궁금합니다 62
- 405 급과 성격의 관계에 대해서 63
- 406 몇 급 정도로 보나요? 65
- 407 대운 적용법에 대해 여쭙니다 66
- 408 다시 한번 질문 드립니다 67

409 신강한가요? 68
410 해수의 역할이 궁금합니다 69
411 신강으로 볼까요? 70
412 재성이 충하면 재물이 흩어지나요? 70
413 정관이 대운과 충되면 혼사가 지연되나요? 72
414 경자 일주 73
415 종격병, 예방접종을 해주세요 74
416 관보다는 재가 나을까요? 75
417 약하지 않은 것으로 보았습니다 76
418 金·水를 쓸까요? 77
419 성격이 아주 특이한 사주입니다 78
420 水·金을 쓸까요? 79
421 火·土를 쓸까요? 80
422 金·土를 쓸까요? 81
423 남편성이 둘인 것은 어떻게 해석하나요? 82
424 용신을 잘 보았나요? 83
425 용신이 애매합니다 83
426 상관이 너무 강합니다 84
427 강하지 않은 것으로 볼까요? 85
428 土·金을 쓸까요? 86
429 지지합이 많은 경우는요? 88
430 장래 희망이 치과의사입니다 90
431 합과 충에 대해서 알고 싶습니다 92
432 참 고민이 되는 사주입니다 93
433 매우 종교적인 성격입니다 94
434 물이 왕하지 않은 것 같습니다 95

435 水를 용할까요? 土를 용할까요? 96
436 제 의견입니다 97
437 기신의 작용이 98
438 궁금합니다 99
439 겨울 갑목입니다 100
440 종살격으로 봐야 할 것 같습니다 101
441 종강격으로 볼까요? 정격으로 볼까요? 102
442 편재가 기신이면 부친과의 사이가 좋지 않은가요? 103
443 용신이 궁금합니다 104
444 약하지 않은 것으로 볼까요? 105
445 신약합니까? 106
446 군겁쟁재는 아닌 듯한데 107
447 유월(酉月)의 을사 일주 108
448 신약해 보입니다 110
449 종왕으로 봐야 할까요? 111
450 운이 안 따르겠지요? 112
451 신강으로 火 용신 土 희신인가요? 113
452 신약한 듯 보여서 114
453 종을 하나요? 115
454 신약한 것 같습니다 116
455 신왕한가요? 117
456 신왕 신약 구분이 어렵습니다 118
457 겨울 물입니다 119
458 겨울 金이지만 약한가요? 120
459 종하나요? 121
460 원국의 土는 水대운을 막는다고

봐야 하나요? 121
461 임수대운·임오세운이 걱정입니다 122
462 동지 자료이기도 합니다 123
463 을사 일주입니다 124
464 약하지 않게 보았습니다 125
465 항상 어려운 것은 土의 충입니다 126
466 미토 정관의 의미가 궁금합니다 127
467 사주가 조열하니 계수 관성을 쓸까요? 128
468 극·설이 있으니 약한가요? 128
469 신강하여 木 용신, 火 희신으로 보았습니다 129
470 종할 것처럼 생겼습니다 130
471 물이 많은 것 같습니다 131
472 대운 해석을 부탁드립니다 132
473 용신과 기신이 합일 때를 설명해주십시오 133
474 동지 자료의 확인입니다 134
475 희신이 애매합니다 135
476 동지를 기준으로 해석 136
477 약하지 않은 겨울 金입니다 137
478 희신이 木인가요? 138
479 木의 세력이 강하니 신강인가요? 139
480 감정인인 면과 절제의 편관은 어떤 관계인가요? 140
481 겨울 金이라 오화를 쓰고 싶습니다 141
482 신약으로 볼까요, 신강으로

볼까요? 142
483 경술년의 무진 일주 143
484 여름 木인데 물이 많은 것 같습니다 144
485 상관제살격이 되요? 144
486 용신이 대운과 합거하면 운세가 좋지 않게 되나요? 145
487 술월의 임수입니다 147
488 시(時)가 1월의 동틀 무렵입니다 147
489 축월의 기토입니다 148
490 물이 많은 갑목입니다 150
491 조후로 가야겠지요? 151
492 종을 할까요 아니면 151
493 정화를 용신으로 보았습니다 152
494 불길이 너무 센 사주입니다 153
495 인성을 쓸까요? 154
496 흐름 비슷한 것이 보이면 강약이 헷갈리는 병 155
497 기묘세운을 어떻게 봐야 할까요? 156
498 巳 중 경금을 쓸까요? 157
499 戌 중 신금이 용신인가요? 158
500 일단 종격으로 보았습니다 158
501 강하게 보았습니다 159
502 신강으로 水·木을 쓰나요? 160
503 식상과 기신과의 관계에 대한 것입니다 161
504 木을 어떻게 보아야 할까요? 161
505 寅 중 병화가 용신인가요? 162
506 진토 속의 계수를 용신으로 할까요? 163

507 운이 조금 이해하기
어렵습니다 164
508 지지의 반합을 어떻게
볼까요? 165
509 재성이 만만치 않아
보입니다 166
510 겨울 나무입니다 167
511 성품이 사주에 그대로 나타난 것
같습니다 168
512 아이가 없는 사주입니다 169
513 신강에다 겨울 金입니다 170
514 신약인가요? 171
515 신금이 용신인가요? 172
516 궁금하던 박찬호 사주입니다 173
517 종하지 않았을까 싶습니다 174
518 상격의 사주인가요? 176
519 억부를 쓸까요? 조후를
쓸까요? 177
520 설명 부탁드립니다 178
521 木이 너무 왕해도
괜찮은가요? 179
522 용신이 을목, 희신이
계수인가요? 180
523 종하여 火·土운을
반기나요? 181
524 종왕격으로 볼 수 있나요? 182
525 용신이 기토인가요? 183
526 土·金으로 설해도 될까요? 184
527 용신이 유금인가요? 185
528 신강 신약이 애매합니다 187
529 용신이 계수인지, 그리고 희신은
무엇인지요? 188

530 용신이 기토, 희신이
오화인가요? 189
531 설이 없고 관이 먼데
약할까요? 190
532 두 을목과 두 경금의 합을 어떻게
보아야 합니까? 191
533 식상과 운을 어떻게 봐야
하나요? 191
534 용신이 묘목인가요? 192
535 용신이 木인가요? 193
536 관을 쓸까요? 194
537 술월이지만 월·일지가 술토라서
약하지 않은 듯합니다 195
538 인신충으로 흔들리니
약한가요? 196
539 식신을 쓰면 될까요? 196
540 土기운이 강해지면 신자진 삼합은
얼마나 이루어집니까? 197
541 합화되는 경우는 어떻게 봐야
합니까? 198
542 항상 신강약이 어렵습니다 199
543 두 사주에 대해 여쭤봅니다 200
544 또 金입니다 201
545 혹시 신금이 을목 편재를 202
546 용신이 해수인가요? 202
547 남자 어린아이인데
어렵습니다 204
548 축월의 무토입니다 204
549 저도 신강 신약이
애매합니다 205
550 자세히 보면 신강 신약이
애매합니다 206

551 두 자수와 진토가 합하면
 수세(水勢)가 더 강해집니까? 207
552 몰라도 너무 모르는 것
 같습니다 208
553 머리가 항상 아프다는데요 209
554 金으로 보았습니다 210
555 인월이라 고민입니다 211
556 시모와의 관계 212
557 식상인 金도 계절이 불리하니
 약하지 않다고 봅니다 213
558 신강으로 볼 여지는 얼마나
 있나요? 214
559 기반은 힘보다는 합하려는 마음이
 문제 아닌가요? 215
560 식상을 써야 합니까? 217
561 가녀린 학생입니다 217
562 용신이 없는 건가요? 219
563 회원문답실에서 궁금한
 내용입니다 220
564 임수 일간이 약해 보이기도 221
565 만들어본 사주입니다 222
566 용신을 잡으려고 보니
 애매합니다 223
567 스님, 안녕하세요 224
568 목왕절에 金을 안 쓰자니
 그러네요 225
569 편관격, 인중용재 226
570 卯를 용신으로 할까요? 227
571 무토가 굉장히 강합니다 228
572 남녀 사주의 용신 해설 229
573 의문점입니다 230
574 월지가 불안하니 약하다고 보아야
 하나요? 231
575 다시 보니 약해 보입니다 232
576 지지에 木이 더 좋은 이유는
 사주에 木이 없어서인가요? 233
577 양기성상격 234
578 자꾸 눈이 어두워지는 것
 같습니다 235
579 지장간의 오행도 서로 극한다고
 봅니까? 236
580 화하지 않는 합이라면 기반이
 되지 않을까요? 237
581 고근을 깔고 앉으면 통근율을
 80~90%로 봐도 되나요? 238
582 용신이 안 보입니다 239
583 조후 용신의 가능성 240
584 혹시 인중용재격이 아닌지 241
585 관성을 쓰나요? 242
586 축월의 갑목은 온기가 부족하지
 않은가요? 242
587 金이 월을 잡긴 했는데 써도
 될까요? 243
588 사화를 써도 됩니까? 244
589 水 용신, 金 희신으로
 보았습니다 245
590 강약이 급한지
 조후가 급한지 246
591 갑목은 土로 화한 것이
 아닌가요? 247
592 선전과는 상관이 없나요? 248
593 식신생재격이 되나요? 249
594 인성을 써야하나요? 250
595 경진년에 직장을 옮기는 것이

바라직한가요? 251
596 결혼운은 어떤가요? 252
597 종했다고 봐야 하나요? 253
598 강약이 어렵습니다 254
599 여명(女命)이 너무 습한지 255
600 저울질이 어렵습니다 256
601 앞날이 걱정됩니다 256
602 성격은 불 같은데 사주는 신약할 수 있나요? 257
603 용신을 火로 잡아도 되나요? 258
604 종할 수 있나요? 259
605 계축은 계해로 봐도 됩니까? 260
606 재극인하면 어떤 나쁜 암시가 있습니까? 261
607 신월 갑목 일주 262
608 진토 속의 계수를 써야 합니까? 263
609 용신 기반인가요? 264
610 남편 부도 당함 264
611 결혼운은 어떤가요? 266
612 식상이 없습니다 267
613 관을 쓸 수 있을까요? 268
614 일지 묘목을 쓸까요? 267
615 다 깨지고나니 강약이 어렵습니다 270
616 지지 木운을 어떻게 볼까요? 271
617 가르쳐주세요 272
618 어디로 들어오든 金운은 불리하지 않을까요? 273
619 오화가 들어오면 쟁재로 흉운이 되는 건 아닌가요? 274
620 강약에 대해 275

621 용신을 무엇으로 해야 할까요? 276
622 이 정도면 외격이 될까요? 278
623 스님의 고견이 필요합니다 278
624 천간의 신금은 나쁘지 않은 운인가요? 279
625 지지가 土 일색이라 용신을 못 잡겠습니다 280
626 식상으로 설하면 됩니까? 281
627 임수·해수는 죽을 지경이니 약하지 않은지 282
628 어떤 점 때문에 관을 써야 하나요? 283
629 진토를 쓰는 이유를 모르겠습니다 284
630 대운과 세운이 합하면 원국에 도식의 흉이 생기는지요? 285
631 식상을 먼저 쓰는 이유를 어떻게 이해하면 됩니까? 287
632 흙 속의 木은 흙을 극하지 못한다고 한 것 같은데 288
633 인성을 쓰는 것은 재성의 세력이 강하지 않기 때문인가요? 289
634 사주 원국의 비중을 몇 대 몇으로 두어야 하나요? 290
635 혹시 약하지 않을 수도 있을까요? 291
636 어느 것이 우선하나요? 292
637 인성에 종할 수 있나요? 293
638 약하진 않지만 겨울이니 火·土를 쓸까요? 293
639 구조가 특이한데 인성이

필요한가요? 294
640 경금을 씁니까? 295
641 희신은 水가 우선하나요? 296
642 미토는 거의 木으로 봐도 됩니까? 297
643 궁금한 게 남아 있습니다 297
644 적성은 어느 방면이 좋은가요? 299
645 亥 중 갑목이 걸리지만 종을 할 듯합니다 300
646 불보다는 인성이 우선합니까? 300
647 계수가 일간에게 도움을 줄까요? 301
648 정재와 편재가 글쓰는 데 어떤 작용을 할까요? 302
649 오화를 쓰는 것이 좋은가요? 303
650 관성 때문에 약으로 보았습니다 304
651 신약용인인가요? 304
652 용신이 안 보입니다 305
653 비 내리는 오월(午月)의 병화 일주 306
654 이 정도면 합해서 화하나요? 307
655 金·水 상관입니다 308
656 강약이 어렵습니다 309
657 여름 나무이니 물이 필요할까요? 309
658 실령했으니 인성을 써야 하나요? 310
659 양신성상입니다 311
660 간지 비율이 궁금합니다 312

661 급수가 궁금합니다 312
662 전과 10범 사주입니다 313
663 未 중 정화를 쓸까요? 314
664 사화를 金으로 봐야 하나요? 315
665 정화를 쓸까요? 316
666 식상이 너무 태강한데 용신이 궁금합니다 317
667 병화는 土로 설하는 것이 좋습니까? 318
668 종격으로 봐도 되나요? 318
669 정관격으로 보았습니다 319
670 유금이 용신이라면 불이 희신이 될 수 있나요? 320
671 암장된 용신 321
672 약하다는 결론입니다 322
673 요란한 사주입니다 323
674 조후로 火를 쓰고 木은 희신, 土는 약이 될까요? 323
675 과연 이러한 명식도 내격으로 324
676 인성이 필요한가요? 325
677 식신을 쓰면 됩니까? 325
678 내공이 부족하여 326
679 희신이 궁금합니다 327
680 사화로 조후도 해결하면서 제살하는 형태인가요? 328
681 용신이 궁금합니다 329
682 겨울이라 불이 그립긴 하지만 329
683 월지 진토가 일간 갑목에게 얼마나 도움을 줍니까? 330
684 강약 구분이 어렵습니다 331
685 조후로 볼 때 용신과 희신 그리고

      한신 332
686 깨지고 무력하지만 그래도 재성이
      나을까요? 332
687 寅·午·戌 완전한 삼합인데 모두
      불로 봐야 합니까? 333
688 역시 희·용신이 어렵습니다 334
689 용신으로 오화를
      생각했습니다 335
690 신약용인으로 보았습니다 335
691 재성이 기신이면 336
692 재성을 써야 할까요? 337
693 종격으로 보입니다 337
694 일지 미토가 뿌리인데
      약한가요? 338
695 기토지만 무술월이라면 339
696 약하게만 보입니다 340
697 종한 사주에 선전까지 겹치면
      어떤 현상이 340
698 용신이 안 보이는
      사주입니다 342
699 土는 木의 뿌리:金의 인성=6:4로
      보면 될까요? 343
700 패가한 시기를 천간의 병대운으로
      보는 것이 어떨까요? 344
701 임수가 좋아 보입니다 346
702 흥선대원군의 사주입니다 347
703 약해 보이지 않는 상관이 신경
      쓰입니다 348
704 약하지 않은 것으로
      보았습니다 349
705 처음으로 인사드립니다 349
706 식신생재격으로 봐도

      되나요? 351
707 水·金으로 보고 있습니다 352
708 용신과 급수가 궁금합니다 352
709 용신과 희신이 궁금합니다 353
710 운에서 들어와 천간합을 할
      경우에도 화하나요? 354
711 寅 중 병화를 용신으로
      쓸까요? 355
712 木 용신에 水 희신으로
      생각합니다 355
713 자수가 우선하지 않나요? 356
714 金은 희신입니까? 도움이 되는
      한신입니까? 357
715 여름 불과 겨울 물은 조후를 생각
      안 해도 되나요? 358
716 시간의 을목이 부담스러워 인성이
      필요합니다 359
717 왕지가 월을 못 잡았는데 360
718 土·金을 쓰면 될까요? 361
719 월지 해수로 설기하면 좋을 것
      같은데 361
720 종격은 급수를 어떻게
      봅니까? 362
721 약하게 보입니다 363
722 가까이 있는 木도 나쁘지
      않나요? 363
723 기초부터 364
724 혹시 신강으로 보셨나요? 366
725 土·金으로 보았습니다 367
726 몇 급 정도로 볼 수
      있습니까? 367
727 질문입니다 368

728 용신으로 木을 생각했는데 369
729 혹시 종격이 아닐까요? 370
730 대립하면 극하는 쪽이 강하다는데 371
731 묘유충과 인오합 중 어느 것이 더 흉할까요? 372
732 일간과 용신을 어떻게 볼까요? 373
733 다시 한 번 설명해 주십시오 374
734 辰 중 계수를 쓸까요? 375
735 金·水로 보면 될까요? 376
736 묘미합이 걸립니다 376
737 아무리 오월(午月)이라도 377
738 약하지 않게 보아 金·水로 생각했습니다 378
739 水운을 어떻게 볼까요? 379

740 태어난 시가 맞나요? 380
741 진토도 水의 뿌리가 될 수 있다고는 하나 382
742 용신으로 水를 생각했습니다 383
743 분명 말씀해주셨는데 기억이 안 납니다 383
744 아무래도 계수보다는 정화가 좋은가요? 384
745 미토가 상관을 패인할 수 있을까요? 385
746 몇 급 정도로 생각하면 됩니까? 386
747 궁금합니다 387
748 처성과 여자관계에 대해 388
749 희신과 일간의 합에 대해 389
750 용신과 일간의 합에 대해 390

四柱問答 ②

366　75°

366 게시판에서 퍼온 글입니다

```
    時 日 月 年
    己 甲 戊 甲
    巳 戌 辰 寅

59  49  39  29  19   9
 壬  癸  甲  乙  丙  丁
 戌  亥  子  丑  寅  卯
```

1) 진월에 갑목으로 재가 많지만 관이 없으므로 약하지는 않습니다. 용신은 사화, 희신은 물을 막아주는 土로 보고, 土·火·水운은 별 탈이 없으며 천간의 金운과 지지의 자수·축토운에만 조심하면 좋을 것 같습니다. 전체의 운이 나쁘지 않고 평범한 것보다는 낫습니다.

2) 대운 병화가 세운 경금을 주의를 주고 있으나 세운 경금이 무토·기토에게서 힘을 얻어 갑목을 치니 재성을 전혀 제압하지 못합니다. 따라서 경진년(2000년)에는 甲이 庚을 방어하느라 정신없고, 되는 일 없이 무척이나 힘들고 놀게 되는 경우입니다. 계획이나 일을 추진해도 별 소득이 없겠죠. 특히 甲이 己를 놓치는, 즉 재물이 나가는 현상 같은데 어떤가요?

3) 신사년(2001년)에는 갑목에 나쁜 영향을 주는 것이 경진년의 경금보다는 미미하다고 보며, 충분히 감당할 수 있으므로 경진년보다 나쁘지 않다기보다 훨씬 좋아진다고 볼 수 있지 않습니까?

4) 임오년(2002년)에는 어떻게 될 것 같습니까? 대운이 바뀌는 시

기인데 병임충과 戊·己의 土가 임수를 막아서 임수의 영향은 없어 보입니다.

지지에서 화국(火局)이 형성되어 이 때가 재물을 모을 기회로 보이는데 어떻게 보십니까?

일주가 신약인데 재가 왕하면 어떤 일이 생깁니까?

5) 남자에게 관심은 많으나 결혼까지는 잘 이루어지지 않고, 진술충이 약해지는 인오술화국(寅午戌火局)이 형성될 때, 이 경우는 2002년 결혼하지 않을까 유추하여 봅니다. 좋아하는 남성상으로는 항상 공부하며 열심히 살려고(갑목 영향) 하며, 미래에 대해 명확한 계획(정재 영향)을 가지고 있는 사람일 것 같은데요. 마음은 정이 많은 착한 남자면 되겠지만 생각뿐으로 정작 결혼할 때는 안정적인 남자가 우선이겠는데요.

6) 성격은 급하고 참을성이 없으며 노는 것 좋아하고 잔정 많고 잡일거리를 잘 해결하겠습니다. 그러니까 예전의 직업인 비서는 스스로 알아서 독자적으로 일처리를 하므로 일은 재미있었겠지만 틀에 박힌 생활이라는 점에서 스트레스가 있었겠는데요.

 임수는 반갑고 오화는 부담이라고 할 수 있지요

1) 진월이라고는 하지만 너무 메마른 구조로 보입니다. 그렇게 되면 인성이 필요하다고 합니다. 용신은 水로 하고 희신은 木으로 삼는 것이 좋아 보입니다. 구조의 상황은 강하지 않다는 정도로 이해하는 것이 좋습니다. 무진월은 무토의 세력으로 보아 부담이 되는 것으로 해석하고 싶습니다.

2) 대운이나 세운이나 일간에는 도움이 되지 않는 것으로 보아 시끄러운 해라고 할 수 있습니다. 물론 재물이 나갈 수도 있습니다.

3) 인성이 필요하다면 오히려 설기가 심해져서 경진년과 비슷하

다고 봐야 할 형상입니다.

4) 임수는 반갑고 오화는 부담이라고 하겠지요. 결과적으로 무난한 것으로 결론을 내리겠습니다. 진술충의 원국에서 다시 오화가 들어와 화세(火勢)가 강화된다면 임수의 작용은 미미하다고 봐 부담이라고 결론을 내립니다.

5) 그렇게 볼 수도 있겠습니다. 추리한 방법으로는 무리가 없는데, 아마도 간섭하지 않는 남자라는 것도 중요하지 않을까 싶습니다. 사주에 관살의 통제가 미약해서 억압하는 남자는 견디지 못할 형상입니다.

6) 궁리하는 입장에서야 이런 생각 저런 생각이 모두 가능하겠지만 답을 드리는 입장에서는 공인되기 어려운 내용인지 아닌지도 고려해야 하므로 어렵습니다. 그래서 답이 될 것은 답을 드리고 그렇지 않은 것은 생략합니다. 생각으로는 가능하지만 현실적으로 과연 그렇게 될지 명확하지 않은 것은 답변을 드리기가 부담됩니다. 이해가 되시리라고 봅니다.

367 용신은 水·金일까요?

時	日	月	年
丙	癸	癸	丁
辰	巳	卯	未

62	52	42	32	22	12	2
庚	己	戊	丁	丙	乙	甲
戌	酉	申	未	午	巳	辰

계사가 묘월에 나서 용신으로 인성이 필요한 것 같은데 인성은 암장되고, 그래서 우선 水를 용신으로 삼고 金운을 기다리는 것이 나을까요? 그냥 사화 속의 경금을 용신으로 삼아야 할 처지는 아닌 것 같네요.

 인성의 운을 기다려야

잘 보셨습니다. 필요한 것은 인성이지만 현실적으로 도움이 못되니 그냥 비견으로 의지하고 인성의 운을 기다려야 합니다.

368 강하지 않은 것으로 보입니다

時	日	月	年
丁	庚	庚	丙
亥	申	子	午

67	57	47	37	27	17	7
癸	甲	乙	丙	丁	戊	己
巳	午	未	申	酉	戌	亥

겨울 경금입니다. 火가 水에 극을 당하고 있는 형국이니 아무래도 조후가 급한 것 같습니다. 金 역시 水월에 설기가 클 것 같아 강하지 않은 것으로 보이니 火를 용신으로, 土를 희신으로 쓰고 싶습니다.

인성이 무력해서 火운이 별 도움이 안 되겠습니다

신약이 급한 상황으로 보아 인성을 우선 용하면 좋겠습니다. 그리고 火를 희신으로 보도록 하지요. 金은 나쁘지 않은 것으로 보입니다.

그러나 인성이 너무 무력해서 火운이 오는 것은 별로 도움이 되지 않을 것으로 보아야 합니다.

369 결혼시기가 궁금해서요

時	日	月	年
辛	甲	庚	辛
未	午	子	亥

59	49	39	29	19	9
甲	乙	丙	丁	戊	己
午	未	申	酉	戌	亥

결혼은 하고 싶은데 배우자가 없어 고민을 굉장히 많이 하는 사람입니다. 세운의 경진년(2000년)에 재성도 있고 자진합도 있어서 가능성이 있다고 여름에 상담해주었는데 아직까지 선도 못 보고 있답니다. 인연이란 또 모르겠지만 말입니다.

2001년 신사년은 가능성이 없어 보이고, 2002년 임오년은 용신이 들어오고 정임합도 있어서 가능성이 있지 않나 생각되는데 어떠한지요? 어떤 기준이 없어서 항상 어렵네요.

용신·희신·대운이나 세운에 재성운이 오면 가능한지요? 또 천간합이나 지지반합·육합이 될 때도 가능한지요?

 배우자는 재성이나 관살로 구분하는 것이 좋습니다

배우자는 용신보다는 재성이나 관살로 구분하는 것이 좋다고 봅니다.

신사년에는 정관이 들어오므로 결혼의 인연이 가능하고, 임오년은 오히려 약합니다. 그리고 대운이 상관에 속하면 조심성이 부족해져서 여인들이 부담스러워할지도 모릅니다. 서두르지 말고 자중하며 가장의 준비를 하는 것이 앞으로 좋은 배필을 만나는 데 도움이 될 것입니다.

기본적으로 일지 상관이 있어서 자신의 눈이 좀 높지 않은지 먼저 살펴볼 필요가 있습니다.

370 木 용신, 土 희신이지요?

時	日	月	年
庚	壬	乙	己
戌	子	亥	酉

겨울 바닷물입니다. 을목 가지고 설기가 될 수 있는지요? 그래도 인겁으로 신강이므로 식상을 써서 木 용신에 土 희신을 잡아보았습니다. 木은 천간에서, 土는 지지에서 좀더 큰 작용을 할 것 같습니다.

희신은 火이고, 土는 그냥 한신으로

비록 운에서 火가 들어와 막상 도움을 주지 못한다고 하더라도 원국에서의 희망은 木의 입장에서는 火를 의지하는 것으로 봐야 합니다. 희신은 火가 되고, 土는 그냥 한신으로 보는 것이 무난합니다.

371 강하지 않은 것으로 보았습니다

```
   時 日 月 年
   丙 己 壬 辛
   寅 巳 辰 亥

67  57  47  37  27  17  7
己  戊  丁  丙  乙  甲  癸
亥  戌  酉  申  未  午  巳
```

火・水 세력이 비등한데 사월(巳月)로 향하더라도 진토는 임수와 해수로 인해 물 천지가 되었을 것으로 보입니다. 그래서 강하지 않은 것으로 보고 火를 용신으로, 土를 희신으로, 그리고 천간으로 오는 木도 희신으로 보았습니다.

 잘 보셨습니다

낭월도 그렇게 생각합니다.

Q 372 천간 지지의 배합이 더 중요하지 않을까요?

```
      時  日  月  年
      癸  庚  癸  壬
      未  戌  丑  戌

 65  55  45  35  25  15   5
 丙  丁  戊  己  庚  辛   壬
 午  未  申  酉  戌  亥   子
```

1) 축월 경금이 신왕하고 한기가 심하므로 火를 용하고자 하나 술토 속에 암장되어 있으므로 현실적으로는 水를 용하고 火운을 기다리는 것이 좋겠다고 하셨습니다.

이렇게 본다면 금년(2000년)은 대운이 辛대운이고 세운은 경진년이므로 천간에서는 2개의 金이 가세하여 金의 기운이 더 강해지고 지지에서는 土의 기운이 강한 데다가 진토까지 합세하였으니 태강하게 되며, 진술충으로 강한 土를 충하니 오히려 화를 초래하는 운이 아닐까 생각됩니다.

그런데 이 학생은 올해 18세로서 부산 모 여고의 학생회장으로 당선되었으며 대학 수시모집에서 바라는 대학에 합격하였습니다. 따라서 올 한 해는 상당히 좋은 운이 아니었나 생각이 됩니다.

2) 용신이 水가 되고 희신이 火가 되어 용신과 희신이 서로 극하게 되는데 용신과 희신이 극하는 경우도 있는지요?

3) 火운이 좋다고 하나 천간으로 들어오면 좋고, 지지에서 火 대운이 들어오면 오히려 土를 생하여 더 태강한 사주가 되어 운세가

더 나빠지지 않을까 생각됩니다.

4) 천간에 土운이 비록 기신운이지만 천간으로 들어오면 오히려 강한 水기운과 조화를 이루게 될 것이고, 지지에서 金운이 들어온다면 강한 土기운을 설기하여 중화가 이루어지게 되므로 기유·무신 대운은 좋은 운으로 볼 수 있지 않을까요?

 희신이 용신을 극할 수는 없습니다

1) 용신이 水가 되니 천간으로 경금이 들어오는 해는 나쁘지 않다고 볼 수 있습니다. 그러나 火가 용신이라면 올해는 부담이 크다고 할 수 있습니다. 지지에서 충돌이 나는 것을 동하는 것으로 보는데 천간으로 용신이 생조를 받는 것은 동하더라도 결과가 좋다고 해석할 수 있습니다.

2) 절대로 희신이 용신을 극할 수는 없고, 때로 용신이 희신을 극할 수는 있습니다. 다만 여기에서의 火는 희망 사항이고 실제로는 크게 작용하기 어려울 것으로 보입니다.

3) 잘 생각하셨습니다.

4) 水가 필요한데 천간으로 土가 들어와서 좋을 것으로 보지는 않습니다. 천간의 土는 불리하다고밖에 설명을 못하겠습니다. 기신은 꺼리는 것으로 이해할 수 있습니다. 여하튼 희·용신에 매이지 않고 상황에 따라서 해석을 가감하는 관찰력을 보니 마무리를 잘하고 계십니다.

373 대운 교체시기 계산

대운 교체시기를 분석하다가 몰라서 질문드립니다. '월의 30일을 대운수로 10년을 삼는다. 월의 1시간은 대운수로 10일을 삼는다' 여기까지는 이해가 가는데, '월의 현재 시간으로 1시간은 대운수로 5일에 해당한다' 에서는 계산이 되지 않네요.

 간지의 시간과 현재 시간의 차이

간지의 1시간은 현재의 2시간이라는 것에서 혼동하신 것은 아닌지요? 간지로 1시간이 10일이라는 것이 이해되면 현재의 시간 1시간은 1/2에 해당하니까 5일이 된다는 것이 어렵지 않을 것으로 보이는데, 혹 다른 뜻의 질문이셨다면 다시 하시기 바랍니다.

그나저나 낭월만큼 숫자에 약하신 것 같아서 반갑습니다.

374 신약한 사주로 볼 수 없나요?

	時	日	月	年
	甲	癸	癸	辛
	寅	亥	巳	卯
56	46	36	26	16	6
	丁	戊	己	庚	辛	壬
	亥	子	丑	寅	卯	辰

1) 인터넷에서 어느 학자분은 신강한 사주이며 木을 용신, 火를 희신으로 보았지만 제가 보기에는 신약한 사주로 볼 수도 있지 않을까 하는 생각이 듭니다. 월령을 잃은 데다가 木의 기운이 강하여 오히려 다소 약하지 않을까 생각됩니다. 그래서 용신은 金, 희신은 水가 아닌가 생각됩니다.

2) 이 사람은 45세인 1995년 을해년 무자대운부터 경기도 화성 부근에 공장부지를 사서 기아자동차 하청기업을 시작했는데, 48세 되는 1998년 무인년 7월 인신월에 들어오면서 부도 위기에 몰려 살던 집은 물론 남의 돈까지 다 날려버렸다고 합니다.

만약에 신강한 사주라면 45세부터 48세 때까지 무대운으로 무계합화(戊癸合火)하여 한신운이 희신운(재운)으로 변화하며, 또 무인년에도 천간에 무계합화가 이루어지고 지지에서 인목이 용신운이라 좋은 결과가 초래되어야 하지 않을까 싶습니다. 위의 사주를 신강으로 볼 경우에도 이러한 일이 생길 수 있나요?

제가 볼 때는 오히려 신약한 사주이기 때문에 무대운이 무계합화하여 기신운으로 탈바꿈한 데다가, 세운에서 또다시 천간에 기신운이 가세하고 지지에서도 水기운을 설기하여 설상가상으로 그러한 일을 당하지 않았나 하는 생각이 듭니다.

 그렇게 보실 수 있습니다

1) 금기(金氣)가 좀 약한 편이군요. 그래서 용신으로 인성이 필요할 수도 있다는 생각을 해봤습니다. 잘 보셨습니다. 사해충이 되었다고 해도 묘목이 돕는 사화의 기세가 만만치 않아 보이네요. 그렇게 보실 수 있습니다.

2) 올바른 접근 방법이라고 하겠습니다. 안목은 이름을 따라가는 것이 아니라는 것을 늘 생각하고 선생도 틀릴 수 있다는 생각으로 관찰하면 자신의 안목이 점차 넓어지는 것을 확인할 수 있습니다.

375 혼사가 이루어지겠습니까?

```
時 日 月 年
甲 丁 甲 辛
辰 丑 午 亥

66 56 46 36 26 16  6
辛 庚 己 戊 丁 丙 乙
丑 子 亥 戌 酉 申 未
```

1) 오화월에 정화로 갑목 인성이 양쪽에 있어 신강하게 보입니다. 관을 용하고 싶지만 인성이 더 강해지므로 축토를 용하여 열기를 빼고 水 희신으로 보면 되는지요? 그리고 기신을 木, 구신을 火, 한신을 金으로 보면 되는지요?

아니면 해수를 용하고 신금을 희신으로 볼까요? 그러면 기신은 土, 구신은 火, 한신은 木이 될 것 같습니다.

지금 정유대운에 있는데 세운 경진년(2000년)에는 정신적으로 많이 힘들었던 모양입니다

2) 신사년(2001년)에는 혼사가 이루어질까요? 한다 만다 하며 말을 번복하고 남자를 두고 많은 갈등에 휩싸여 있는 것 같습니다.

 신사년에는 어렵겠습니다

1) 오화는 해수에게, 갑목은 신금에게 제어 받는 형상이어서 아무래도 왕하다고 하기는 어렵습니다. 오히려 신약하여 木을 용신으로 보는 것이 좋습니다.

2) 신사년에 혼사를 생각한다면 정화에게는 관살이 들어오지 않으므로 이뤄지기 어렵습니다. 대운에서 土가 들어오는 것도 식상운이 되므로 결혼의 인연이 된다고 할 수 있는데, 세운에서 식상도 관살도 오지 않으므로 임오년(2002년)이 되어야 결혼이 성사된다고 보는 것이 좋습니다.

376 가정에 비중을 두는 사람일까요?

```
   時 日 月 年
   癸 辛 辛 癸
   巳 巳 酉 卯

69  59  49  39  29  19   9
甲   乙   丙   丁   戊   己   庚
寅   卯   辰   巳   午   未   申
```

1) 유금이 월지를 잡고 사유합을 하고 있는 것까지는 문제가 없는데 옆에 하나가 더 있으니 일지 사화가 조금 망동을 하여 합이 약해지지 않을까 하는 의심이 생깁니다.

천간의 계수가 시지 사화를 누르기에 큰 탈은 없으리라 생각되어 일지 사화를 일간의 세력으로 볼 수 있다고 생각합니다. 그러면 水·木으로 설기하는 구조로 보이는데 맞는지요?

2) 남자 사주에서도 월·일지 합은 부부간의 유정함으로 볼 수 있습니까?

3) 만일 그렇다면 일지 사화는 일간·월지와 동시에 합을 하고

있는데, 처궁이 일간과 합하고 남편자리와도 합을 하니 부부간의 정이 각별할까요?

4) 자식궁의 사화도 비록 멀어서 합이 이루어지지는 않지만 합을 하고 싶어할 것이므로 자식을 향하는 마음도 상당하지 않을까 싶습니다. 사화는 한신이므로 합하려는 마음이 해롭지는 않을 듯합니다.

5) 월간의 신금은 형제에 해당하므로 별 의미는 없겠지만 사화로 향하는 마음이 있다고 보면 가정에 신경을 많이 쓰는 사람이 아닐까 추리해보았습니다. 얼마나 타당성이 있는지요?

 그렇게 해석할 수도 있습니다

1) 그렇게 봐도 무리가 없겠습니다.

2) 그렇지요. 남녀 모두 같습니다.

3) 정이 유별하다기보다는 서로를 억압하는 형태가 되지 않을까 염려가 됩니다.

4) 바짝 붙어 있지 않은 경우는 그냥 지나치도록 합니다.

5) 신경을 쓴다는 것은 집착이 있다고 봐도 되므로 가능한 해석입니다. 다만 합은 집착이라는 생각이 자꾸 듭니다.

377 축토를 쓰겠지요?

時	日	月	年
甲	丁	丁	癸
辰	丑	巳	卯

```
69  59  49  39  29  19  9
庚  辛  壬  癸  甲  乙  丙
戌  亥  子  丑  寅  卯  辰
```

가장 확실한 설기 구조인 정축 일주이지만, 여름이고 불의 세력도 만만치 않아서 물과 저울질을 하게 됩니다. 그래도 멀리 있는 물방울보다는 가까이 있는 불 먹는 하마가 더 도움이 되지 않을까 합니다. 축토를 쓰는 데 있어서 조금 불안하게 만드는 것은 여름에 불 세력도 만만치 않아 축토 속의 습기가 메마르지 않을까 하는 점입니다.

 계수의 용신 가능성도 있습니다

남의 사주이니까 그냥 축토로 용신을 삼지만 본인이라면 계수에 대해서도 비중을 두고 고민을 해봐야 겠습니다. 즉 6:4 정도로 계수의 용신 가능성도 있다고 봐야겠네요.

378 편고에 기반이라도 사화에 의지해야 하나요?

```
時  日  月  年
壬  癸  辛  癸
戌  酉  酉  巳
```

54	44	34	24	14	4
乙	丙	丁	戊	己	庚
卯	辰	巳	午	未	申

일반 직장에 다니면서 방송작가로 활동하고 있는 사람입니다. 작가로서 버는 수입이 한 달에 500만 원 안팎이라고 하니 그 방면에서 잘 나간다고 할 수 있을 텐데, 중요한 것은 작가 기질이라고 할 수 있는 식상이 없다는 것입니다. 기껏해야 왕한 사주에 편인이 겹쳐 있을 뿐이라서 작가로 활동하고 있는 것을 어떻게 이해해야 할지 모르겠습니다. 편인을 잘 요리하고 있다고 해야 하나요?

출생시간은 유시일 가능성이 있다고 하고, 1990년 안팎에 방송작가로 상당히 성공했던 모양입니다. 연봉 1억을 상회하면서요.

 먼저 어떤 부류의 작가인지를 고려해봅니다

현재 재성의 운에서 운을 받고 있는 것은 이해가 됩니다. 그리고 작가라고 하니 창의적인 작가인지 모방을 잘 하는 작가인지, 또는 편인이 많은 것으로 봐서 유사품을 잘 구사하는지에 대해서도 고려를 해보는 것이 좋습니다. 그런 후 창의력이 있다고 하면 식신의 성분이라고 하겠는데, 사주에서는 보이지 않으니 아마도 창의적인 작업을 하는 데 고통이 많이 따르지 않을까 생각해봅니다. 그 이상은 모르겠습니다.

379 火 용신, 土 희신인가요?

	時	日	月	年
	戊	甲	丙	甲
	辰	子	子	午

68	58	48	38	28	18	8
己	庚	辛	壬	癸	甲	乙
巳	午	未	申	酉	戌	亥

겨울 갑목으로 강한 것으로 보아 火 용신, 土 희신으로 보고 싶습니다. 그런데 임상 검증에서는 27세부터 4년제 대학의 교수가 되어 47세인 지금까지 별 탈 없이 지내고 있습니다. 본인 역시 흡족한 세월을 보냈다고 하는데 水의 기신운에도 그것이 가능한가요?

 수신제가를 잘 한 듯

임신과 계유의 대운을 잘 보냈다고 하는 것은 아무래도 수신제가를 잘 한 것이 아닌가 하는 생각밖에 못하겠습니다. 사주의 구조로 봐서는 火를 제외하고 달리 생각할 수가 없으며, 水의 운은 좌우의 木이 막아주는 관계로 크게 흉하지는 않겠습니다. 다만 지지의 金운은 木이 없으므로 부담되는 것이 일반적입니다.

더러는 운의 이해가 완벽하지 않은 경우도 있지 않은가 생각하고, 그 이면에서 작용하는 어떤 힘을 생각해보기도 합니다. 참고하시기 바랍니다.

38Q 종재격으로 볼까요?

```
    時 日 月 年
    庚 乙 丁 壬
    辰 未 未 戌

71  61  51  41  31  21  11   1
 己  庚  辛  壬  癸  甲  乙  丙
 亥  子  丑  寅  卯  辰  巳  午
```

1) 재성이 강한 데다가 을목이 경금에 극을 당하고 인성인 임수는 술토와 정화에 의해 극제를 당하고 있으니, 결국은 강한 재성을 좇아 종할 수밖에 없지 않을까 싶습니다.

2) 이 경우 용신은 土로 보고 희신은 金, 기신은 木, 구신은 火로 볼 수 있나요? 그리고 비록 土를 종한다고 할지라도 火운은 나쁜 영향을 미치지 않을까 싶습니다.

3) 비록 용신을 土로 본다고 할지라도 진운이나 축운에는 지지에서 충하기 때문에 오히려 강한 土를 건드려 화를 자초하지 않을까 싶습니다.

4) 이 학생은 금년(2000년) 봄 부친이 보증을 잘못 선 관계로 거의 모든 재산을 날려버리고 남의 집에 셋방살이를 하다시피 하며 어려움을 겪고 있습니다. 이것은 대운이 기신운인 데다가 세운에서 진술충을 당하였기 때문이 아닌가 생각됩니다.

5) 천간에서 을경합금(乙庚合金)이 이루어지고 또한 정임합목(丁壬合木)이 이루어지고 있어 이러한 합이 사주 전체에 어떠한 영향

을 미칠지 궁금합니다.

정임합목이 이루어지니 정격으로 볼 수 있고, 을경합이 이루어지니 종재격이 아닌 종관격으로 볼 수도 있지 않을까 싶습니다.

그리고 그대로 종재격으로 본다면 정임합목은 종재를 방해하니 사주를 더욱 탁하게 만드는 것이 되고, 을경금은 강한 火의 기운을 설기하니 좋은 작용을 한다고 볼 수 있나요?

 정격으로 봐도 해석이 되지 않나 싶습니다

1) 지지에 전부 뿌리가 숨어 있고, 천간에 임수도 있으니 그냥 버티는 형상이 아닌가 싶습니다.

2) 종재를 했다고 보면 그렇게 읽으셔야 하겠습니다.

3) 이미 종재를 했다면 土운이 나쁘지 않습니다.

4) 금년의 土·金운에서 고통을 받는다면 정격으로 봐도 해석이 되지 않나 싶습니다. 좀더 지켜봐야 할 모양입니다.

5) 아마도 가까운 사람인가 보네요. 많은 생각을 하신 것으로 봐서 말이지요. 여하튼 다시 정격으로 대입해서 확인해보실 것을 권합니다.

381 월간 임수가 있는데 약한가요?

時	日	月	年
戊	乙	壬	丁
寅	巳	寅	未

```
78 68 58 48 38 28 18  8
庚 己 戊 丁 丙 乙 甲 癸
戌 酉 申 未 午 巳 辰 卯
```

1) 인월의 을목에 월간 임수가 버티니 약할 것 같지는 않은데, 火를 용하고 土를 희하나요?

2) 그렇게 하려니까 사화가 너무 세며 을목도 설기가 강하고 임수도 정해에 잡혀 있는 형국이라 水·金을 써야 할까요? 실제로 아버지가 편재로 폭력적이어서 고통을 많이 받았다고 합니다.

 약하지 않습니다

1) 인월에 을목인 구조를 감안한다면 약하지는 않습니다. 약하지 않으므로 일지의 사화를 용신으로 삼을 수 있는 구조입니다. 그렇다고 水를 쓸 상황은 아니라고 생각됩니다. 부친과의 갈등은 또 다른 관점으로 생각해야 합니다.

2) 만약 신약하였다면 초운의 목운에서 부친에게 고통을 받았다고 생각하기도 어렵지 않은가 싶습니다.

382 극과 설 중 어느 것을 먼저 쓰나요?

```
時 日 月 年
丙 庚 辛 己
戌 子 未 酉
```

```
64  54  44  34  24  14   4
戊   丁   丙   乙   甲   癸   壬
寅   丑   子   亥   戌   酉   申
```

신강이니 水를 용신으로 하고, 용신이 土 속에 갇혀 있더라도 金을 희신으로는 못 쓸 것 같습니다. 미토 속의 미약한 을목이라도 희신으로 쓸 수 있나요? 그렇다면 관을 용하고 미토 속의 木을 희신으로 하나요?

 희신은 둘이 될 수도 있습니다

희신은 원국에 없어도 운에서라도 반갑습니다. 木을 희신으로 보지만 관을 용신으로 쓸 구조는 아닌 것으로 생각됩니다. 희신은 필요에 따라 둘을 겸해서 쓸 수도 있습니다.

383 억부로 관을 쓸 수 있을까요?

```
時   日   月   年
辛   甲   戊   庚
未   寅   子   辰

65  55  45  35  25  15   5
辛   壬   癸   甲   乙   丙   丁
巳   午   未   申   酉   戌   亥
```

얼마 전 태어난 아이인데 저에 의해 일주가 결정되었습니다. 괜한 말 한마디 때문에 아이 사주가 결정됐다고 생각하니 부담스럽기 짝이 없습니다. 자월 갑목이라 조후로 火·木을 좋게 볼 것 같은데 억부로 관을 용하고 재를 희하는 명으로 볼 수는 없는지요?

 잘 하셨네요

이미 인목과 미토의 온기로 별도의 조후를 필요로 하지 않아도 됩니다. 관을 쓰는 것도 무난하다고 보여집니다.

384 운세가 좋지 않으니 자중하는 것이 좋지 않을까요?

時	日	月	年
癸	丙	辛	丙
巳	寅	卯	午

69	59	49	39	29	19	9
戊	丁	丙	乙	甲	癸	壬
戌	酉	申	未	午	巳	辰

인성과 비겁이 많아 아주 신강한 사주인 것 같습니다. 계수는 이미 사화와 병화에 의해 증발한 상태이고 신금도 강한 병화에 의해 녹아 내린 격이라 종왕격으로 볼 수도 있으나, 일간 양쪽에서 계수와 신금이 견제하고 있으므로 일단은 정격으로 보고 계수를 용신, 신금을 희신으로 보았습니다.

위의 사람은 금년(2000년)에 사무실을 내 건축업 계통의 사업을

시작하였습니다. 비겁이 많아 자유업이나 독립해서 사업을 하기에
적합하나, 정재가 천간에 투출되어 있고 편재는 시지에 암장되어
있으므로 스스로 사업을 하기에는 조금 부족하지 않나 싶습니다.
더욱이 금년 35세로 갑오대운을 맞이하고 있으니 좋은 결과를 볼
수 없지 않을까 싶습니다. 사업을 크게 펼치지 않는 것이 좋으리라
여겨집니다.

조심할 때입니다

보신 대로입니다. 조심할 때이므로 투자하는 것은 그만두라고 권
합니다.

385 용신을 土, 희신을 火로 봐야 할까요?

時	日	月	年
戊	甲	癸	戊
辰	辰	亥	子

73	63	53	43	33	23	13	3
乙	丙	丁	戊	己	庚	辛	壬
卯	辰	巳	午	未	申	酉	戌

해월 갑목이 일지와 시지에서 土를 깔고 앉았으나 진토는 습토로
서 극보다는 생의 의미가 더 강하다고 보입니다. 따라서 상당히 신
강한 사주라고 사려되며 겨울 갑목이 火를 보지 못해 좀 아쉽습니
다.

용신은 조후를 겸하여 火로 보면 좋겠으나 사주에 없으니 재성인 무토를 용신으로 하고 火를 희신으로 보며 火운을 기다려야 할 것 같습니다.

 火가 없어서 아쉽군요

火운은 좋아 보이는군요. 사주에서 하나 정도라도 있어 주면 좋을 것을 많이 아쉽군요. 운이 좋다고 할 수 있습니다. 다만 水가 왕할 경우이므로 火의 운이 제 기능을 발휘하는지에 대해서는 일일이 대입을 해봐야겠습니다.

386 한신운이 좋게 작용할까요?

時	日	月	年
乙	丁	庚	己
巳	丑	午	卯

71	61	51	41	31	21	11	1
壬	癸	甲	乙	丙	丁	戊	己
戌	亥	子	丑	寅	卯	辰	巳

오월(午月) 정화가 천간에서 인성의 생을 받고, 지지에도 비겁과 인성이 있어 신강해 보입니다. 따라서 축토로 강한 火기운을 설기하는 것이 좋을 듯싶어 축토를 용신, 경금을 희신으로 해야 되지 않을까 싶습니다.
 위의 사주는 신강한 사주이기는 하지만 축토로 설기가 이루어지

고, 또한 기토의 생을 받은 경금으로 강한 火기운을 견제하고 있으니 전체 사주는 어느 정도 중화가 이루어졌다고 보고 싶습니다.

위의 사람은 현재 61세로서 계해대운에 접어들고 있습니다. 水는 한신으로 계해대운에서 천간에서는 木·火·土·金·水로 중화를 이루고, 지지에서도 강한 火기운을 극해주므로 한신운이 좋게 작용한다고 볼 수 있나요? 아니면 천간에서는 희신인 金기운을 설기시키고, 지지에서는 강한 火기운을 자극하므로 오히려 좋지 않게 작용한다고 보아야 할까요?

 평운 정도로 봅니다

잘 보셨습니다. 다만 水는 도움이 되기를 바랄 수 없는 것으로 보입니다. 기신인 木을 생조하는 것이 부담이고 화력(火力)을 제어하는 것이 나쁘지 않다고 보아 평운 정도로 봅니다.

387 용신은 병화로 보았습니다

時	日	月	年
己	戊	癸	戊
未	寅	亥	寅

초겨울에 무인 일주입니다. 신약하니 조후 겸 寅 속의 병화를 용신으로 하고 희신 木, 기·구신 水·金, 한신인 土는 도움이 되는 것으로 보입니다. 맞나요? 지지로 기신인 水운이 오면 木을 생하고 木은 火를 생하니 희신에 가까울 것 같은데 제 판단이 맞는지 가르침

부탁합니다.

 그래야 할 모양입니다

희신은 그냥 土를 사용해야 합니다. 운에서 木이 온다고 해도 寅 중 병화가 생조 받기는 어렵습니다. 지지의 水는 한신으로 봐야지 희신이라고는 못합니다.

388 정화대운의 역할이 궁금합니다

時	日	月	年
癸	壬	壬	乙
卯	寅	午	未

79	69	59	49	39	29	19	9
庚	己	戊	丁	丙	乙	甲	癸
寅	丑	子	亥	戌	酉	申	未

1) 성격에서 궁구하는 자세, 자존심, 그리고 자기 중심적인 성격이 강하다고 분석되며, 2차 존에서 강한 상관으로 인해 자기 표현욕구가 강하다고 분석할 수 있나요?

2) 대운을 5:5로 판단한다고 하셨는데 해수를 깔고 있는 정화대운을 어떻게 판단해야 하나요? 정화가 계수에게 충을 받지만 임수 용신을 잡는 형국입니다. 사회활동에 지장이 생긴다고 보나요?

정화를 계수가 막아줍니다

1) 잘 생각하셨습니다. 그렇게 보시면 됩니다.
2) 정화대운은 그 자체로만 추리하고 해수는 고려하지 않습니다. 어떤 형태로든 지지의 해수가 작용할지 모르지만 그렇게 보지 않아도 해석하는 데는 별 무리가 없습니다.

정화는 계수가 막아줘서 무난하다고 할 수 있습니다. 만약 계수가 없었다면 큰일이겠군요. 세운에서 혹시 무토라도 들어온다면 주의가 필요합니다.

389 병든 남편인데 어찌합니까?

①				②			
時	日	月	年	時	日	月	年
癸	癸	辛	辛	己	乙	甲	己
丑	丑	丑	亥	卯	酉	戌	酉

첫 번째 사주 용신부터 고민됩니다. 축월의 계축 일주가 인비가 충분하여 火를 찾는데 없어서 편관인 火를 용하고 기다리는지, 해수 속의 갑목을 쓰고 기다리는지, 종격을 생각해야 하는지 고민됩니다. 결국 木을 용하고 火를 기다리는 것으로 봤습니다.

두 번째는 남편 사주입니다. 용신으로 상처투성이인 비겁에 의지하고 인성을 기다리나 운에서도 이제 물 한 방울 없어서 기대하기 힘든 상황에 1급 선전까지 보입니다. 이것까지 작용한다면 이 여인은 어떻게 살아가야 할지 걱정됩니다.

 용신은 土밖에 없겠네요

잘 보셨습니다. 용신은 土를 쓰는 수밖에 없다는 것이 아쉽네요. 달리 방법이 없어 보입니다. 그리고 남자의 사주도 보신 대로 이해하시면 되겠네요. 부부의 인연은 궁합이 작용하지만 더 깊은 곳에서는 전생의 업연이 존재하는 게 아닌가 하는 생각을 많이 하게 됩니다.

남편의 배우자 인연을 살펴보니 여자가 아무리 노력해도 인사 받기는 어렵지 않을까 싶습니다. 이유는 남자의 처궁이 편관이고 재성은 기신이며 신약한 을목의 욕심을 채우기가 어렵지 않을까 싶어서입니다. 차라리 그만두고 홀로서기를 하는 것이 좋지 않을까 싶습니다. 참고되셨기 바랍니다.

390 관보다는 임수 상관을 쓰는 게 나을까요?

時	日	月	年
丙	辛	甲	壬
申	未	辰	子

강한 것은 의심하지 않아도 되는데, 일간이 관과 합을 하고 있어 용신 찾기가 보물찾기입니다. 합을 하고 있으니 병화를 쓰면 좋을 것도 같지만 허약하고 金이 많지 않아 병화를 고집할 명분이 없어 보이고, 상관을 쓰자니 조금 먼 것이 흠입니다. 그래도 뿌리를 두고

있는 상관이고, 재성도 옆에 있으니 상관을 쓰는 게 좋을 것 같다는 생각입니다.

 일리가 있습니다

일리가 있는 말씀이지만, 그래도 정관을 쓰고 싶은 마음이 많아 보입니다. 우선하는 것으로는 火를 보고 싶습니다.

391 종아생재격으로 봐도 됩니까?

時	日	月	年
癸	己	癸	癸
酉	酉	亥	丑

저 멀리 물 속에 잠겨서 물을 지탱하고 있는 축토를 의지하긴 어려울 것 같다는 생각이 듭니다. 종아생재라면 재성에 더 비중이 있을까요?

 종으로 봅니다

이렇게 의지가 없을 경우에는 종을 고려하지 않을 수 없지요. 종으로 봅니다.

392 조후를 볼 수 있나요?

時	日	月	年
戊	庚	乙	癸
寅	午	丑	丑

겨울 金이라 조후에 눈길이 먼저 가는데, 문제는 두 축토 위에 계수와 을목이 덜렁 올라앉아 있는 것입니다. 축토가 각기 계수와 을목을 지탱하느라고 바쁘긴 하지만 경금의 아군임에는 틀림없는 것 같아서 이 정도면 조후를 봐도 되겠다고 생각합니다. 조후를 볼 수 있나요?

 火를 쓸 수 있습니다

축월 경오라면 오화에도 어느 정도 의지할 수 있다고 보아 다소 약하기는 하지만 조후를 사용하지 못할 정도는 아닙니다. 火를 쓸 수 있습니다.

393 겨울 火가 습기가 많아서 약할 것 같습니다

時	日	月	年
甲	丁	乙	癸
辰	巳	丑	丑

예전에 약하지 않다고 생각했던 것 같은데, 다시 보니 축월이고 습기가 너무 많아 겨울 火가 배겨날까 싶고 약할 것 같은 느낌이 들어서 여쭙니다. 木 입장에서도 좋은 여건은 아닌 듯싶고 약할 것 같은데 어떤가요?

 공감이 가는 내용이네요

그렇게도 보입니다. 명확하게 구분되지 않는 명식이라고 할 수 있겠네요. 다소 약함으로 봅시다.

394 화기가 강한데 약한가요?

```
     時 日 月 年
     辛 乙 癸 丁
     巳 未 卯 酉

66  56  46  36  26  16  6
丙   丁   戊   己   庚   辛   壬
申   酉   戌   亥   子   丑   寅
```

을목이 월을 얻었으나 유금에 의해 충이 되고, 미토도 사화에 의해 화기(火氣)가 강화된 걸로 보아 약하게 보았습니다. 용신으로 水를, 희신은 木으로 보나요?

 잘 보셨군요

월지의 묘유충으로 강하다고는 못하겠습니다. 약하여 인성을 찾는 것으로 봐야겠습니다.

395 질문이 많습니다

時	日	月	年
己	甲	甲	戊
巳	寅	寅	申

67	57	47	37	27	17	7
辛	庚	己	戊	丁	丙	乙
酉	申	未	午	巳	辰	卯

1) ① 목왕절의 갑목으로 신강하고, 설하는 사화를 용하고 土를 희신으로 보고 싶습니다.
   ② 희신으로 土를 쓰는 부분이 이해가 잘 안 가는데, 木·火·土·金·水 중에 火를 빼고 나면 극하는 金보다는 극으로 설하는 쪽으로 土를 쓰나요?
   ③ 천간으로 오는 운은 火·土는 다 좋고 임수와 계수도 무토와 기토가 버티고 있어 좋아 보입니다.
   ④ 지지로 오는 운은 火는 다 좋고, 土는 미토와 술토가 좋으며 진토와 축토는 용신인 火를 설하는 부분이 심해서 안 좋게 보입니다. 해수는 寅 중의 무토와 무계합으로 좋고 자수는 무난하게 보입니다. 金과 木은 무조건 안 좋게 보입니다.
   ⑤ 2001년 5월 6일은 다음과 같은 날로 저의 용신이 겹쳐 있습니다. 용신일이니까 좋은 날일 것 같은데 어떤 일이 일어날

수 있나요? 준비하고 있는 컨텐츠사업(인터넷 벤처)으로 사업자금을 10억 정도 모금하려 한다면 승산이 있나요?

```
    時  日  月  年
 ○  己  癸  辛
 ○  巳  巳  巳
```

2) 인목은 갑목의 뿌리가 되므로 병화를 사용하지 못하나요? 사용 가능하다고 보고 싶습니다. 모두 식신의 형태로 나타날 것 같습니다. 유년시절 공상 속에 살았습니다.

3) 연지와 월지의 충이지만 목왕절에 신금이 힘을 쓰지는 못할 것으로 보입니다. 그래도 영향은 있는 것으로 보입니다. 하체 이상이 있었으나 20세 때 완치되었습니다. 어떤 역할을 할까요? 항상 바쁘게 움직이고 여행을 많이 하는 것입니까? 그 외 어떤 부분이 있을 수 있나요?

4) 일간의 시간과의 합은 못되고 유정하다고 말할 수 있나요? 기토 하나에 木이 월·일에 4개나 버티고 있어 쟁재현상은 어떻게 봐야 하는지요? 일종의 쟁재로 봐야 합니까?

5) 무토 편재는 연간지·월지·일지·시지에 있는데 미래지향적, 이상적, 자유스러운 직업 외에 어떤 역할을 하나요?

6) 현재 정사대운인데도 불구하고 2000년 경진년은 무척 힘들었던 것 같습니다. 정관이 없는 탓입니까? 신사년(2001년)의 신금은 올해의 경금과 어떻게 다를까요? 무자비한 경금보다는 섬세한 신금이 나으리라고 보는데 어떤 일이 일어나나요? 정관이라면 결혼운입니까?

7) 말년의 경신대운이 무섭게 느껴집니다. 경진세운에도 이렇게 힘들다면 경신대운에는 지지는 인신충으로 뿌리가 힘들겠고, 천간의 경금으로 정신적인 충격이 크지 않을까 생각됩니다. 초년의 경금과 중년의 경금, 말년의 경금은 어떻게 봐야 하는지요? 일간의 갑목 자신은 세월이 가면서 성장한다고 생각할 때 말년으로 갈수록 흉운을 견디는 힘이 생길 거라고 생각하고 싶습니다. 감사합니다.

 인생 수양이 잘 된다면 말년은 두려워하지 않아도 됩니다

1) ① 잘 보셨습니다.
② 용신 火를 빼고 희신을 저울질하지는 않습니다. 水가 왔을 때 용신을 보호하라고 土를 희신으로 한다고 이해합니다.
③ 운에서 천간의 火는 물론 좋겠지만 土는 그저 그런 정도로 봐야 하지 않을까 싶습니다. 火가 없는 상태에서 들어오는 土는 힘을 발휘하지는 못합니다.
④ 그렇게 봐도 무리가 없습니다. 다만 지지의 水는 좋을 것이 없습니다. 용신이 극을 받을 뿐 좋을 일은 없겠네요. 寅 중의 무토와 무계합이 된다는 것은 성립되지 않을 것입니다.
⑤ 글쎄요. 그냥 심심풀이라면 좋지만 중요한 문제라면 말하지 못하겠습니다. 날짜별로 대입하는 것에는 자평명리가 어울리지 않는다고 생각합니다.

2) 寅 중의 병화도 식신이지요. 火가 들어오기만 하면 좋습니다. 구태여 구분할 의미는 없다고 봅니다.

3) 인신충의 작용을 논한다면 월지가 흔들린다고 하겠으므로 직장의 동요를 생각할 수도 있습니다.

4) 합됩니다. 화하지 않으므로 그냥 유정하다고 합니다. 쟁재는 아니지만 운에서 다시 木이 온다면 쟁재라고 할 수 있습니다.

5) 그 정도면 되겠습니다. 낭비에 대해서도 고려해보세요. 다만 가까이에 정재가 있어서 별로 작용한다고는 못하겠습니다.

6) 사화가 들어오니 내년(2001년)은 훨씬 좋겠습니다. 정관운에 결혼할 수도 있습니다.

7) 말년의 부담은 인생 수양이 잘 된다면 크게 두려워하지 않아도 된다고 봅니다. 그러나 생각 없이 살아가는 사람이라면 초년이나 말년이나 같다고 할 수 있습니다.

396 허리 디스크는 왜 그런가요?

時	日	月	年
丁	辛	癸	壬
酉	丑	卯	寅

61	51	41	31	21	11	1
庚	己	戊	丁	丙	乙	甲
戌	酉	申	未	午	巳	辰

1) 목왕절의 신금으로 인성인 축토가 있다고는 하나 신약으로 보고 싶으며, 土를 용하고 金을 희신으로 봐도 될까요?

2) 운으로 볼 때 천간으로는 土·金이 괜찮고 水는 무난하며 火·木이 안 좋을 듯합니다. 지지로는 土·金이 좋고 火도 좋아 보이며 水·木이 안 좋을 듯합니다.

3) ① 알뜰살뜰하여 착실하게 잘 살고 있습니다. 식상이 재성을 도와서 그런 겁니까?

② 기묘년에 회사를 그만두고 지금까지 공부를 하다가 조그마한 사업이라도 하려고 여기저기 기웃거리며 다니고 있습니다. 조금 있으면 무신대운이 기다리고 희·용신 운으로 흐르는 걸로 봐서 사업을 권유해도 될까요?

③ 사업으로는 청소년 상대의 PC방을 하려는 모양인데 아직 자신의 적성은 못 찾은 것 같습니다.

4) 예전부터 허리 디스크를 앓고 있는데 조금 심한 모양입니다. 묘목이 워낙 강해서 土를 극하고 유금과 충이 된 것으로 해석해도 됩니까?

 잘 보셨습니다

1) 그렇습니다. 잘 보셨습니다.

2) 그렇습니다.

3) ① 편관은 늘 분수를 지키려고 노력합니다.

② 가능합니다.

③ 무난합니다.

4) 디스크에 대해서는 뭐라고 말을 못하겠습니다. 생각하기 나름이라고 말할 수 있습니다.

397 좋은 운이 맞나요?

時	日	月	年
壬	壬	庚	乙
寅	子	辰	卯

30 20 10
癸 壬 辛
未 午 巳

일을 얻었고, 월지의
희·용신은 木·火

인오합도 있고 자오
운으로 봐야 할 것

목의 설기도 만만치
은 쪽에 55% 걸어도
입한다면 오대운은 좋

이을로 지음 | 신국판
1272쪽 | 84,000원

이제는 【육임】을 책과 해설판 프로그램으로
완벽하게 정복할 수 있습니다!

지금까지 CD로 제공했던
조식·해설 프로그램은 동학사 홈페이지에서
다운받을 수 있습니다!

① www.donghaksa.co.kr 접속
② 홈페이지 상단 [자료실] 내 [공지사항] 클릭
③ 〈육임대전〉 육임 해설판 프로그램 다운로드 클릭
➡ [▶ 육임 해설판 프로그램 다운받기] 클릭 후 실행

 BOOK

www.donghaksa.co.kr
www.green-home.co.kr

동학사는 언제나
출판 100년을 생각합니다

04083 서울시 마포구 토정로 53 (합정동) | 전화 02-324-6140 | 팩스 02-324-6135
계좌번호: 하나은행 209-910005-93904 (예금주 주식회사 동학사)

71	61	51	41	31	21	11	1
戊	丁	丙	乙	甲	癸	壬	辛
戌	酉	申	未	午	巳	辰	卯

아내가 지지의 남방운 시기에는 활동하지 못했는데, 남편이 아내를 집에 있게 하고 혼자서 사업을 하다 전부 망했답니다. 남편은 사람이 매우 착하고 아내한테 꼼짝 못하는데 돈하고는 연관이 없는 사람처럼 보입니다. 지금도 아내 일을 도와주고 돈은 아내가 다 법니다. 남편이 아내를 묶어놓을 경우 아내에게 기회가 오더라도 그냥 흘려보낼 수 있다고 볼 수 있나요?

 운의 작용이 미약하겠습니다

활동하지 않았다면 운의 작용도 미약하다고 할 수 있습니다. 참고하시기 바랍니다.

399 충해도 신강한 사주로 봐야 할까요?

時	日	月	年
乙	戊	戊	甲
卯	戌	辰	寅

63	53	43	33	23	13	3
乙	甲	癸	壬	辛	庚	己
巳	辰	卯	寅	丑	子	亥

진월 무일생으로 천간과 지지에 각기 비견을 보아 강한 토국(土局)을 형성하고 있으므로 신강한 사주로 볼 수 있으며, 양기성상격 또는 편관격으로 볼 수 있을 것 같습니다. 따라서 용신은 을목이 되고 희신은 水가 될 것 같습니다. 그런데 합충변화의 논리로 보면 월지와 일지가 충이 되어 土의 뿌리가 흔들리기 때문에 강한 사주가 약한 사주로 바뀌게 되었으며, 이 경우 용신은 무토가 되고 희신은 火가 될 수도 있지 않을까 하는 생각도 듭니다.

 인성이 용신이 된다면

양기성상격으로 봐도 되지만 木의 세력이 너무 막강해서 土가 다소 木의 기세에 눌려 있는 형상으로 보입니다. 이렇게 되면 아무래도 통관을 겸하고 있는 인성이 좋다고 봐야 하지 않을까 싶습니다. 인성이 용신이 된다면 희신은 별로 의미가 없겠네요. 구태여 정한다면 土는 나쁘지 않은 정도입니다. 청한 맛은 있으나 다소 무정한 것이 아닌가 싶습니다.

400 여명 사주에 관살이 없으면 용신이 남편궁이 되나요?

時	日	月	年
己	己	庚	壬
巳	丑	戌	戌

68	58	48	38	28	18	8
癸	甲	乙	丙	丁	戊	己
卯	辰	巳	午	未	申	酉

1) 상관생재격으로 경금이 용신이 되고 임수가 희신이 되어야 할 것 같습니다.

2) 사주의 흐름은 그런대로 시원스러워 보입니다. 유년기와 청년기까지는 그런대로 유복한 가정에서 성장했다고 볼 수 있으나 20대 후반부터는 운이 木·火운으로 흘러 상당히 곤궁한 생활이 계속되리라 여겨집니다.

3) 이 사람은 지금 고등학교 3학년으로 사회과학대학의 행정학과나 정치외교학과를 지망하고자 하는데, 사주 적성상 행정학 계통보다는 정치외교학 또는 신문방송학 계통이 더 바람직하지 않을까 생각합니다.

4) 사주에 관살이 없으므로 남편이 없으며, 있어도 남편복이 없는 사람이라고 보아야 할까요? 아니면 사주에 관살이 없을 경우에는 용신이 남편궁이 되므로 후덕한 남편을 만난다고 판단해야 할까요?

 남편 인연이 좋다고 해석합니다

1) 잘 보셨습니다.
2) 그렇게 봐도 됩니다.
3) 잘 보셨습니다.
4) 관살이 전혀 없어 용신이 남편이 되므로 남편 인연이 좋다고 해석합니다. 현재까지는 이렇게 대입해서 크게 벗어나지 않는 것으로 보고 있습니다.

401 火운이 오면 어떤가요?

```
時 日 月 年
丁 庚 丁 己
亥 寅 丑 酉
```

겨울의 경인 일주입니다. 월지는 얻었지만 세력은 연주에 있어서 멀고, 인목에 뿌리를 둔 양쪽의 정화가 일간을 괴롭히니 조후는 충분할 것 같으며, 억부로 봐서 약한 것으로 보았습니다. 맞나요? 제 생각이 맞다면 용신은 土, 희신은 金, 기신은 木, 구신은 水, 한신은 火라고 생각합니다.

용신은 월지를 잡고 火의 도움도 있으며, 인목이 거슬리기는 하지만 유금이 있으니 용신의 힘이 있어 좋다고 생각합니다. 사주 원국에서 충분히 힘을 받고 있는 용신 입장에서 천간으로 또 火운이 오면 오히려 부담이 되지 않을까요? 지지로 오는 火는 金을 극하고 용신인 土에게 도움을 준다고 하지만 土 입장에서는 열기를 싫어할 것 같습니다. 그러면 시지의 水가 火를 막아주겠습니까? 일지에 인목이 있어서 판단이 안 섭니다.

 조후가 필요합니다

궁리하신 의미를 충분히 헤아리겠습니다. 그렇게 보실 수도 있습니다.

다만 다시 살펴보니 월간의 정화나 시간의 정화가 글자만 붙이지 실제로 화력은 거의 없는 것으로 보아야 합니다. 그래서 실제로 조후가 필요한 사주이고, 그대로 정관을 용신으로 하면 됩니다. 희신은 木이 되는 구조이고, 土는 한신으로 나쁘지 않은 정도입니다. 참고하시기 바랍니다.

402 土 용신, 火 희신으로 보나요?

```
時 日 月 年
戊 甲 壬 己
辰 子 申 酉

63 53 43 33 23 13 3
乙 丙 丁 戊 己 庚 辛
丑 寅 卯 辰 巳 午 未
```

가을 냉기가 도는 갑목으로 보입니다. 일단 가을에 필요 없는 물이 너무 강한 것 같아 土로 물을 막아야 하나요? 그래서 土 용신, 火 희신으로 보나요?

 식상이 필요하지만

절대로 필요한 것이 식상인데 보이질 않으니 부득이 土를 용하고 火운은 기다리는 것으로 봐야 합니다. 잘 보셨습니다.

403 임상적 접근입니다

```
        時 日 月 年
        庚 庚 庚 辛
        辰 戌 寅 巳

71 61 51 41 31 21 11  1
戊 丁 丙 乙 甲 癸 壬 辛
戌 酉 申 未 午 巳 辰 卯
```

1) 신강하니 火 용신, 木 희신으로 하는지요? 용신이 월을 얻었으니 몇 급으로 보나요?

2) 잘 아는 사람인데 갑목과 을목에서는 충해서인지 학교 앞에서 아주 가난하게 살다가 46세 미토운부터 돈이 엄청 모아져 51세부터 많은 재산을 보유하며 현재 60세에 이르고 있습니다. 조금은 드라마틱한 인생이었습니다. 결국은 천간으로 들어온 용신운에 많은 돈을 벌었다고 봅니다.

3) 위 사주의 어떤 점이 재물을 많이 얻게 하였는지, 더구나 병화 용신이 신금에 잡혔는데도 일생 최고의 편안한 시기를 누릴 수 있나요?

병신합보다는 구신인 신금을 합거한 것이 더 크게 작용했다고 볼 수 있나요?

4) 土운은 한신인데 어떻게 자신이 원하는 것을 얻게 되었나요? 아주 가난하다가 부동산중개업으로 돈을 많이 모았습니다.

대운으로 안 되면 세운으로 대입해봅니다

　1) 그렇게 봐도 무리가 없겠습니다. 급수로 본다면 용신이 멀리 있어서 약 8급 정도가 아닌가 싶습니다.

　2) 천간 火운이었기에 뜻한 바를 이룰 수 있었습니다. 천간에서는 木이 오면 쟁탈전이 벌어지지만 火가 온다면 평정이 될 것으로 봐야 합니다.

　3) 그 점은 물량만으로 저울질할 것이 아니지만 생각보다 잘 살고 있다고 여겨집니다. 더구나 남방운에서 살아온 과정이 과히 편하지 않았다는 것도 약간 애매한 부분에 해당합니다.

　4) 土운이라도 세운의 변화를 살펴보는 것도 좋은 참고가 될 것입니다. 특히 대운으로 이해되지 않는 부분에서 세운으로 대입해보면 많은 부분이 풀리는 경우를 보게 됩니다. 참고하시고 열심히 하시니 발전하시리라 봅니다.

404 金과 木의 역할이 궁금합니다

時	日	月	年
丁	甲	辛	丙
卯	申	卯	申

74	64	54	44	34	24	14	4
癸	甲	乙	丙	丁	戊	己	庚
未	申	酉	戌	亥	子	丑	寅

용·희신을 水·火라 하셨는데 그럼 土는 기신, 金이 구신이 되나요? 木을 어떻게 봐야 하나요?

 木을 용신으로 합니다

용신이 水가 되지만 현실적으로는 없으므로 그냥 木을 용신으로 하고 水는 기다려야 할 구조입니다. 전에 드린 답변을 수정한다면 용신을 木으로 하고 희신은 水가 되는 것으로 보는 것이 합당합니다. 金은 기신이 되고 火는 한신인데, 혹시 金을 제어하는 역할을 고려한다면 도움이 될 수 있다는 정도로 이해하면 좋습니다.

405 급과 성격의 관계에 대해서

```
     時 日 月 年
     丁 乙 庚 甲
     亥 卯 午 午

67  57  47  37  27  17   7
癸  甲  乙  丙  丁  戊  己
亥  子  丑  寅  卯  辰  巳
```

1) ① 이 사주를 가진 사람은 희신 金이 무력하며 대운으로도 희신운이 없습니다.
   동시에 용신이 월을 얻지도 못해 아마 급수가 상당히 내려갈 것 같습니다. 몇 급으로 보나요?
   ② 어려서 기토운일 때 아픈 것 말고는 풍요로운 가정에서 잘 자

랐고, 무진대운에 방황한 것 말고는 주변에 인복도 많으며, 평범한 사람이라면 괜찮은 직업이라고 할 수 있는 교수입니다.

2) 사주의 어떤 점이 중급 이상의 삶을 살게 한 것인가요? 급이 낮은 경우 상당히 곤란하게 살 것 같은데요.

3) 자존심과 합리성 그리고 연구성의 성격구성 때문으로 볼 수 있습니까? 즉 사주의 급이 낮지만 성격구성 부분이 더 큰 영향을 미친다고 보나요?

 사주의 급으로 용신을 저울질합니다

1) ① 화왕절에 水를 용신으로 쓸 수 있다는 것은 좋지만 합되고 무력한 점을 고려한다면 7~8급 정도 된다고 할 수 있습니다.

② 그렇기도 하지만 급수는 용신을 저울질하기 위함이지 인생의 급수는 아니라는 점을 참고하시는 것이 좋습니다.

2) 살아가는 환경이 좋다면 용신이 부담을 덜 받았다고 해석하는 것이 옳습니다. 급수가 낮은데 어떻게 잘 살겠느냐는 해석은 타당하지 않습니다.

운의 흐름이 크게 원활하지 않은데 중급 정도의 삶을 유지하는 것은 의문이 될 수 있습니다. 그런데 별로 도움이 되지 못할 것으로 보았던 동방의 木운이 어느 정도 협력을 한 것이 아닌가 생각해봅니다.

3) 성격 구분은 당연히 중요하고, 사주의 급은 용신의 정도를 가늠하는 용도로 이해하시면 도움이 될 겁니다.

406 몇 급 정도로 보나요?

```
        時 日 月 年
        壬 癸 壬 壬
        子 卯 寅 辰

72  62  52  42  32  22  12   2
庚   己   戊   丁   丙   乙   甲   癸
戌   酉   申   未   午   巳   辰   卯
```

1) 용·희신을 木·火로 봐주셨던 사주입니다. 木월이므로 용신이 월지를 얻었다고 하는 건가요? 몇 급 정도로 보나요?

2) 土는 한신이며 동시에 관입니다. 47세부터 관운이 들어왔다고 볼 수 있나요?

3) 기신인 신금대운에서는 월지 인목을 충하므로 위험하지만, 동시에 신자진의 합으로 묶이므로 그 위험이 감소한다고 볼 수 있나요?

 7급 정도이나 6급까지로도 볼 수 있습니다

1) 용신이 월지를 얻은 것은 장하지만 흐름을 타지 못해서 오히려 위축되고 있습니다. 그래서 7급 정도로 볼 수 있고, 보기에 따라서 6급 정도까지도 가능합니다.

2) 관운이라는 의미를 지위향상으로 본다면 기대할 수가 없습니다. 木을 용하는 마당에 火운이라면 몰라도 土는 기대하기 어렵습니다.

3) 그렇습니다. 합으로 인해 흉작용이 감소한다고 볼 수 있습니다. 그렇지만 자칫하면 '불탄 자리에 못 줍기'에 불과할지도 모르지요. 용신이 억압을 받으면 부담이 크다고 해석할 수 있습니다. 희신인 火가 없다는 것이 이렇게 金운이 올 때 특히 드러납니다.

Q407 대운 적용법에 대해 여쭙니다

```
     時 日 月 年
     丁 乙 庚 甲
     亥 卯 午 午

67  57  47  37  27  17  7
癸   甲   乙   丙   丁   戊   己
亥   子   丑   寅   卯   辰   巳
```

1) 여름 을목이니 해수를 용으로, 金을 희신으로 말씀해주셨습니다. 木을 희신이라고 볼 수도 있다고 하셨는데 한신의 의미로 잡아주신 것인가요? 원국에서 乙·庚이 합을 하고 대운에서 을목이 합으로 들어오는데, 이 천간의 을목대운을 지지에 있는 인목대운보다 기우는 것으로 봐야 하나요?

2) 신사세운에는 을신충으로 乙·庚의 합을 깨니 조금씩 나아지는 운으로 볼 수 있나요?

3) 같이 공부하는 동학들이 을목보다는 갑목이 좋다고 분석하는데 乙·庚의 합을 깨기 때문인가요?

4) 土가 기신이기는 하지만 예컨대 무자 같은 경우는 관을 생해

주므로 오히려 좋은 상황이라고 볼 수 있나요?

 을목이나 갑목이나 도토리 키재기입니다

1) 대동소이합니다. 천간의 金도 도움이 없고 木도 작용이 미미하다고 봐도 그렇고, 지지로는 다시 인목이 들어와야 인오합으로 화기(火氣)만 강화되는 형상이라고 생각됩니다. 유익할 것이 없어 보이고 오히려 부담이 되는 방향으로 봐야 할 것입니다.

2) 별로 좋을 것이 없어 보입니다. 이 사주에서는 木이 아니라 水가 필요한데, 천간에 水가 없으니까 천간의 金이나 木이 모두 도움이 되지 않는 성분이라고 보기 때문입니다.

3) 을목보다 갑목이 약간 좋다고 본다면 그렇다고 할 수 있지만 도토리 키재기가 아닌가 싶습니다.

4) 아니지요. 金에 비중을 둘 필요가 없다고 생각한다면 무토는 더 방향이 잘못되었다고 생각합니다. 지지의 水운은 좋습니다.

408 다시 한 번 질문 드립니다

時	日	月	年
乙	己	乙	辛
丑	酉	未	丑

시지의 土는 일지의 金과 합인데 합이라기보다는 시지의 土가 일지의 金을 생하고, 시간과 월간의 木은 힘은 없지만 일간의 土를 괴롭힐 것 같으며, 일지의 金이 강해서 약한 사주인 것 같습니다.

약하게 볼 수도 있습니다

보기에 따라서는 다소 약하다고 봐도 됩니다. 축미충으로 월지의 土는 기운이 강화되는 형상으로 보고, 시지의 축토도 있어서 약하지 않을 것으로 생각지만 약하다고 볼 수도 있으므로 이러한 구조로 의심될 경우에는 확인해보는 것도 좋습니다. 약하게 볼 수 있다는 것도 참고의견으로 드립니다.

409 신강한가요?

```
時 日 月 年
丙 己 癸 丙
寅 丑 巳 申

64  54  44  34  24  14   4
庚   己   戊   丁   丙   乙   甲
子   亥   戌   酉   申   未   午
```

신강으로 보아 金 용신, 水 희신인가요? 아니면 金이 너무 멀고 불 사이에서 힘을 못 쓰니 불을 끄는 水를 용하고 金을 희신으로 할까요? 파이낸스 사장하다 44세부터 교도소에 있는데 사람은 정직하나 무능합니다.

 재성을 용신으로 합니다

약하지 않으니 월간의 재성을 용신으로 보고 싶습니다. 희신은

金이 되는 것으로 봅니다. 水를 용하는 것이 옳다고 할 수 있습니다.

410 해수의 역할이 궁금합니다

```
時 日 月 年
己 己 丁 庚
巳 卯 亥 辰
```

1) 정화의 입장에서 卯와 반합과 암합 작용이 있으므로 일간이 월지 亥에게 뿌리를 내릴 수 있다면 인성이 강해져 약하지 않을 것 같습니다.

2) 해수가 합은 했으나 월에 있어서 水 자체로 정화를 대한다면 일간이 점점 약해지므로 火를 용하고 土를 희신으로 봐야 할까요?

3) 정화의 화력이 얼마나 될까 궁금합니다.

 월간의 정화가 필요합니다

1) 우선 해월의 기묘 일주는 신약하다고 할 수 있습니다. 필요한 것은 월간의 정화이며, 해수는 용신을 무력하게 만드는 역할만 하고 있습니다.

2) 원칙으로는 해수가 기신에 해당하지만 지지에서 천간을 극하는 작용은 다소 약하다고 봐서 구신 정도로 대우합니다.

3) 도움이 되지 않는 성분입니다.

Q411 신강으로 볼까요?

時	日	月	年
乙	己	乙	辛
丑	酉	未	丑

기토가 힘을 얻는 경우는 미월에 태어난 것, 월간 을목이 신금에 의해 극을 받는 것입니다. 또 기토가 힘을 빼앗기는 경우는 축미충 때문에 월지가 불안하고 시간의 을목이 축토 뿌리를 얻어 힘이 세며, 일간을 둘러싸고 을목이 극하고 또한 일지도 설기가 되고 있는 것입니다. 그럼에도 미월이므로 축토는 모두 土로 보아 신강으로 보고 木 용신, 水 희신을 삼나요?

A 약하지 않은 정도입니다

약하지 않은 정도로 보면 됩니다. 토왕절에 木을 쓰기보다는 일지의 식신을 용신으로 하고 水를 희신으로 보는 것이 좋습니다.

Q412 재성이 충하면 재물이 흩어지나요?

時	日	月	年
甲	庚	壬	壬
申	寅	子	寅

```
66  56  46  36  26  16   6
己   戊   丁   丙   乙   甲   癸
未   午   巳   辰   卯   寅   丑
```

1) 신약하여 비겁인 신금을 용신으로 삼으려 하니 인신충이 되어 쓸 수 없습니다. 겨울의 金이니 조후를 겸하여 인목 속의 병화를 꺼내어 용신으로 삼아야 할 것 같습니다. 그리고 희신은 인성인 土가 되어야 할 것입니다.

2) 이 사람은 직장생활을 하면서도 증권투자에 관심이 많아 많은 시간을 거기에 활용하고 있습니다. 이것은 십신을 분석해볼 때 정재는 보이지 않고 편재가 많아 고정 월급에 만족하지 않고 투기성 재물에 관심이 쏠리기 때문이 아닌가 생각합니다.

3) 연지에서는 재성이 힘을 얻고 있으나 일지와 시간의 편재가 충을 하고 있어 증권투자로 돈을 모으기보다는 흩어질 가능성이 더 커 보이며, 지금은 진토대운으로 신자진수국(申子辰水局)을 형성하여 기신운으로 변했기 때문에 좋은 결과를 얻기 어렵지 않을까 싶습니다.

4) 처궁에 재성이 있으나 재성인 인목이 기신이므로 아내의 큰 도움은 기대할 수 없다고 보아야 할까요?

 운이 돕지 않으면 돈이 되지 않습니다

1) 충이 되어 못 쓴다기보다는 충을 가하는지 받는지도 구분해야 합니다. 물론 충이 되어 깨졌어도 용신으로 달리 대안이 없다면 사용한다는 점도 참고하십시오. 병화를 쓸 상황은 못 됩니다. 희신은 土가 됩니다.

2) 가능한 해석입니다.

3) 그렇습니다. 운이 돕지 않으면 돈이 되지 않는다고 봐야 합니다.

4) 그렇습니다. 잘 보셨습니다.

413 정관이 대운과 충되면 혼사가 지연되나요?

時	日	月	年
丙	戊	癸	壬
辰	申	丑	子

71	61	51	41	31	21	11	1
乙	丙	丁	戊	己	庚	辛	壬
巳	午	未	申	酉	戌	亥	子

1) 재다용인격으로 병화를 용신으로 하고 희신은 土가 되어야 할 것 같습니다.

2) 이 사람은 결혼 적령기로서 혼담이 오가고 있으나 번번이 성사가 되지 않는다고 합니다. 이것은 남편성이 정관인 진토 속에 있는 을목인데 현재 대운인 술운과 충하기 때문이 아닌가 생각합니다.

3) 결혼운은 언제쯤 올 것 같나요? 대운이 일간과 합이 되거나 용신운 또는 희신운이 오는 때가 되지 않을까 싶습니다. 그래서 기토대운인 31세 이후에야 성사될 것 같습니다.

일리가 있습니다

1) 용신은 인성이 타당하겠고, 희신은 火가 무력하다고 보아 木이 좋습니다.

2) 일리가 있는 통변이라고 할 수 있습니다.

3) 결혼운은 배우자의 운(대운과 세운 포함)이 가장 유력하다고 봅니다. 그 외에 여자에게는 식상의 운도 결혼운으로 포함되지만, 용신의 운은 직접적으로 작용하지 않는다고 생각합니다. 참고하시기 바랍니다.

414 경자 일주

時	日	月	年
丙	庚	己	庚
子	子	丑	子

축월의 경금이라 병화를 용하고 싶으나 자수에게 극을 받고 있어 곤란해 보입니다. 축토의 입장은 자축반합으로 水기운으로 기울어져 있어 월을 얻었다고 하기에는 곤란해 보입니다. 그냥 신약용인으로 기토를 용하고 火를 희신으로 보고 싶은데, 겨울의 金 일주에서 火를 용할 것인가 말 것인가가 문제입니다. 적천수의 다음 구절이 이 명조에도 적용이 될까요? 범금수상관용화 필요신왕봉재 중화용수 쇠약용토야(凡金水傷官用火 必要身旺逢財 中和用手 衰弱用土也).

겨울 金의 특수한 상황이라 할 수 있습니다

아마도 겨울 金의 특수한 상황이라 할 수 있지 않을까 싶습니다. 축월이라면 약하지 않을 수 있다고 보고 혹 약하다고 해도 시간의 병화가 요긴한 역할을 하는데 모르는 척하기는 어려울 형상입니다. 만약 일지에도 火가 있었다면 인성을 쓸 수 있습니다. 그래서 적천수의 구절은 해당이 없습니다. 火를 용하고 木은 희신으로 삼으면 좋습니다.

415 종격병, 예방접종을 해주세요

①				②			
時	日	月	年	時	日	月	年
庚	乙	戊	己	乙	戊	辛	壬
辰	丑	辰	酉	卯	申	亥	子

1) 신약한 을목이 관하고 합하여 종할 것 같은데, 지장간의 인비가 자꾸만 눈에 밟힙니다. 지지 土들은 따라가버리라고 재촉하는 것 같아 종할 것 같습니다.

2) 무토가 매우 신약하여 인성을 찾아보지만 무정하게 땅 속에도 없습니다. 식·관이 대립하여 따라갈 곳도 없으니 지장간의 비겁(암흑의 동굴 속)에 의지하며 인성운을 기다립니다.

신약용인격

1) 축토나 진토 모두 木의 뿌리가 되므로 신약용인격으로 봐야 합니다.

2) 해월의 무신이니 종할 정도로 무력하다는 것은 잘 보셨습니다. 다만 金과 木이 대립하고 있어서 종은 불가하다고 봅니다. 인성을 기다리라는 것으로 봐야 합니다. 확인해보시는 것도 좋습니다.

416 관보다는 재가 나을까요?

時	日	月	年
庚	丁	丙	乙
子	酉	戌	卯

일간이 약하지는 않을 것으로 생각합니다. 관과 재 중에서 골라야겠는데, 관을 보니 좀 멀어서 재에 눈길을 돌리게 됩니다. 도움이 못 되지만 상관도 있으니 재성을 쓰면 될까요?

 약하다면 인성을 의지하는 것이

만약 약하지 않다면 金을 쓰고 희신으로 土를 쓰면 될 것입니다. 다만 약하게 될 가능성도 고려해야 하므로 약하다면 인성을 의지하고 火는 희신이 되도록 합니다. 감으로 본다면 약하다고 하고 싶습니다. 빠져나가는 분위기입니다.

Q417 약하지 않은 것으로 보았습니다

```
       時 日 月 年
       癸 丁 庚 辛
       卯 巳 寅 酉
   69 59 49 39 29 19  9
    丁 丙 乙 甲 癸 壬 辛
    酉 申 未 午 巳 辰 卯
```

金의 세력이 강해 인목을 극하고 있지만 그래도 강한 사화 때문에 약하지 않은 것으로 보아 水 용신에 金 희신을 쓸까요?

사법시험 공부를 하겠다고 합니다. 편관이 재성의 생조를 받으니 가능할 것 같은데 식신이 없어 조금 우려됩니다. 이 사주인은 사법관이 적성에 맞다고 보나요?

 신약 혹은 강하지 않다고

경인월이고 연주도 형상으로 봐서는 일단 신약해 보입니다. 혹은 강하지 않다고 할 수도 있습니다. 그래서 인성이 필요하다고 봐야 하지 않을까 생각해봅니다.

적성으로 사법관도 가능하다고 할 수 있습니다. 편관은 기억하는 성분이고, 식상은 변화를 추구하는 성분이라고 본다면 오히려 없는 것이 더 좋을 것 같습니다. 다만 운의 흐름에 따라 사화대운 이후에 발전할 것으로 보입니다.

418 金·水를 쓸까요?

```
   時 日 月 年
   丙 丙 甲 癸
   申 申 寅 卯

64 54 44 34 24 14  4
辛 庚 己 戊 丁 丙 乙
酉 申 未 午 巳 辰 卯
```

1) 득령·득세로 신강하니 土·金을 쓰고 싶은데 申 속의 무토를 쓸까요? 아니면 조토라 별 도움이 안 될 것 같아 金·水를 써야 하나요?

2) 편재를 깔고 있고 용·희신 범위이니 글솜씨가 조금 있는 것을 개발하면 괜찮다고 판단해도 무난한가요?

金을 쓰고 土 희신으로 합니다

1) 土는 일단 쓸 수 없다는 것을 전제로 생각해야 할 것입니다. 그렇다면 金이냐 水냐를 놓고 봐야 하는데, 목왕절에 水를 쓰는 것은 타당하지 않다고 보아 金을 써야 할 것입니다. 그렇게 되면 희신은 土가 되는 것으로 해야 합니다.

2) 글솜씨가 있어서 개발하는 것은 좋지만 창작과는 좀 거리가 있지 않나 하는 생각도 해봅니다.

419 성격이 아주 특이한 사주입니다

```
時 日 月 年
戊 戊 壬 丙
午 午 辰 申

65 55 45 35 25 15  5
乙 丙 丁 戊 己 庚 辛
酉 戌 亥 子 丑 寅 卯
```

1) 인겁으로 신강하니 金을 용신, 水를 희신으로 할까요?

2) 지나칠 만큼 명예와 자기 자랑에 집착하는 성격입니다. 그렇다면 삼각존 내의 편재와 강한 비견에서 그 원인을 찾을 수 있을까요?

 재를 우선합니다

1) 金이 좋기는 하지만 너무 멀고 극을 받고 있어서 가까이에 있는 재를 우선하는 분위기라고 할 수 있습니다. 희신은 金으로 봅니다.

2) 심리적인 해석은 타당하다고 봅니다. 특히 관살이 약해서 아무래도 남의 입장을 고려하는 부분이 약하지 않은가 하는 생각이 듭니다.

420 水·金을 쓸까요?

```
  時 日 月 年
  丙 己 甲 己
  寅 卯 戌 亥

65  55  45  35  25  15  5
辛  庚  己  戊  丁  丙  乙
巳  辰  卯  寅  丑  子  亥
```

1) 水·金을 쓸까요? 그리고 득령에 득세라고 보아 약하지 않다고 볼까요? 이럴 때 金·水를 쓰고 싶은데 金이 없으니 그냥 水를 용하고 희신으로 金을 잡아 기다려야 하나요?

2) 그럴 경우 土가 기신이니 남편궁은 기신이 되고 관은 한신이 되나요? 갑목이 양쪽 기토와 합하는 경우를 어떻게 보나요?

 득령에 득세라지만 허장성세입니다

1) 비록 득령에 득세라고는 하지만 허장성세라고 해야 할 모양입니다. 극하는 글자가 가까이 있고 주변 분위기로 봐서 인성이 필요합니다.

2) 용신이 잘못 잡히면 뒤의 질문은 해당이 없지만, 만약 용신이 맞는 경우 남편궁이 기신이라고 해도 주변에서 木이 극제를 해주므로 무난하다고 해석할 수 있습니다. 갑목이 기토와 쟁합하는 것은 남편이 다른 마음을 품을 수도 있다는 것으로 대입할 수 있습니다.

421 火·土를 쓸까요?

```
    時 日 月 年
    庚 戊 甲 癸
    申 子 寅 卯

63  53  43  33  23  13  3
 丁  戊  己  庚  辛  壬  癸
 未  申  酉  戌  亥  子  丑
```

1) 신약으로 寅 중 병화를 용하고 木이 중중하니 희신으로 土를 쓸까요?

2) 처궁은 좋으나 재가 기신이니 아내의 품질은 좋으나 남편을 돕는 힘이 약하다고 보면 될까요?

 명식을 잘못 적은 것은 아닌지요

1) 寅 중의 병화라도 의지해야 할 모양입니다.

2) 일지 처궁이 좋다고 하는 것으로 보아 명식을 잘못 적은 것은 아닌가 싶습니다. 혹시 일지에 인목이 있다면 처에 대해서도 나쁘지 않은 것으로 봐야 할 것입니다. 길신이 암장된 것은 좋은 것으로 해석이 가능하기 때문입니다. 즉 남자의 경우 일지가 좋으면 처성이 다소 불리해도 무난한 경우를 많이 본다는 의미입니다.

422 金·土를 쓸까요?

```
      時 日 月 年
      丙 辛 甲 癸
      申 卯 子 卯
67 57 47 37 27 17  7
辛 庚 己 戊 丁 丙 乙
未 午 巳 辰 卯 寅 丑
```

겨울 金이지만 조후를 쓰기에는 좀 약한 듯하여 인겁을 쓰자니 木이 중중하므로 金을 용신, 土를 희신으로 할까요? 火를 어떻게 판단해야 할까요? 독단성(편재) 그리고 실리를 추구하는데 합리성이 자꾸 제동을 건다고 볼 수 있나요?

 金이 우선하고, 土의 역할도 그에 못지 않겠습니다

金이 우선하고 土의 역할도 그에 못지 않은 것으로 봐서 무리가 없습니다. 심리적인 해석도 타당하다고 할 수 있습니다. 다만 합리적인 방향이 자칫 아전인수격으로 흐를 수도 있지 않을까 생각합니다. 어차피 합리적인 것도 주관적인 관점으로 볼 수 있기 때문입니다. 주체성이 부족해서 사회현상에 무심하기 어려울 것이고, 그렇다면 결과에 대해서도 많이 집착할 것으로 생각됩니다.

423 남편성이 둘인 것은 어떻게 해석하나요?

	時	日	月	年
	丁	庚	丁	辛
	丑	申	酉	丑
55	45	35	25	15	5
	癸	壬	辛	庚	己	戊
	卯	寅	丑	子	亥	戌

유월(酉月) 경금이 신강하여 정화를 쓰는데, 재성이 없어서 힘이 너무 미력합니다. 木·火운이 와야 하는 아쉬운 운의 흐름으로 보입니다. 정관은 용신인데 둘이나 있습니다. 남편의 도움이 많을 것으로 보이는데 정화가 둘인 것은 어떻게 해석해야 될까요?

 고정되지 않은 관점으로 살펴야 합니다

남편이 둘이므로 자칫하면 재혼해야 할 것이고 초혼이 실패하게 될 암시라고 볼 수도 있지만 신약한 경우에나 해당된다고 할 수 있습니다. 신왕한 가을 金이 火를 용신으로 삼았다면 남편도 직장도 모두 도움이 된다고 해석할 수 있습니다. 고정되지 않은 관점으로 살펴야 할 때가 자주 있습니다.

424 용신을 잘 보았나요?

```
時 日 月 年
癸 戊 壬 戊
亥 子 戌 戌
```

술월 무토가 득령하였지만 재가 많아서 신약으로 보고, 火·土로 가는 구조로 보입니다. 그런데 한편으로 土의 세력도 상당한 것 같은데 잘 보았나요?

 水를 용할 수 있습니다

흐름의 관점에서 金이 필요한데 막상 金이 온다면 또 신약한 상황으로 전개됩니다. 이 자체로만 보면 약하지 않은 것으로 보아 水를 용할 수 있습니다. 그러나 水를 생조하는 金이 없기 때문이라는 단서를 붙여봅니다. 즉 土의 기운이 설되지 않고 水는 늘어나지 않으니 약하지 않은 것으로 볼 수 있다는 생각입니다.

425 용신이 애매합니다

```
時 日 月 年
庚 丁 己 庚
戌 卯 卯 辰
```

78	68	58	48	38	28	18	8
丁	丙	乙	甲	癸	壬	辛	庚
亥	戌	酉	申	未	午	巳	辰

기묘월 정묘 일주가 월·일을 얻었다고는 하지만 습목이고, 재와 식상으로 인하여 약간 신약하다고 보고 싶습니다. 木을 쓰고 火를 희신으로 하면 되나요?

 土 용신, 金 희신으로 합니다

습목이 되려면 사주에 물이 있어야 하며, 이 상황에서는 습목이라는 선입관을 갖지 않아야 합니다. 목세(木勢)가 왕하고 술토도 있으므로 정화는 약하지 않은 것으로 봐서 월간의 기토 식신을 용하고 희신으로는 경금을 삼도록 합니다.

426 상관이 너무 강합니다

時	日	月	年
壬	辛	壬	壬
辰	未	子	申

45	35	25	15	5
丁	丙	乙	甲	癸
巳	辰	卯	寅	丑

임자월 신미 일주가 식상이 태왕하여 인성을 쓰고 보니 너무 미약해 보입니다. 미토가 없었다면 종할 수도 있었을 텐데 아쉽군요. 상관이 많은 것은 성격상에 문제가 있을까요?

 대인관계에서 다소 부담이 됩니다

보신 대로 염려가 되는 구조입니다. 상관은 표현력과 사교성인데 겹쳐서 거부하는 심리, 즉 어찌보면 편인의 구조라고도 할 수 있는데, 그로 인해 대인관계에서 다소 부담이 될 것입니다. 그래도 일지의 편인이 상관을 상당부분 통제할 것으로 보아 스스로 통제하지 않을까 싶습니다. 다만 다행인 것은 관살을 보지 않는 것인데, 운에서 관살이 들어오면 사주의 문제점이 나타나지 않을까 싶습니다. 관살을 극하려는 상관을 잘 통제해야 합니다.

427 강하지 않은 것으로 볼까요?

```
        時  日  月  年
        戊  甲  乙  戊
        辰  辰  卯  戌
   67  57  47  37  27  17  7
   戊  己  庚  辛  壬  癸  甲
   申  酉  戌  亥  子  丑  寅
```

1) 목왕절이지만 갑목의 뿌리 진토는 진술충이 되어 그 안의 내용물인 水가 깨졌다고 보아 물 없이 마른 땅 위의 나무로 강하지 않

은 것으로 보았습니다. 水를 쓰고 싶지만 土가 너무 많으니 木 용신에 水 희신으로 해야 하나요? 아니면 통관 용신을 써서 金·水로 보아야 하나요?

2) 43세의 해수대운은 해묘에 묶이고 진토와 술토에 막히니 평운으로 볼 수 있나요?

3) 편재가 겹쳐 비견성을 띤다면 자존심과 자기중심적 성격이라고 판단해도 되나요?

 그렇게 볼 수도 있습니다

1) 木을 극하는 金이나 설하는 火가 없는 상황에서 을묘월 갑진은 약하지 않은 상황입니다. 재를 용하고 火는 희신으로 삼을 수 있는 구조입니다.

2) 이렇게 되면 해수대운은 부담이 된다고 볼 수 있습니다.

3) 성격은 편재가 겹치면 통제 거부심리가 나타나는데, 이것은 자기 마음대로 하려고 하면서 내심 회의가 들 수도 있으며, 결국 자기 방법대로 하겠네요. 결론적으로 주체성보다는 경쟁심이 있고 남을 생각하는 마음이 약하다고 보므로 그렇게 봐도 될 듯싶습니다.

428 土·金을 쓸까요?

時	日	月	年
癸	庚	壬	丁
未	申	寅	未

73	63	53	43	33	23	13	3
庚	己	戊	丁	丙	乙	甲	癸
戌	酉	申	未	午	巳	辰	卯

1) 득지만 하였으니 신약입니다. 그러면 용신은 土, 희신은 金인가요?

2) 정관이 월지를 얻어 강하지만 임수와 합하는 것을 남편이 자신의 사회활동에만 전념함으로써 구신의 역할을 한다고 해석할 수 있을까요?

3) 월지가 편재이므로 사회활동이나 남편을 자기 마음대로 하려는 경향이 있지만 신금 때문에 스스로 많이 억제한다고 볼 수 있을까요?

일지의 비견은 자기 중심입니다

1) 그래도 됩니다.

2) 질문의 요지는 도움이 되지 않는 것으로 보인다는 의미겠지요? 그렇게 보면 무리가 없습니다.

3) 그렇게 보기는 어렵습니다. 그냥 사회활동을 마음대로 하는 것으로 보아 무리가 없습니다.

또한 일지의 비견은 자기 중심이므로 스스로 억제하는 성분은 되기 어렵다고 봅니다.

Q 429 지지합이 많은 경우는요?

```
        時  日  月  年
        己  戊  乙  甲
        未  午  亥  寅

   62  52  42  32  22  12   2
   戊  己  庚  辛  壬  癸  甲
   辰  巳  午  未  申  酉  戌
```

1) 해월의 무오일로 인성과 비겁이 충분하여 약하지 않으며, 관살인 나무와 정면으로 대치된 상황으로 보입니다. 중간에 金이 들어와서 교통정리를 해줬으면 하는 생각이 듭니다.

2) 어쨌든 金이 교통정리를 해야 하니까 金을 희신으로 보고, 아쉽지만 원국에서 용신을 찾아야 한다면 용신은 해수로 보고 싶습니다. 왜냐하면 오화를 용신으로 보면 木의 지원을 받아 土기운이 너무 왕해지고, 木을 용하자니 희신인 金이 오면 힘들 것이고, 그래서 해수를 용하고 싶습니다.

한편으로는 관살이 멀긴 해도 많으니까 비겁을 용하고 싶은 생각도 있습니다.

3) ① 인해합으로 용신이 묶여서 제 기능을 발휘하지 못하고 오미합·무기충이라 혼란스럽습니다. 이런 때 지지에 신금이 와서 인목을 충하면 용신이 기능을 발휘할 수 있습니까?

② 오미합에서 해수가 방해하고 인해합에서는 오화가 방해하는 경우인지, 인해합목으로 오화를 도와 오미합을 더욱 도

와주는 형국인가요?

4) 얌전히 있는 것이라고는 갑목과 을목입니다. 이 경우 많은 부분 영향을 주는 것이 갑·을목 성분이라고 봐도 좋습니까?

5) 지지가 모두 합으로 이루어져 있으므로 남자관계에서도 남자가 별로 도움이 되지 못한다고 봐도 됩니까?

6) 천간충은 자신의 주장을 강하게 나타내지 못한다는 뜻으로 보면 될까요?

지지합으로 겁재·정인·편재·편관 성분들이 제 기능을 하지 않는다고 봐도 될까요?

지지합과 천간충이 있을 경우 삶에 어떤 영향이 있습니까? 합이 많으면 집착이 많은 것으로 알고 있습니다.

7) 운에서 지지합을 떼어놓은 경우 지지의 신금이 인목을 충해서 용신인 해수를 살리니 인신충으로 바쁜 일이 생기는데 좋은 일이라고 봐도 좋습니까?

8) 천간에 갑목운이 오면 갑기합으로 무토가 평안해지므로 마음이 편안하다고 보면 될까요?

9) 합과 충이 복잡한데 명식 내에서 어떤 일에 영향을 받는지 알고 싶습니다.

 육합은 무시하면 됩니다

1) 글자의 수로만 봐서는 버틸 만하다고 하겠지만 일지 오화가 해수에게 견제를 당하는 것을 보면 무토가 불안할 모양입니다. 인성의 존재를 확인하고 싶어집니다. 그렇게 되면 용신은 인성에 있다고 할 수 있습니다. 조후를 생각할 정도이므로 火를 용합니다.

2) 타당합니다.

3) ① 육합은 고려하지 않습니다. 무기충은 무슨 말씀인지 모르

겠습니다. 용신이 오느냐에 대해서만 신경을 쓰고 나머지는 참고하는 정도로 충분하다고 봅니다. 金이 오면 부담이 커질 것입니다.

② 무시하셔도 해석에 별 문제가 없습니다.

4) 木의 기운이 강하냐는 질문인가요? 그렇게 보입니다.

5) 별로 합에 대해서 고려할 필요가 없는 구조입니다.

6) 혼란스럽기 때문에 육합에 대해서는 무시하라고 권유하는 것입니다. 그냥 무시하면 됩니다.

7) 여하튼 육합과 연관된 것은 생각하지 않습니다. 그냥 생극의 이치만 놓고 따지면 됩니다.

8) 천간으로 갑목이 온다면 신약한 무토에게 부담이 커질 것입니다.

9) 복잡할 것이 별로 없다는 생각입니다. 다시 살펴보고 궁리해 보시기 바랍니다.

430 장래 희망이 치과의사입니다

時	日	月	年
甲	庚	辛	丙
申	辰	丑	寅

68	58	48	38	28	18	8
甲	乙	丙	丁	戊	己	庚
午	未	申	酉	戌	亥	子

1) 축토에 경금으로 인성도 충분하고 비겁도 있어 신왕하게 보입

니다. 병화를 용하고 인목을 희신으로 보면 됩니까?

2) 기신이 水인데 천간으로 오는 것은 갑목이 있다 해도 金을 때문에 부담이 되고, 지지의 水는 土가 막아줘도 축축한 느낌이 들어 좋게 보이지 않지만 괜찮다고 생각합니다.

3) 구신은 金으로 보고 한신은 土로 보고 싶습니다.

4) 화생토, 토생금으로 흐름이 있다고 봐야 할까요?

5) 시간의 갑목이 신금을 깔고 앉고 경금을 옆에 두어 불안한 자리라고 보이는데, 미래에 대해 불안감을 가지고 있다고 보면 될까요?

6) 기토대운에서는 일간 편재와 합이 되어 용신을 건드리지 않으니 좋을 것이고 무토대운 역시 무난하다고 봅니다.

7) 위의 사람은 장래 꿈이 치과의사인데 식신이 없어 가능할지 의문입니다. 현재는 중학교 1학년생으로 학교에서 항상 1등을 유지하고 있습니다. 꿈의 실현시기를 명식에 근거해 이론적으로 설명해주시면 감사하겠습니다.

 치과의사라면 편재가 좋습니다

1) 잘 보셨습니다.

2) 잘 보셨네요. 그대로 이해하시면 됩니다.

3) 그렇습니다.

4) 화생토는 되지 않습니다. 토생금은 되지만 일간을 포함하지 않은 흐름은 생각할 필요가 없습니다.

5) 그럴 수도 있습니다. 다만 미래보다 결실에 대해서라고 하는 것이 더 좋지 않을까 싶습니다.

6) 시간 편재입니다. 그렇습니다. 다만 金을 강화시키는 것도 고려해야 하므로 즐겁지 않다고 봐야 합니다.

7) 치과의사는 식신보다도 편재가 더 좋다고 할 수 있습니다. 궁리를 하기보다는 그대로 갈아버리거나 뽑아버리면 됩니다. 의사는 반드시 학자여야 할 필요는 없다고 봅니다. 그래서 가능하다고 해석해도 좋습니다.

431 합과 충에 대해서 알고 싶습니다

	時	日	月	年
	丁	癸	乙	壬
	巳	亥	巳	寅
54	44	34	24	14	4
辛	庚	己	戊	丁	丙
亥	戌	酉	申	未	午

사주 원국의 강한 사화와 대운의 유금을 합으로 봐야 합니까? 아니면 유금이 水를 생하니 좋은 운으로 봐야 합니까? 내년(2001년) 세운의 지지가 사화운으로 대운과 세운이 사유합이고, 세운과 사주 원국이 사해충입니다. 합과 충이 함께 발생합니까? 그렇다면 혹시 건강에 문제라도 있을지 가르침을 부탁합니다.

 金운이 와도 뜻대로 되기는 어렵습니다

신약용겁격으로 봐서 水가 필요한 구조에 金이 요구되지만 운에서 金이 오면 사주의 왕성한 火로 인해 생각보다 큰 도움이 되지 않을 것으로 생각됩니다. 대운이 유금이라고 해도 사주에 사화가 둘이나 되고 강력하므로 유금과 사화가 합했다고 보기보다는 일지 해수가 유금의 도움을 받게 된다는 것입니다. 물론 생각보다 약하다는 것이 아쉽습니다. 그래서 金운이 온다고 해도 뜻대로 되기 어렵지 않나 생각합니다.

432 참 고민이 되는 사주입니다

```
        時 日 月 年
        乙 甲 甲 丙
        丑 寅 午 午

  66  56  46  36  26  16   6
   丁  戊  己  庚  辛  壬  癸
   亥  子  丑  寅  卯  辰  巳
```

오월(午月)의 갑목이라 쉽게 물이 필요하다고 생각했습니다. 갑인 일주에 을축이라 약하게 보이지 않기도 합니다.

축토에 뿌리 내린 을목도 있고 월간의 갑목도 있으니 충분히 버티고 꽃을 피워도 되지 않나 생각합니다. 하지만 결국 오월 火의 기세가 대단하여 木이 많은 것은 불이 타는데 장작이 많은 꼴이요, 나무에 꽃만 많이 핀 형국이라 열매 맺기가 힘들 거라는 생각이 들기도 합니다.

그래서 꼭 필요한 것이 물이고, 오월이라 丑 중에 계수가 얼마나 있을지 모르지만 丑 중 계수를 용하되 우선 투출되어 있는 木을 쓰고 水를 기다리는 것으로 볼 수도 있을 것 같습니다.

하지만 지금 나름대로 결론을 내린 것으로, 木은 火를 생할 뿐 일간 갑목에 도움주지는 못하고, 기운이 모이는 곳이 火이다 보니 결국은 水를 필요로 하지 않을까 생각됩니다. 또 설기가 심한 곳에서 비겁은 별로 도움이 되지 않는다고 생각합니다.

결국 필요한 것은 水가 아닐까요? 단, 습토가 들어오면 습기도 공급되고 결실도 볼 수 있는 재미있는 운이 되지 않을까 생각합니다.

 水가 필요합니다

고민하실 만도 하겠습니다. 물론 오월(午月)의 갑인은 화기(火氣)가 충만하므로 水의 제어 없이는 작용하기 어렵다고 할 수 있습니다. 그래서 인성이 용신인데 인성이 너무 멀어서 바로 작용하지 못하기 때문에 더욱 필요하다고 생각합니다. 고민하기보다는 그냥 인성을 사주의 균형을 맞춰주는 역할로 봐야 할 것 같습니다. 조후의 개념으로 이해하는 것이 좋습니다.

433 매우 종교적인 성격입니다

時	日	月	年
丁	癸	辛	丙
巳	巳	丑	申

64	54	44	34	24	14	4
戊	丁	丙	乙	甲	癸	壬
申	未	午	巳	辰	卯	寅

1) 신약으로 인겁을 쓰고자 하는데 아무래도 불 때문에 水 용신,

金 희신으로 보아야 할까요?

2) 이 사람은 일지의 정재 성분이 축토에 의해 설기되어 약해지고 대신 월간의 편인 성분 때문에 세상의 가치를 부정적으로 수용하며, 세속 일에는 조금 초연한 대신 자기 나름의 세상을 만들려는 성격이라고 볼 수 있을까요?

 용신은 金입니다

1) 극·설이 교차하면 인성이 우선합니다. 용신은 金으로 봐야 할 것입니다.

2) 나름대로의 세상을 만들고 싶은 것은 이해할 수 있지만 기본적으로 용신 신금이 합이 되어 다소 아쉽습니다. 자칫 수용성(편인)에 의지하여 결과를 도출하다보면 식상이 없어서 시행착오가 생길 수 있습니다. 과정이 없어서 아쉽지만, 그러한 것이 없어서 오히려 인성의 종교에 의지하는 것이 현명하다고 판단할 수 있습니다. 참선이 어울린다고도 할 수 있습니다.

434 물이 왕하지 않은 것 같습니다

時	日	月	年
乙	癸	辛	丙
卯	巳	丑	申

64	54	44	34	24	14	4
戊	丁	丙	乙	甲	癸	壬
申	未	午	巳	辰	卯	寅

계수가 축월에 자기 뿌리를 얻고 강한 신금이 옆에 있지만 신금이 병화와 합을 하여 자기 역할을 못한다고 보면, 결국 왕하지 않은 것으로 보아 金 용신에 土 희신으로 보나요? 사주가 토생금, 금생수, 수생목으로 흐름을 타고 있어 좋을 것 같은데 별로 능력만큼 인정받은 날들은 아니었다고 합니다. 축토는 사화에 의해 土의 성분이 더 강화되나요?

 사화로 인해 土의 힘이 강해집니다

비록 축월이라고는 하지만 주변 구조로 봐서 약하다고 할 수 있습니다. 그래서 인겁이 필요한 상황일 것이고, 이렇게 되면 일단 흐름이 생긴다고는 해도 다소 아쉬운 흐름으로 봐야 할 것입니다. 흐름이 생길 경우에 약간 신약한 것은 어쩔 수 없지만 너무 약한 경우에는 흐름의 의미가 퇴색한다고 봐야 합니다. 사화로 인해서 土의 힘이 강해지는 것은 당연합니다.

435 水를 용할까요? 土를 용할까요?

時	日	月	年
己	丙	壬	乙
亥	午	午	未

48	38	28	18	8
丁	丙	乙	甲	癸
亥	戌	酉	申	未

위의 사주를 신왕으로 보았습니다. 그런데 용신을 잡으려니 극하는 水를 써야 할지, 설하는 土를 써야 할지 힘듭니다. 옛 글에서 여자는 관을 용함이 옳다고 하였던데 관(水)을 용함이 나을까요? 만약 水 용신이라면 정해대운은 어떤가요?

 만약 신왕하다면 水의 작용이 더 좋겠군요

크게 약해 보이지는 않으므로 그냥 水를 용할 수 있다는 생각이 들지만, 그래도 혹시 모르니 약하지 않은지 확인할 필요가 있는 구조입니다. 임수가 오화를 제어하고 해수도 오화를 제어하고 기토는 설기하니 자칫하면 생각보다 왕하지 않을 수도 있습니다. 만약 신왕하다면 水의 작용이 더 좋아 보입니다. 여명이라면 그 비중이 조금 더 커진다고 보면 됩니다.

정해대운의 경우라면 정화는 부담이 되어 남편이 속을 썩일 가능성에 대해 생각해야 하고, 해수는 발전하는 방향으로 생각할 수 있습니다.

436 제 의견입니다

時	日	月	年
辛	庚	己	辛
巳	午	亥	丑

해월의 경금이 별로 약해 보이지 않습니다. 조후로 오화를 용하고 희신으로 水를 극하는 土를 생각해봤습니다. 午·亥의 암합으로

용신이 다소 묶이는 것이 불만이고, 원국의 土는 습토라 희신의 역할이 제대로 이루어질 것 같지 않지만 그래도 없는 것보다는 좋아 보입니다. 행운에서 지지로 木이 오면 水·火 사이에 통하는 기능을 할 것으로 보입니다. 과연 제대로 본 것인지 알고 싶습니다.

 그대로 이해하면 됩니다

보신 대로 이해하면 됩니다. 木이 오면 좋아집니다.

437 기신의 작용이

時	日	月	年
甲	甲	己	庚
戌	寅	卯	戌

용신은 火가 없어서 金이 되고, 희신은 土, 기신은 火가 된다고 하였습니다. 그래서 행운에서 병화가 올 경우 부담이 되는 운이라고 하였는데, 제 좁은 소견으로는 火가 기신이긴 하지만 원국의 구조상 火가 올 경우 목생화, 화생토, 토생금의 흐름이 발생하여 나쁘지 않다고 보고 싶습니다. 이론상으로는 火가 기신이지만 그 기신이 희신으로 작용할 것으로 보이는데, 제가 너무 확대 해석한 것인지 조언 기다리겠습니다.

 용신 金의 방향에서 생각합니다

용신으로 火가 있으면 좋다고 하더라도 일단 金을 용한 다음에는

金의 방향에서 결론을 내야 합니다. 이러한 점을 명확하게 해두지 않으면 많은 혼동이 있을 수 있습니다.

천간으로 火가 올 경우에는 월간의 기토가 어느 정도 막아주지만 원국에 전반적으로 木의 세력이 왕성하며 아마도 상당한 부담이 될 것입니다. 참고하기 바랍니다.

438 궁금합니다

時	日	月	年
壬	戊	庚	乙
戌	申	辰	未

56	46	36	26	16	6
丙	乙	甲	癸	壬	辛
戌	酉	申	未	午	巳

3월에 무신 일주입니다. 월간과 일지에 金이 있어서 약하다고 보아 인성을 용신으로 판단했습니다. 그런데 올해(2000년) 세운에 좋은 집으로 이사하고 비교적 좋은 운이었던 것 같습니다. 그러면 월간과 연간의 을경합으로 묶이고 뿌리를 손상 받지 않으니까 신강으로 봐서 식신생재로 봐야 합니까? 을경합이라 뿌리는 내릴 것 같은데요.

신강으로 보고 말씀드리겠습니다. 올해 세운을 보면 대운이 을목으로 을경합이 되어 식신은 묶이지만 재성은 괜찮으며, 지지로 진술충이지만 土의 기운이 많아져서 신금 식신이 힘을 받지 않았나 생각해봤는데 제 판단이 맞는지 확신이 안 갑니다. 일지의 신금이 판단을 흐리게 합니다.

 먼저 기준이 명확해야 합니다

매우 신약합니다. 인겁이 절대로 필요한 상황입니다. 그리고 운을 해석할 경우에도 늘 대운과 비교해서 살펴야 합니다. 하나의 상황을 놓고 용신을 정하면 매우 쉽지만, 그렇게 살아가다가 다른 일이 생기면 용신을 또 바꿔야 하는 불상사가 생길지도 모른다는 점을 잘 생각해야 합니다. 그래서 기본적인 기준이 확실하게 선 후에 운의 대입에서 참고하는 것이 중요합니다.

439 겨울 갑목입니다

時	日	月	年
乙	甲	戊	庚
亥	申	子	戌

61	51	41	31	21	11	1
乙	甲	癸	壬	辛	庚	己
未	午	巳	辰	卯	寅	丑

겨울 나무이지만 戊·戌 조토가 있으니 그냥 억부로 가려고 합니다. 자수와 해수가 좋아 보이고 을목도 힘을 얻고 있으니 강하다고 보아 金 용신, 土 희신으로 잡아도 되나요?

수왕절에 金은 좀

용신은 土를 의지하고 희신으로 火를 보는 것이 좋습니다. 수왕절에 金을 쓰는 것은 부자연스럽습니다. 참고하세요.

440 종살격으로 봐야 할 것 같습니다

時	日	月	年
辛	丁	壬	壬
亥	亥	子	子

65	55	45	35	25	15	5
乙	丙	丁	戊	己	庚	辛
巳	午	未	申	酉	戌	亥

1) 신금이 水를 생하므로 전부 水 일색이 되어 전형적인 종살격이 아닌가 싶습니다. 이 경우 임수를 용하고 신금이 희신이 되나요?

2) 한편으로 정화가 임수와 합을 하고(화하지는 않지만) 해수의 지장간인 갑목에 뿌리를 두고 있습니다. 물론 이 경우에 물 속의 갑목이 정화를 생하기에는 무력하지만 인수인 갑목을 용신으로 하고, 토로는 왕성한 물의 세력을 견제하기 힘들기 때문에 비겁인 火를 희신으로 볼 수도 있지 않은가요?

 그렇습니다

1) 그렇게 봐도 됩니다.

2) 그렇지는 않습니다. 이 정도라면 종살격으로 봐도 무리가 없습니다.

441 Q 종강격으로 볼까요? 정격으로 볼까요?

```
時 日 月 年
丙 戊 丁 癸
辰 辰 巳 丑

69  59  49  39  29  19  9
庚  辛  壬  癸  甲  乙  丙
戌  亥  子  丑  寅  卯  辰
```

1) 4土 3火로 계수가 월주의 강력한 불기운에 고갈된 상태이며 무토와 합하고 있고, 또한 연주의 축토에 극을 받고 있어 이미 水는 그 의미가 없어 보여 종강격의 사주로 보고 土가 용신이 되어야 할 것 같습니다.

2) 한편으로 생각해보면 계수는 진토와 축토 지장간의 뿌리와 모두 통근을 하고 있고, 무토와 합은 하지만 무토와 계수 모두 어느 정도의 뿌리를 갖고 있어 화하지는 않을 것으로 보입니다. 그래서 정격으로 보아 계수가 용신이 되고 金이 희신이 되는 것으로 볼 수 있지 않을까 싶습니다.

3) 정격으로 보아 계수가 용신이 된다면 군겁쟁재격으로 보아야 하나요?

정격으로 봅니다

1) 그렇더라도 고갈된 계수를 써야 합니다. 그런데 계수는 속에 생동감이 잠재되어 있다고 생각해야 합니다. 축토는 그렇게 만드는 능력을 갖고 있습니다. 더 살펴보시기 바랍니다.

2) 그것이 바로 정답입니다.

3) 그 정도는 아닙니다. 오히려 정화를 극해줘서 좋다고 할 수 있습니다. 재성이 직접 쟁탈전에 말려들지는 않는 형상입니다.

442 편재가 기신이면 부친과의 사이가 좋지 않은가요?

時	日	月	年
辛	甲	丙	癸
未	戌	辰	亥

67	57	47	37	27	17	7
癸	壬	辛	庚	己	戊	丁
亥	戌	酉	申	未	午	巳

1) 진월에 갑목일생으로 주변이 재성과 관살 식신에 둘러싸여 아주 신약한 사주이며, 따라서 신약용인격으로 계수가 용신이 되고 희신은 木이 아닌가 합니다.

2) 위의 학생은 신약한 사주에다가 계수가 해수에 뿌리를 두고 있지만 계수는 병화에, 해수는 진토에 충극을 받고 있고, 일지와 월지가 충하고 있어 근본 토대가 흔들리는 상당히 곤궁한 사주라고

생각합니다.

3) 특히 부친과의 사이가 좋지 않아 상당히 고민하고 있는데, 이것은 아마 부친의 육신(편재)인 土가 기신이기 때문이라고 생각합니다.

 일리가 있네요

1) 잘 보셨습니다.
2) 그렇게 봐야 합니다.
3) 일리가 있습니다. 다만 편재가 기신이라고 해서 모두 그런 것은 아니므로 일리가 있다는 정도로 생각하면 됩니다.

443 용신이 궁금합니다

時	日	月	年
丁	辛	己	乙
酉	未	卯	未

42	32	22	12	2
甲	乙	丙	丁	戊
戌	亥	子	丑	寅

묘월의 신금이지만 약하지 않은 것으로 보여 水로 용신을 삼고 싶은데 원국에 없어서 유금으로 용신을 하고, 水를 희신으로 기다리면 될까요?

없는 水를 기다리면서 金을 용하는 것은 맞지 않습니다

   만약 약하지 않게 보았다면 설하는 水가 없으면 극하는 火를 용해야 이치에 맞습니다. 있지도 않은 水를 기다리면서 金을 용한다는 것은 앞뒤가 맞지 않는 궁리입니다.

   다만 이 사주는 신약하여 인성이 필요해 보이는데 미토가 도움이 못 되는 것이 아쉬워서 희신으로 유금을 삼는 것이 좋습니다. 잘 생각하길 바랍니다.

444 약하지 않은 것으로 볼까요?

時	日	月	年
壬	丙	甲	戊
辰	午	寅	申

70	60	50	40	30	20	10
辛	庚	己	戊	丁	丙	乙
酉	申	未	午	巳	辰	卯

   1) 성격 분석에서 조금 자기중심적이지만 절제력이 많을 것 같고 세상에 대한 시각이 조금은 부정적일 것 같습니다.

   2) 득령하고 득지하였지만 세력이 약한 것 같습니다. 그래도 약하지 않은 것으로 봐야 할 것 같은데, 신금이 부담스러워 보입니다.

   3) 진토로 용하고 金을 희신으로 잡을까요?

신약입니다

1) 적절한 해석이라고 생각합니다.
2) 신약으로 봐야 합니다.
3) 인성으로 용하고 희신은 火를 삼는 것이 좋습니다.

445 신약합니까?

```
    時 日 月 年
    乙 庚 己 庚
    酉 午 卯 辰
67 57 47 37 27 17  7
 壬 癸 甲 乙 丙 丁 戊
 申 酉 戌 亥 子 丑 寅
```

1) 목왕절에 金이라 신약으로 보고 인성을 용신, 비겁을 희신으로 보고 싶습니다.
2) 기신으로 木을 보고, 구신으로 火, 한신으로 水를 보고 싶습니다.

 충분히 견딜 만합니다

1) 아무리 木이 왕하다고는 해도 사주에서 세력을 보면 3金 2土로 충분히 견딜 만하다고 생각합니다. 그래서 용신으로는 일지 오화를 봐야 합니다.
2) 기신은 水가 되고 구신은 金이 된다고 보면 됩니다. 전체운은

늘 하나하나를 살펴야 합니다. 대충 봐서 水·木운이니 어떻고 火·土운이니 어떻다고는 할 수 없습니다. 일일이 대입하여 살피길 바랍니다.

446 군겁쟁재는 아닌 듯한데

時	日	月	年
丙	壬	壬	壬
午	午	子	子

53	43	33	23	13	3
丙	丁	戊	己	庚	辛
午	未	申	酉	戌	亥

1) 일지의 오화가 하나 추가되어 군겁쟁재는 아닌 듯하고, 참 난감합니다. 土가 있으면 교통정리를 잘 할 것으로 보이는데 없으니 답답하고, 용신이 없는 것은 없다고 했으니 어렵지만 水를 용하고 희신은 운에서 土를 바라보는데, 제가 생각하기로는 중요한 것이 물과 불의 균형이라고 생각합니다. 뭔가 말이 안 되는 것 같지만 이렇게라도 우겨봅니다.

2) 위의 내용이 맞다면 전체 인생운도 그리 나쁘지만은 않게 보입니다. 위의 사람은 4년제 대학을 졸업하고 부모의 정이 좋으며 유명 호텔에서 일하고 있는 미혼녀입니다.

자기 사업은 절대로 안 되겠네요

1) 군겁쟁재는 재성이 용신이라는 의미입니다. 정확히 이해하셔야 합니다. 재성이 용신인데 식상이나 관살이 없어 매우 불리하다고 보는 것입니다.

희신은 土가 되지만 운에서 들어오면 난리가 납니다. 그래서 木을 희신으로 봐야 합니다.

2) 지지의 운을 적을 때 辛과 申을 구분하기를 바랍니다. 당분간 직장생활을 하는 것이 좋습니다. 자기 사업은 절대로 금한다고 알려줍니다.

447 유월(酉月)의 을사 일주

時	日	月	年
庚	乙	己	壬
辰	巳	酉	子

51	41	31	21	11	1
癸	甲	乙	丙	丁	戊
卯	辰	巳	午	未	申

1) 유월(酉月)의 을목으로 인성은 멀고 관살이 가까워서 신약하게 보이므로 火를 용하는 것이 맞는 것 같은데 희신이 애매합니다. 土를 쓰면 관살을 도우므로 안 될 것 같고 물은 가을이라 필요 없어 보입니다. 그래서 굳이 쓴다면 辰 중의 을목이라도 비겁을 쓰고

싶습니다.

2) 기신은 土일 것 같습니다, 그리고 구신은 金, 한신은 水로 보고 싶습니다.

3) 성격은 내성적이고 말투가 너무 쏘는 듯한 사람인데 어디서 그런 부분을 볼 수 있습니까? 편관 때문입니까?

4) 현재 병오대운에 있는데, 정관이 극을 받아 남자문제로 고민하고 있다고 봐도 될까요?

5) 지지로는 火가 좋고 천간으로는 비겁이 좋은가요?

 인성으로 용하고 부득이할 경우 식상을 씁니다

1) 신약한데 인성이 있으면 인성을 쓰고, 없을 경우에 부득이 식상을 쓰는 것으로 봐야 합니다. 그런데 이 사주에서는 비록 멀지만 통근한 인성이 있으므로 인성으로 용하고, 희신은 木으로 삼으면 됩니다.

2) 기신은 土가 되는 것이 옳은데, 火가 용신이면서 기신을 土라고 하는 것은 어떻게 나온 결론인지 모르겠습니다. 여하튼 잘 잡으셨습니다.

3) 상관견관의 현상 때문입니다. 일지 상관이 시간 정관을 못마땅하게 여기는 까닭입니다.

4) 그럴 수 있습니다. 적어도 용신에게 도움은 못 됩니다.

5) 지지로는 水·木이 좋습니다. 천간으로도 그 정도가 아닌가 싶습니다.

448 신약해 보입니다

	時	日	月	年
	庚	丁	戊	己
	戌	巳	辰	酉
58	48	38	28	18	8
	甲	癸	壬	辛	庚	己
	戌	酉	申	未	午	巳

1) ① 무진월에 정사 일주로 설기가 심하여 신약해 보입니다. 아쉽지만 辰 중의 을목을 용하고 火를 희신으로 보고 싶습니다.

② 을목이 힘을 제대로 못 쓰게 보이니 용신의 급수로 보면 아주 낮아 보입니다. 몇 급 정도로 보면 됩니까?

③ 木이 천간이나 지지에 있다면 전체적으로 순환을 시켜줄 수 있다고 봅니다.

2) 기신으로는 金, 구신으로는 水, 한신으로 土를 봐도 될까요?

3) 지지의 土가 되는 丑·辰·未·戌에서 축토는 설기가 심하여 안 좋고, 진토는 설기를 하지만 을목을 포함하고 있으므로 괜찮다고 보며, 미토는 열토이므로 설기를 하지 않으니 괜찮고, 술토도 그나마 괜찮다고 보입니다.

 8급 정도로 생각합니다

1) ① 비슷하지만 우선 火의 도움을 받고 있으니 火를 용하고 희신으로 木을 보도록 합니다.

②사화를 본다고 해도 약하기는 마찬가지입니다. 인성이 무력하므로 8급 정도로 생각할 수 있습니다.

③좋은 말씀입니다. 그렇습니다.

2) 그렇게 봐도 좋습니다.

3) 잘 보셨습니다. 그렇게만 추명한다면 많은 성취가 있을 것으로 생각합니다.

449 종왕으로 봐야 할까요?

```
時 日 月 年
乙 丙 丙 乙
未 午 戌 巳
```

용신으로 극·설을 찾아보지만 건조한 土로 설할 수 없어 火·木으로 보고 싶습니다. 아직까지 자식이 없는 여인입니다. 사주에 식상이 무력하여 그런가요? 지금 기축대운 중 축대운인데 축축한 토양에 씨앗을 뿌린다면 결실을 볼 수 있지 않을까요? 화산재 때문에 분란만 일어날까요?

 식신을 용신으로 해야 합니다

극·설이 없다고 인겁으로 볼 수 없습니다. 월지에 식신이 있으니 그대로 용신으로 하고, 金이 오면 좋지만 사주에 火가 너무 왕해서 실제로는 도움이 못 됩니다. 습토가 오면 좋지만 축토를 생각한 것은 잘 보았습니다.

45ＱＱ 운이 안 따르겠지요?

```
時 日 月 年
庚 庚 壬 乙
辰 子 午 巳

53 43 33 23 13  3
丙 丁 戊 己 庚 辛
子 丑 寅 卯 辰 巳
```

1) 오월(午月)의 경금이라 水를 용신, 비겁을 희신으로 보았습니다.
2) 기신으로 火를 보고 싶은데 어떨까요?
3) 언제쯤 결혼할 수 있을까요?

 결혼은 인목대운에 하겠습니다만

1) 水를 용하기에는 일간이 많이 약하군요. 화왕절의 경금이니까 겨울 金하고는 좀 다릅니다. 참고하면 좋습니다. 신약한 구조에서 극·설이 교차되면 인성을 찾는 일이 시급한 경우가 매우 많습니다. 시지의 진토를 용신으로 보고, 희신은 金으로 하면 무난하다고 생각합니다.

2) 용신은 인성이 되고, 인성은 여름에 土라고 보면 희신이 金이 됩니다.

3) 운은 다소 불리합니다. 결혼하지 못했다면 인목대운에 하겠지만, 사주의 상황보다도 결혼하지 못하는 또 다른 변수가 있는지 살펴봐야 합니다.

451 신강으로 火 용신, 土 희신인가요?

```
    時 日 月 年
    己 甲 丁 甲
    巳 寅 丑 子

53  43  33  23  13   3
辛   壬   癸   甲   乙   丙
未   申   酉   戌   亥   子
```

1) 축월이 갑목의 뿌리 역할을 할 수 있나요?
2) 신강으로 火 용신, 土 희신으로 보나요?

 신왕하니 용신은 火가 분명합니다

1) 축월 자체는 뿌리라고 하기 어렵지만 그렇다고 극을 하지도 않는 것으로 봐서 주변 상황에 변수를 두게 됩니다. 다만 온도계는 바짝 움츠러들겠습니다. 그래서 축월에는 갑목에게 난로가 필요할 것이라는 점을 고려해야 합니다. 신약하지 않다는 것은 연주 갑자와 일지 인목이면 충분하다고 보기 때문입니다. 그리고 극하는 金도 없기 때문입니다.

2) 이미 신왕한 상황에서 찾아야 할 용신은 火가 분명합니다. 희신은 土로 삼습니다. 잘 보셨습니다.

452 신약한 듯 보여서

```
時 日 月 年
丙 己 辛 辛
寅 未 丑 亥

62  52  42  32  22  12  2
戊   丁   丙   乙   甲   癸   壬
申   未   午   巳   辰   卯   寅
```

〈토론방〉에 올라와 있는 사주인데 답변 주신 분들이 모두 신강으로 보았습니다. 축월의 기토가 월을 얻었다고 보는 것 같은데 맞나요?

제가 보기에 축월은 신금의 확실한 후원자로 기토한테는 별 도움이 안 될 것으로 보입니다. 거기다가 월·일의 축미충으로 기토의 앉은자리도 흔들리고요. 연·월과 일·시가 편이 나뉘어서 어느 쪽이 강한지 저울질해야 하는 상황인 것 같기도 합니다. 木·火·土·金·水로 이어지는 흐름이 있어 식신생재의 무게가 더 무거워 보일 뿐 아니라 추워 보여 불이 필요한 것 같습니다. 따라서 인성이 필요하고, 그래서 조후도 도움이 되는 신약용인의 사주라고 생각되어 여쭙니다.

 매우 신약합니다

이 사주는 매우 신약하다고 해야 합니다. 병화를 얻은 것은 천금의 가치가 있다고 할 수 있습니다. 잘 보셨습니다.

453 종을 하나요?

```
時 日 月 年
戊 丙 己 丁
戌 寅 巳 卯
```

짧은 공부로 이해가 안 되는 사주가 있어서 가르침을 받으려고 합니다.

사월(巳月)에 병화 종왕격으로 봐도 될까요? 선생님께서 식상과 관살의 대립이 없으면 종을 한다고 말씀하셨던 것 같은데 이런 경우에도 해당되나요? 천간에 2개의 土가 있으니 확신이 안 서는데 저는 종을 할 것 같습니다.

 종에 구애 받을 필요는 없습니다

질문하신 사주의 경우는 식상을 용신으로 삼아야 하는 구조입니다. 종을 한다고 해도 결국은 火의 기운이 왕하므로 土를 찾아야 한다고 보면 종에 구애 받을 필요가 없습니다.

종에 대해서 공부하느라 한동안 고생하셔야 하지 않을까 생각해 봅니다. 물론 발전하는 과정이니 참고하며, 많은 성취 있기를 바랍니다.

454 신약한 것 같습니다

	時	日	月	年	
	己	己	壬	丁	
	巳	未	子	未	
54	44	34	24	14	4
	丙	丁	戊	己	庚	辛
	午	未	申	酉	戌	亥

1) 자월의 기토이고 정임합으로 기토를 극하니 신약하게 보입니다.

2) 인성인 火를 용하고 비겁을 희신으로 보고 싶습니다.

3) 기신·구신·한신은 어떻게 찾나요? 이 부분은 아직 감을 못 잡고 있습니다. 水를 기신으로 보고 金을 한신으로, 木을 구신으로 보면 될까요?

 기·구신은 희·용신을 극하는 글자로

1) 비록 월령을 얻지 못해도 사주에 4土 2火라면 강하다고 할 수 있습니다. 약하지 않습니다.

2) 월간의 임수를 용하고 희신은 金으로 볼 수 있습니다.

3) 용신 水에 희신 金이면 기신은 土이고 구신은 火로 보면 됩니다. 기·구신은 희·용신을 극하는 글자로 정하면 무리가 없습니다. 운에 따라 변수가 있더라도 기본적으로는 이렇게 이해하면 됩니다.

455 신왕한가요?

```
時 日 月 年
甲 丁 乙 辛
辰 未 未 亥

46  36  26  16  6
庚   己   戊   丁   丙
子   亥   戌   酉   申
```

미월에 정화로 인성도 있어서 신강으로 보고, 건조해서 관을 용하고 신금을 희신으로 보고 싶습니다. 관성이 인성을 다시 생조해 주는 상황이나 金으로 다스릴 수 있다고 봅니다. 흐름이 아주 잘 되는 것처럼 보이는데 맞나요? 기·구·한신은 어떻게 보면 되나요? 土를 기신으로 보고 木은 한신, 火는 구신으로 봐도 좋습니까?

 인성이 필요합니다

크게 약하다고 하지 않아도 되는데, 다소 기세가 밀리는 것으로 생각됩니다. 월간의 을목은 미토에서 무력하고, 연주는 그렇고, 갑목은 살아있으나 일지의 미토를 포함해서 土의 세력이 만만치 않으니 인성이 필요한 것으로 봐야 하지 않을까 싶습니다.

456 신왕 신약 구분이 어렵습니다

時	日	月	年
丁	庚	戊	庚
亥	辰	子	戌
34	24	14	4
壬	辛	庚	己
辰	卯	寅	丑

2000년 경진년은 31세로 묘대운에 있습니다. 월령이 11월이고 일지 辰과 반합으로 水가 되니 약하다고 봐야 할지, 아니면 경금이 진토에 뿌리를 두고 있으니 왕하다고 해야 할지 판단이 어렵습니다. 초년에 부친 사망으로 가정형편이 어려웠다고 합니다. 14대운 중에는 대학진학도 할 수 없었다고 합니다.

 기본 원판에 더욱 비중을 두고 연구합니다

자월이 혼란을 준다면 진토와 술토 사이에 끼여서 무력하다고 보면 됩니다. 여하튼 이 사주는 상당히 왕한 것으로 봐야 합니다. 대운 해석에서 다소 아쉬운 점이 있더라도 공부하는 과정에는 기본 원판에 더욱 비중을 두고 연구하는 것이 좋습니다. 운의 해석으로 너무 치중하다 보면 자칫 기본적인 생극제화의 이치조차도 흔들릴 위험이 있지 않을까 우려됩니다.

457 겨울 물입니다

```
    時 日 月 年
    丙 壬 乙 己
    午 戌 亥 丑

67  57  47  37  27  17  7
戊   己   庚   辛   壬   癸   甲
辰   巳   午   未   申   酉   戌
```

약하니 金을 쓰고 土를 막는 木을 희신으로 할까요? 아니면 차가운 겨울 물이라 火를 용하고 金을 희신으로 하나요?

 온도로만 보려는 것이 조후의 단점입니다

일단 신약하므로 인겁을 반긴다고 해석해야 합니다. 조후의 논리가 갖는 단점은 모두 온도로만 판단하려고 한다는 것입니다. 겨울의 물이나 불이 그에 해당한다고 볼 수 있습니다.

겨울에 물이 얼어붙어서 아무것도 할 수 없다는 논리를 전개시킨다면 바다를 보십시오. 광대한 바다에서는 겨울에 무수한 생명이 잘 살아가고 있으니까요.

그러니까 水·火는 조후를 고려할 필요가 없다고 생각하는 것이 좋습니다.

Q458 겨울 金이지만 약한가요?

```
時 日 月 年
戊 庚 丙 甲
寅 戌 子 辰

67  57  47  37  27  17  7
己  庚  辛  壬  癸  甲  乙
巳  午  未  申  酉  戌  亥
```

겨울 金이지만 인목과 자수에 잡혀서 활동하지 못하는 戊·戌의 조토가 싸고 있으므로 강하지 않다고 봐서 土를 용하고, 희신은 火인지요? 土가 이미 충분한 것 같기도 합니다. 그런데 이 사주인은 남편과 별로 사이가 좋지 않은 걸로 봐서 火가 희신인 것 같지도 않습니다.

또한 유금대운부터(을해·병자·정축세운) 힘들다가 무인·기묘 세운에 공부를 하면서 편해졌다고 합니다. 고등학교 2학년 18세였던 신유세운 때가 가장 안 좋았다고 합니다.

 설이 분분할 만도 합니다

예전 같으면 낭월도 신약용인격으로 인성을 용하지 않았을까 싶은 명식입니다. 물론 지금은 金에 대해 약간 생각을 달리하여 약하지 않은 것으로 봅니다. 술토가 충분히 金을 생조하는 것으로 봐야 합니다. 자월이기 때문입니다. 그래서 그냥 편관을 용하고 木을 희신으로 삼습니다. 다만 土는 무난하다고 볼 수 있습니다.

Q 459 종하나요?

	時	日	月	年
	乙	癸	己	乙
	卯	未	卯	未

64	54	44	34	24	14	4
丙	乙	甲	癸	壬	辛	庚
戌	酉	申	未	午	巳	辰

이 명식은 종하나요? 그러면 木·火를 쓰나요?

A 무력하나 종하지 않습니다

어째서 무력한데도 종을 하지 않는지 연구하는 과정에서 식상과 관살이 대립하면 종을 하지 않는다는 공식을 발견하게 되었습니다. 이 또한 그에 해당하는 자료입니다. 그냥 인겁을 기다리는 것으로 봐야 할까 싶습니다.

Q 460 원국의 土는 水대운을 막는다고 봐야 하나요?

	時	日	月	年
	壬	癸	己	戊
	戌	巳	未	戌

```
63 53 43 33 23 13  3
壬 癸 甲 乙 丙 丁 戊
子 丑 寅 卯 辰 巳 午
```

시간의 임수가 실질적인 용신이고 木이 약이라면 水대운에서는 무계합으로 묶이고 임수는 무토가 막으며, 자수대운 역시 지지의 토들이 막아 용신 운이 반감되므로 木이 더 나은 운이라고 해야 하는지요?

 용신보다 희신의 운이 좋은 경우도 있습니다

때로는 용신의 운보다 희신의 운이 더 좋은 경우가 있습니다. 원국의 배합에 따라 나타나는 현상으로 이해하면 됩니다. 보신 대로입니다.

461 임수대운・임오세운이 걱정입니다

```
      時 日 月 年
      癸 壬 己 壬
      卯 寅 酉 子
70 60 50 40 30 20 10
丙 乙 甲 癸 壬 辛 庚
辰 卯 寅 丑 子 亥 戌
```

1) 약하지 않아 보이니 용신은 土, 희신은 火인가요?

2) 용신 기토가 너무 무력한데 여기에 임수대운과 임오세운이 들어오면 직장생활과 건강에 문제가 생기지 않나요?

 운의 흐름이 좀 아쉽네요

1) 무력한 土보다는 식상이 좋습니다.

2) 용신이 식상이어서 희신은 재성이 되어야 하는데, 밖에 나와 있지 않으니 水운이 온다고 해서 대흉으로 가지는 않지만 크게 발하기는 어렵다고 할 수 있습니다. 분수를 지키고 넘어간다면 좋습니다.

462 동지 자료이기도 합니다

時	日	月	年
乙	丁	辛	壬
巳	卯	丑	寅

42	32	22	12	2
丙	丁	戊	己	庚
申	酉	戌	亥	子

축월의 정화에 인성이 있지만 월주가 막고 있어서 신금이 인성을 견제한다는 생각인데, 그래도 이 상황에 다시 인성이 필요한지 결론을 내리기 어렵습니다. 식신생재로 가도 될까요?

정화 입장에서 인겁이 필요하지는 않습니다

이 정도 세력이라면 정화 입장에서는 다시 인겁이 필요한 구조는 아닙니다. 극·설에서 봐야 하는데, 임수가 멀리 있으니 우선 土·金으로 흐름을 타는 것이 좋습니다.

463 을사 일주입니다

時	日	月	年
丁	乙	己	丁
丑	巳	亥	亥

겨울의 을목에 火가 필요한 듯하지만 원국에 火가 3개나 있으니 조후가 급해 보이지는 않습니다. 해수를 용신으로 하고 희신을 정하는데 金과 木 중에서 다소 헷갈립니다.

항상 희신에서 멈칫거리니 문제입니다. 제가 보기에 지지로 오는 金은 희신의 역할을 하지만 천간으로 오는 金은 기신 역할을 할 것으로 보입니다. 그리고 지지로 오는 木은 별 도움이 안 되고, 천간으로 오는 木은 도움이 될 것이라고 보는데, 지도 말씀 부탁드립니다.

 火를 쓰셔도 됩니다

겨울 나무가 조후가 급하지 않다고 火를 쓰지 못할 이유는 없습니다. 다만 설기용으로 사용하는 것입니다. 이미 사해충으로 火의 뿌리가 약한 것으로 봐서 생각보다 왕하지 않은 식상입니다. 그래서 그냥 火를 용신으로 하고 土를 희신으로 보면 됩니다.

464 Q 약하지 않게 보았습니다

時	日	月	年
癸	乙	戊	乙
未	未	寅	卯

무토 당령이지만 비겁의 세력이 만만치 않아 土 용신, 火 희신으로 잡았는데, 진토대운에 고생이 많았다고 하므로 잘못 잡았나 싶어 문의합니다.

 사주의 원국 상황을 고려합니다

잘 보셨습니다. 늘 그렇듯이 대운의 대입은 글자의 색깔로 하지 말고 사주의 원국 상황을 고려하여 판단해야 한다는 점을 잊지 않아야 합니다.

원국의 지지에 寅·卯의 木이 있으니 지지로 들어오는 土는 무슨 작용이 일어나며 오히려 쟁탈전으로 고생할 수도 있다고 보면 됩니다.

465 항상 어려운 것은 土의 충입니다

```
時 日 月 年
庚 辛 丁 壬
寅 丑 未 子

41 31 21 11  1
壬 癸 甲 乙 丙
寅 卯 辰 巳 午
```

미월의 신금이 약해 보이지 않으므로 용신을 정화, 희신을 土로 생각합니다. 축미충으로 정화의 뿌리가 약해서 木을 희신으로 해야 하나요? 항상 어려운 것은 土의 충입니다. 책에는 붕충을 하면 지장간의 성분들이 손상을 입어서 쓸 수 없다고 되어 있는데, 미토 같은 경우는 계절적 의미를 부여해서 정화의 뿌리로 생각해도 될까요?

 희신은 木이 됩니다

정화는 매우 약합니다. 木이 꼭 필요하므로 희신은 木으로 삼습니다. 혹시 火를 버리고 水를 용신으로 쓸 수도 있습니다. 그렇다고 해도 희신은 역시 木이 됩니다. 기본적으로 火를 용하고, 용신이 합이 되어 아쉽다고 봅니다.

466 미토 정관의 의미가 궁금합니다

```
時 日 月 年
癸 壬 壬 乙
卯 寅 午 未

69 59 49 39 29 19  9
己 戊 丁 丙 乙 甲 癸
丑 子 亥 戌 酉 申 未
```

스님께서는 종아생재의 형상이지만 그래도 水가 용신이라고 하셨는데 그렇다면 기신은 土가 되고 남편은 기신이 됩니까? 남편궁이 오화이니 역시 구신이 되나요?

스님 책에서의 설명대로 이 사주인은 아주 알뜰합니다. 남편이 기신이고 구신이라면 아내에게 도움이 되지 않을 텐데 교수이니 돈이나 명예는 해결되는 것 같습니다. 다만 아내가 원하는 공부를 하려는 데는 혹시 도움이 안 되는 것인가요? 위의 사주인은 金대운에 나름대로 원하는 바를 얻었습니다. 남편은 아주 성실하지만 재미없어서 조금 힘들어하는 상황입니다.

 표면적으로는 알 수 없습니다

미토가 도움이 되지 않는 것이 사실이라면 아마도 남편으로 인해서 어떤 스트레스를 받으리라고 생각하는 것이 보통입니다. 남편의 수준에 맞추기 위해서 힘이 들거나, 겉으로는 교수 부인이지만 내심 자신이 하고 싶은 것이 따로 있어도 남편의 체면 때문에 못하고 있을 수도 있습니다. 구체적인 것은 본인에게 물어야 하겠고 표면적인 것으로 결론을 내리기는 어렵다고 생각합니다.

467 사주가 조열하니 계수 관성을 쓸까요?

```
時 日 月 年
癸 丁 甲 丁
卯 未 辰 巳
```

일간이 강한 것은 쉽게 보이는데, 극과 설 중에서 어느 것으로 일간이 쏠릴지에 대해서는 조금 조심스럽습니다. 진토는 조금 멀고 일지 미토는 건토에다가 묘미반합을 이루며, 사주가 건조하므로 일간이 계수를 찾지 않을까 생각됩니다.

 계수가 좋겠네요

미토보다는 계수의 용도가 더 좋아 보입니다.

468 극·설이 있으니 약한가요?

```
時 日 月 年
乙 癸 己 丙
卯 酉 亥 辰
```

극·설이 교가 되긴 하지만 水의 계절이고 유리하며, 관은 습토라서 비록 병화가 있다고 해도 얼마나 극할지 의심스럽습니다. 겁재는 두 관에 둘러싸여 인성 하나로 버티니 약하다고 생각되는데 어떤가요?

 약하다고 볼 정도는 아닙니다

왕하지는 않아도 약하지 않다고 볼 정도는 됩니다. 해월의 계유라면 약하지 않은 것으로 봐도 무리가 없습니다.

469 신강하여 木 용신, 火 희신으로 보았습니다

時	日	月	年
甲	癸	癸	己
寅	酉	酉	巳

66	56	46	36	26	16	6
丙	丁	戊	己	庚	辛	壬
寅	卯	辰	巳	午	未	申

신강하여 용신을 木, 희신을 火로 잡았습니다. 그런데 오화대운과 기사대운에 가장 고생이 심했고 무진대운에 가장 잘 살았다고 합니다. 정묘대운과 병화대운에는 기울었는데 지금도 많은 땅을 소유하고 부자 소리를 듣고 삽니다.

정묘대운은 계수와 유금 때문에 무력해진 것을 알겠는데, 무진대운이 한신인데 성공한 것은 이해가 되지 않습니다. 용신을 잘못 보앉는지요? 시(時)가 첫닭이 울 때라고 합니다.

 무진은 갑인이 충분히 감당합니다

사주 구조에서는 아무런 문제가 없다고 봅니다. 오화대운의 세운도 좀 살펴보고, 기토는 갑목과 합을 했으니 불리하다고 해도 좋습니다. 사화는 합으로 기대치에 못 미친다고 할 수 있지만 세운의 변수도 고려해야 하고, 무진은 갑인이 충분히 감당해서 좋다고 할 수 있습니다.

470 종할 것처럼 생겼습니다

時	日	月	年
戊	丁	庚	壬
申	亥	戌	戌

62	52	42	32	22	12	2
丁	丙	乙	甲	癸	壬	辛
巳	辰	卯	寅	丑	子	亥

1) 종하기보다는 亥 중 갑목으로 용신을 삼고, 金이 왕하니 戌 중 정화를 희신으로 할까요? 태어난 그 다음해, 즉 신금대운의 계해·갑자세운에 많이 아팠다고 합니다.

2) 편재가 없는 이 사주에서 부모와의 인연을 어떻게 봐야 하나요? 현재까지는 공부도 잘하고 가정도 무난한데 아버지 사주에 식상이 없어 궁금합니다.

인성이 필요합니다

1) 亥 중 갑목을 과연 정화가 쓸 수 있을지는 모르지만 여하튼 인성을 필요로 하는 것으로 봐야 할 것 같습니다.

2) 부모를 묶어서 본다면 인성으로 저울질하면 되는데, 인성이 암장되어 있으므로 다소 약하다고 할 수 있습니다.

471 물이 많은 것 같습니다

時	日	月	年
乙	甲	庚	辛
亥	子	寅	亥

69	59	49	39	29	19	9
丁	丙	乙	甲	癸	壬	辛
酉	申	未	午	巳	辰	卯

1) 신강이고 물이 많으니 寅 중 무토로 용신을 삼고, 火 희신으로 볼 수 있나요? 의사입니다.

2) 남편과의 관계는 한신으로 보면 되나요?

 어느 경우든 희신은 土가 됩니다

1) 어려운 배합이군요. 우선 희망하는 것은 寅 중의 병화입니다. 그래서 火운에 발하는 것으로 대입시키면 됩니다. 만약 부합이 되지 않는다고 판단되면 이번에는 현실적인 용신으로 월간의 경금을

의지하는 것으로 해석하면 됩니다. 결론은 어느 경우나 희신은 土가 된다는 것입니다.

2) 남편은 火 용신이면 한신이고, 金을 쓰면 용신이 됩니다.

472 대운 해석을 부탁드립니다

時	日	月	年
庚	甲	癸	丁
午	辰	丑	未

술대운 때 진술충에 재성 과다로 재물에 손해를 보든지, 오술반합으로 정화의 뿌리가 되어 구업으로 고충을 당할까요? 축미충으로 축토가 계수의 뿌리가 될지 궁금합니다.

 크게 염려하지 않아도 됩니다

축월 갑진이라면 약하지 않은 것으로 봐도 됩니다. 그렇다면 용신으로는 火를 의지하고 한목향양(寒木向陽)이 된다고 할 수 있습니다. 그렇게 되면 오술합은 좋게 보고, 진술충은 별로 부담이 되지 않는다고 봐도 무리가 없습니다. 축미충도 흉하다고 하기는 어렵습니다.

473 용신과 기신이 합일 때를 설명해주십시오

```
時 日 月 年
戊 甲 丁 己
辰 辰 卯 亥

46  36  26  16   6
壬  癸  甲  乙  丙
戌  亥  子  丑  寅
```

묘월의 갑목이 묘진반합이 있어서 식신생재로 흐름이 좋아 보입니다. 아쉽게도 관성이 없어서 자신에 대한 절제가 부족하고 자기만 생각하며 편협된 생각이 있는 것으로 보입니다.

대학 졸업 후 대기업에 공채로 입사했으나 실직하고, 그 후에 취직하려고 해도 안 되어 지금까지 실업 상태입니다. 31세부터 기신운이 연속적으로 들어오므로 인생살이가 매우 고달프다고 생각됩니다. 이런 사람들이 현실에 적응할 수 있는 방법은 어떠한 것이 있습니까? 절에 가서 수양하거나 배낭을 짊어지고 무전여행을 하라는 등 상담할 때 어떤 좋은 얘기를 해주어야 할지 난감합니다.

46세 임수대운일 때 정화와 합이 오는데, 용신과 기신의 합으로 실력이 부족하여 설명이 어렵습니다. 부탁드립니다.

 공부하며 미래를 준비하는 것이 좋겠습니다

참 딱한 일입니다. 여하튼 현실은 현실이므로 먼 미래를 대비해서 힘을 축적하고 공부하라고 권하는 것이 가장 좋습니다. 절에서 수양하는 것도 신약할 경우에 해당하는 말이지 왕한 사주에서는 마음대로 되지 않습니다. 노지심이 절에서 수양한다고 잘 되겠느냐는 생각도 문득 듭니다. 현실이 마음대로 되지 않으므로 준비하는 마음으로 공부하는 것이 가장 좋습니다. 물론 어려운 조언일수록 간단하게 하는 것이 좋습니다.

474 동지 자료의 확인입니다

①							
時	日	月	年				
己	己	乙	戊				
巳	酉	丑	寅				
62	52	42	32	22	12	2	
戊	己	庚	辛	壬	癸	甲	
午	未	申	酉	戌	亥	子	

②							
時	日	月	年				
己	己	乙	己				
巳	酉	丑	卯				
62	52	42	32	22	12	2	
壬	辛	庚	己	戊	丁	丙	
申	未	午	巳	辰	卯	寅	

그 동안 컴퓨터가 병이 나서 문답실을 보지 못했습니다. 위의 사주는 아주 파란만장한데 문답실에서 한 번 언급된 적이 있습니다. 그 때 ①의 입춘 기준으로 보니 임상이 영 이상해서 질문을 드렸던 것인데 ②의 동지 기준으로 보니 이해가 갑니다.

• 초년 : 아주 부유하게 자랐습니다. 동지 기준은 초년에 인성이 옵니다.

• 32대운 : 초반에 남편과 사별했습니다. 입춘 기준으로 보면 32신금대운이 약한 남편성인 을목을 쳐서 어려울 거라는 심증이 가

는데, 경제적으로는 넉넉했습니다.

• 42대운 : 경금대운에 사업하다 부도가 나서 수감생활을 했습니다. 32대운과 같이 金대운이 오지만 그 다음 오화대운에 재기에 성공한 것을 보면 동지 기준이 확실합니다.

• 52대운 : 다시 사업에 실패했습니다.

• 62대운 : 동지 기준임을 확인시켜주는 운인데 현재 금전운으로 고전을 면치 못하고, 빚에 쪼들리지만 화려했던 옛날의 습성을 버리지 못해 빚을 내서 사치스런 생활을 합니다. 이 사주는 동지 기준으로 봐야 납득이 갑니다.

 이해가 됩니다

설명하신 내용이 이해가 됩니다. 그렇게 보고 임상하면 됩니다.

475 희신이 애매합니다

	時	日	月	年
	癸	丁	丁	辛
	卯	丑	酉	卯

78	68	58	48	38	28	18	8
己	庚	辛	壬	癸	甲	乙	丙
丑	寅	卯	辰	巳	午	未	申

1) 용신이 木인 것은 알겠는데 희신을 무엇으로 잡아야 할까요? 계수대운이 안 좋았는데 金이 강하니 그냥 정화로 잡을까요?

2) 몇 급 정도로 보시는지요?

 희신으로는 火가 필요합니다

1) 이미 용신 묘목이 유금에게 극을 받고 있기 때문에 희신은 약 차원에서 火가 필요합니다.

2) 급수는 대략 9급 이하라고 할 수 있습니다.

476 동지를 기준으로 해석

①				②			
時	日	月	年	時	日	月	年
癸	丙	乙	癸	癸	丙	乙	甲
巳	寅	丑	卯	巳	寅	丑	辰
36	26	16	6	36	26	16	6
己	戊	丁	丙	辛	壬	癸	甲
巳	辰	卯	寅	酉	戌	亥	子

①의 입춘 기준으로는 이해되지 않고, ②의 동지 기준으로 보니 해석이 되는 것 같아서 자료를 올립니다.

해대운에 결혼했으며 술대운에는 남편과 별거 비슷하게 한 달 중 20일 정도는 친정에서, 10일 정도는 남편과 생활하였습니다. 신대운에 취직하여 돈도 조금 만져봅니다. 결혼 3년 후부터 남편은 직장에서 나와 지금까지 백수로 있답니다.

경진년(2000년) 병진월에 이혼을 원하는데 신강으로 보아 용신

土, 희신 金, 한신 水로 보고 신금대운에 경진년의 힘을 받아서 운은 좋은 것으로 생각됩니다. 병신합으로 일간의 마음이 흔들리기 때문인지, 용신에 힘이 실려서 남편을 우습게 보고 그러는지 궁금합니다.

 뚜렷하지가 않습니다

살펴봤지만 뚜렷하게 구분이 된다고 보기는 어렵습니다. 사주 구조에서는 水가 용신의 역할을 하는 것이 아닌가 싶은데, 동지 기준으로 봤을 경우에는 대운이 희신에 해당하고 경진년이므로 남편에게 잘할 수도 있다는 생각이 들어서 명확하게 살피기가 만만치 않습니다. 다른 자료도 찾아보기 바랍니다.

477 약하지 않은 겨울 金입니다

時	日	月	年
戊	辛	甲	癸
戌	酉	子	未

67	57	47	37	27	17	7
丁	戊	己	庚	辛	壬	癸
巳	午	未	申	酉	戌	亥

득지하고, 겨울 金이긴 하지만 조토가 시지에 버티고 있어 득세한 것 같습니다. 이렇게 조토가 있어도 겨울 金이라 火 용신으로 하고, 土가 많으니 木 희신으로 하나요? 아니면 그냥 신강으로 보아

水 용신에 木 희신으로 하나요?

 온기는 충분합니다

온기는 이미 충분하다고 보아 火는 필요 없습니다. 오히려 흐름을 타고 水를 용신으로 해서 생각하는 것이 좋습니다. 그리고 木과 水의 비중은 서로 대등하다고 해도 됩니다.

478 희신이 木인가요?

```
         時 日 月 年
         癸 己 戊 乙
         酉 丑 寅 巳

     70 60 50 40 30 20 10
     乙 甲 癸 壬 辛 庚 己
     酉 申 未 午 巳 辰 卯
```

신약하니 火를 용신으로 하고 인성이 약하니 木을 희신으로 할까요, 아니면 木이 왕하니 金을 희신으로 할까요?

 잘 보셨습니다

木도 좋으나 천간으로 들어오는 木은 별로 도움이 되지 못할 형상입니다. 천간은 土가 오히려 나은 것으로 봐야 합니다. 金은 희신이 되지 않는 것으로 보입니다.

479 木의 세력이 강하니 신강인가요?

```
      時 日 月 年
      壬 癸 壬 壬
      子 卯 寅 辰

72 62 52 42 32 22 12  2
庚 己 戊 丁 丙 乙 甲 癸
戌 酉 申 未 午 巳 辰 卯
```

실령·실지하였지만 水의 세력이 강하니 용신을 土, 희신은 火로 할까요? 金은 한신인가요? 성격은 자기중심적이지만 겁재가 겹쳐 있으니 조금은 자기학대 성분이 있고, 식신으로 모이니 궁구하는 자세가 뛰어나다고 볼 수 있을까요?

 木으로 유통시키는 것이 좋습니다

잘 보셨습니다. 약하지 않아 보이는 구조입니다. 다만 목왕절에 水가 약하지 않다면 용신으로는 木을 생각하는 것이 이치에 타당합니다. 水를 처리하기 위해 土로 극할 수도 있지만 木으로 유통시키는 것에 비하지 못할 것으로 생각됩니다. 金은 기신이 됩니다. 그리고 희신은 火가 맡는 것으로 보면 됩니다. 운이 좋다고 할 수 있습니다. 심리를 다룬 내용은 『마음을 읽는 사주학』에 주로 설명되어 있습니다. 참고하시기 바랍니다.

480 감정적인 면과 절제의 편관은 어떤 관계인가요?

```
時 日 月 年
丁 癸 乙 乙
巳 酉 酉 未

61  51  41  31  21  11   1
戊  己  庚  辛  壬  癸  甲
寅  卯  辰  巳  午  未  申
```

득령에 득지하여 신강이니 정화 용신에 을목이 희신인가요? 土는 金을 생하며 용신의 기를 빼앗고 있으니 나쁘다고 할 수 있을까요? 건명에 전부 음간이니 감정적인 면과 절제의 편관을 어떤 관계로 봐야 하나요? 일지 편인의 부정 수용의 경향이 있는 데다가 시지가 편재이니 혹시 독재자 기질이 좀 강하다고 볼 수 있을까요?

 정리가 잘 되어 있습니다

잘 보셨습니다. 土는 한신입니다. 원국의 미토는 무난하지만 운에서 오는 습토는 부담이 됩니다. 아마도 이 주인공은 절제의 힘이 강하다고 보신 것 같은데, 원국에서 식신이 편인에게 제어당하고 다시 편인은 편재에게 눌리는 모습에서 심리적인 불안감이 존재하지 않을까 생각해봅니다. 통제하는 마음이 강할 수도 있습니다.

481 겨울 金이라 오화를 쓰고 싶습니다

```
    時 日 月 年
    壬 庚 乙 己
    午 子 亥 亥

62  52  42  32  22  12  2
戊  己  庚  辛  壬  癸  甲
辰  巳  午  未  申  酉  戌
```

겨울 金이라서 오화를 쓰고 싶은데 주변이 물 천지라 그냥 기토를 용신으로 하고 오화를 희신으로 할까요? 金대운은 기신 을목을 잡지만 임수를 생해주니 그냥 무난하다고 봐야 할까요?

그리고 이렇게 신약한데도 미토대운에 지방대학의 교수가 되고 신문에 글을 싣는 정치학 박사라는 것은 식상의 작용으로 볼 수 있을까요?

 그렇게 보면 됩니다

인성이 필요하고 미토운에서 좋아졌다고 하니 이해가 되지만, 그 지위에 대해서는 어떤 절대적인 기준이 있는 것이 아니므로 강조하지 않게 됩니다.

482 신약으로 볼까요, 신강으로 볼까요?

```
時 日 月 年
壬 庚 癸 壬
午 戌 丑 戌

64 54 44 34 24 14  4
丙 丁 戊 己 庚 辛 壬
午 未 申 酉 戌 亥 子
```

1) 위의 사주는 오화가 술토를 생해준다고 보면 신강한 사주로서, 계수가 용신이 되고 木이 희신이 되어야 할 것 같습니다. 그런데 오술반합으로 화국(火局)이 되어 신약한 사주가 되어버린 것 같습니다. 신약한 사주로 보면 축토가 용신이 되고 희신은 용신을 생해주는 오화로 할지 金으로 할지 확신이 서지 않습니다.

2) 위의 사람은 생시가 오후 1시 30분경이라고 하는데 만약 오후 1시 30분이 지났을 경우에는 사주가 다음과 같이 되므로, 이 경우에는 틀림없이 신강한 사주로서 계수가 용신이 되고 木이 희신이 되어야 하지 않을까 싶습니다.

```
時 日 月 年
癸 庚 癸 壬
未 戌 丑 戌
```

참 아쉽다고 할 수 있습니다

이 사주는 이미 왕성한 사주로 봐도 무리가 없습니다. 그런데 아쉬운 점은 그렇게도 필요한 木이 왜 밖으로 나오지 못했느냐는 것입니다. 현실적으로는 그냥 水를 용하겠지만 늘 木에 대한 미련을 버리기 어렵지 않을까 싶습니다.

483 경술년의 무진 일주

時	日	月	年
己	戊	甲	庚
未	辰	申	戌

土가 많으므로 일견 갑목이 용신으로 보이지만 식신에 의해 깨진 모습입니다. 과연 갑목을 쓸 수 있을지 의문입니다. 용신을 정할 경우 월령을 잡는 것이 우선한다고 하셨는데, 갑목과 신금 중 어느 것을 용신으로 정해야 할까요?

 金 용신, 水 희신이 됩니다

갑목이 필요하기도 하지만 그보다 金이 있어 土기운을 유통시키므로 갑목은 아무래도 소외당할 모양입니다. 그냥 버려두면 됩니다. 金이 용신이고, 희신은 水가 됩니다.

484 여름 木인데 물이 많은 것 같습니다

	時	日	月	年
	丁	甲	壬	乙
	卯	申	午	亥

61	51	41	31	21	11	1
己	戊	丁	丙	乙	甲	癸
丑	子	亥	戌	酉	申	未

여름 木이지만 물이 너무 강한데 水를 용하나요? 희신은 金으로 잡나요? 유명 대학의 여자교수로 정년퇴임 하였습니다.

 水를 용하면 치우쳤다고 할 수 있습니다

물이 충분한데 또 물을 찾는 것도 치우쳤다고 할 수 있습니다. 생각하신 대로 그냥 火를 용신으로 하면 됩니다. 잘 보셨습니다.

485 상관제살격이 되나요?

	時	日	月	年
	壬	癸	庚	辛
	戌	未	寅	丑

위의 명식을 처음 봤을 때는 土가 과다하여 월지의 상관을 용신, 희신을 火로 봤습니다. 그런데 다시 보니 그냥 신약용인격으로 보입니다. 경금 용신일 경우 용신의 입장에서 土가 많으므로 희신은 水가 될 것 같은데, 어느 것이 정답일지 헷갈리기만 합니다. 지도 말씀 바랍니다.

 꾸준히 정진하길 바랍니다

아마도 안목이 높아지는 소식인가 싶습니다. 신약용인격이 맞습니다. 계속 발전되리라고 보고, 꾸준히 정진하기 바랍니다.

486 용신이 대운과 합거하면 운세가 좋지 않게 되나요?

```
  時 日 月 年
  戊 辛 壬 戊
  戌 巳 戌 戌
63 53 43 33 23 13  3
 乙 丙 丁 戊 己 庚 辛
 卯 辰 巳 午 未 申 酉
```

1) 위의 사주는 상관격으로서 용신이 임수이고 희신이 사화라고 보았는데, 사주에 만약 木이 있다면 상관생재격으로 흐름이 좋은 사주가 되지 않을까 싶습니다. 따라서 木을 희신으로 볼 수 있지 않을까요?

2) 위의 사람은 지금 43세로 정사대운을 맞이하고 있으며 향후 5

년간은 정화운의 지배를 받는다고 봅니다. 그런데 정화가 정임목으로 용신과 합거하므로 운세가 상당히 좋지 않을 것으로 예상됩니다. 특히 경진년(2000년)은 일간이 경금과 합세하여 더욱 신강해지고, 지지는 술토가 진토와 충이 되므로 엎친 데 덮친 격으로 큰 어려움을 겪게 될 것으로 예상됩니다. 그래서 그런지 금년 봄에는 인도를 지나가다가도 차에 부딪치는 사고로 죽을 고비를 넘겼으며, 최근에는 우연히 계단을 내려가다가 발목을 삐어 고생하고 있습니다. 대운과 세운의 분석이 제대로 되었는지 알고 싶습니다.

그리고 용신이 대운과 합거를 하면 반드시 운이 좋지 않다고 보아야 하는지도 알고 싶습니다.

3) 앞에서 분석한 대로 火가 희신일 경우에는 48세부터 사화운으로서 운세가 그런 대로 호전된다고 보아야 하는지, 아니면 술토를 생하여 金기운이 더욱 왕성해지고 천간의 용신과 극이 되므로 여전히 운세가 좋지 않게 될 것인지 알고 싶습니다.

 희신은 木이 됩니다

1) 희신은 木이 됩니다. 원국에 木이 없다고 해도 그대로 木을 희신으로 보는 것이 가능합니다.

2) 적어도 용신이 딴 짓을 하고 있으면 바람직한 방향으로 추진되기 어렵다고 해석합니다. 물론 넘어지거나 사고를 당하는 것이 반드시 그 때문이라고 하기 어렵지만 여하튼 부담이 많이 되는 것으로 이해하면 됩니다.

3) 사화는 아무런 도움이 되지 않는다고 볼 수 있습니다. 계속되는 부담입니다.

487 술월의 임수입니다

```
時 日 月 年
戊 壬 庚 壬
申 午 戌 寅
```

이 사주는 천간의 수국(水局)과 지지의 불완전한 화국(火局)을 놓고 누가 이길 것인지 대립하는 현상으로 저는 다소 약하게 보았는데, 水의 기질을 놓고 생각하면 약하지 않게도 보입니다.

신약한 것으로 봅니다

水라고는 해도 일간 임수는 개입하지 못하는 것으로 이해하면 별로 세력이라고 하기도 어려울 형상입니다. 金의 세력이 있는 것은 확실한데 조토들이니 그 세가 별로이고, 그래서 신약한 것으로 보아 인성이 좋지 않을까 생각해봅니다.

488 시(時)가 1월의 동틀 무렵입니다

```
時 日 月 年
癸 戊 丙 己
丑 辰 寅 丑
```

```
61 51 41 31 21 11  1
己 庚 辛 壬 癸 甲 乙
未 申 酉 戌 亥 子 丑
```

土가 왕하니 신강으로 보아 인목 용신에 희신은 水인가요? 시(時)가 1월의 동틀 무렵이라 계축시라고 하는데 혹시 갑인시일 수도 있습니까? 갑인시의 경우도 土가 조금 왕하니 신강으로 갑목 용신이고, 희신은 어떻게 되는지요? 계유년에 이혼했고 경대운부터 기울고 있습니다.

 인시로 봐야 할 듯

이미 동이 트고 있는 상황이라면 인시로 봐야 합니다. 축시는 아마도 밤중이 아닐까 싶습니다. 용신은 木으로 하고 희신은 水가 되지만 막상 水가 들어와도 별 도움은 되지 못할 듯싶습니다. 용신의 운만 중요하다고 할 수 있습니다.

489 축월의 기토입니다

```
時 日 月 年
己 己 乙 戊
巳 酉 丑 寅
```

축월이고 관살의 동태와 지지의 삼합 등으로 인성을 쓰려고 했는데 초년의 22임수대운까지 아주 풍요로웠다니 이 초년운의 환경을 어디까지 부모운으로 보아야 할까요? 혹시 신강으로 볼 수도 있을까요?

 동지 기준에 대한 자료이군요

지금 궁리하고 있는 동지 기준에 대한 자료라 그저 반가울 뿐입니다. 다시 살펴보도록 합시다.

時	日	月	年
己	己	乙	己
巳	酉	丑	卯

58	48	38	28	18	8
辛	庚	己	戊	丁	丙
未	午	巳	辰	卯	寅

신약용인격으로 시지의 인성이 용신입니다. 운의 木·火운에서 그대로 희·용신이 되므로 순탄하게 성장하게 됩니다. 무진·기사도 나쁘지 않다고 해석할 수 있고, 경금에서는 다소 부담이 되지만 오화는 다시 순탄하다고 보고, 신금은 조금 하락하고 미토는 卯·未로 합이 되어 약하다고 해석할 수 있습니다. 우선 이렇게 대입시켜 봅시다. 들은 이야기와 어떻게 다른지 살펴보고 의견 올리시기 바랍니다. 뭔가 도움이 되었는지 모르겠습니다.

490 물이 많은 갑목입니다

```
    時 日 月 年
    癸 甲 癸 庚
    酉 子 未 寅

67  57  47  37  27  17  7
丙  丁  戊  己  庚  辛  壬
子  丑  寅  卯  辰  巳  午
```

얼핏 보면 신강한 것 같은데 여름 갑목이라 하더라도 물로 둘러싸여 있고, 더구나 계수는 경금 때문에 왕해져 있어 갑목 자체가 부실해진 것 같습니다. 그래서 용신은 물을 막을 미토로 했는데, 미토가 외롭고 인목에 극을 당해 급이 하격으로 떨어진 것 같습니다. 기신은 木인가요? 제대로 분석한 것인지 궁금합니다.

 희신은 金이 좋고 火도 나쁘지 않습니다

이미 인성이 지나치게 많다고 결론을 내렸으므로 재성이 좋다고 말할 수 있습니다. 희신은 재성이 비겁에게 손상을 입으니 金이 좋고, 火도 나쁘지 않은 것으로 해석할 수 있습니다. 참고하시기 바랍니다.

491 조후로 가야겠지요?

```
時 日 月 年
丁 己 丁 己
卯 亥 丑 酉
```

양쪽에서 정화가 도와주고 있지만 불이 약해 보입니다. 그래서 火를 용하고 木을 희신으로 생각했습니다.

 그렇겠네요

잘 보셨습니다. 생각보다 힘이 없다고 보아야 합니다.

492 종을 할까요 아니면

```
時 日 月 年
乙 甲 己 乙
亥 寅 卯 卯
```

종한 것도 같은데 그래도 정격으로 볼까요?

 水운이 와도 나쁘지 않습니다

이미 木이 왕하므로 종을 해도 火운이 좋기 마련입니다. 그러니 그냥 일지의 식신을 용신으로 하고 火운을 기다리는 것이 좋습니다. 水운이 와도 火가 손상받지 않으니 특별히 나쁠 것은 없다고 보는데, 만약 종을 한다면 水운이 좋다는 점이 차이점입니다.

493 정화를 용신으로 보았습니다

```
時 日 月 年
壬 辛 癸 丁
辰 丑 丑 未
```

축월이라서 불이 필요하다고 생각해 정화를 용신으로 하고, 희신은 火가 극을 받으니 土가 좋아 보이는데 木도 나쁘지 않습니다. 그래서 용신을 水로 하고 희신을 木으로 할까 하다가 일단 火·土로 보았으며, 천간 木도 나쁘지 않다는 결론을 내렸는데 제대로 보았나요?

 고민이 되는 사주로군요

오행의 이치로 보면 火를 써야 하는데, 손상을 받아서 무력하니 고민이 됩니다. 아마도 신금의 입장에서는 깨어졌더라도 그냥 火를 의지하고 싶을 것으로 생각됩니다. 너무 한습한 사주입니다. 火를 용신으로 하고 木을 희신으로 하며 土는 약신으로 정해봅니다.

494 불길이 너무 센 사주입니다

```
    時 日 月 年
    己 丙 戊 乙
    丑 午 寅 巳

65  55  45  35  25  15  5
 乙  甲  癸  壬  辛  庚  己
 酉  申  未  午  巳  辰  卯
```

일단 사주가 열로 가득하지만 水는 木을 생하니 습토를 용신으로 하고, 金은 불길에 녹을 것 같으니 그냥 水를 희신으로 할까요? 木・火운은 나쁠 것 같습니다.

어머니가 을목입니다. 물기가 말라버려서인지 15세에 어머니가 돌아가셨고 꾸준히 공부하여 지금은 박사가 되어 강의를 하고 있습니다.

 水는 암장되어 무력합니다

시(時)를 잘 얻었다고 할 수 있습니다. 그리고 水는 암장되어 무력하므로 상관을 쓰는 것이 좋다고 봅니다. 희신은 金으로 하면 됩니다.

Q495 인성을 쓸까요?

```
時 日 月 年
甲 己 辛 丙
戌 亥 卯 申

69  59  49  39  29  19   9
甲  乙  丙  丁  戊  己  庚
申  酉  戌  亥  子  丑  寅
```

틀림없는 신약 같습니다. 병화를 용하려니까 신금과 합을 하고 있습니다. 그래도 인성을 용신으로 잡고 土를 희신으로 할까요? 이 사주인은 여자로 의대를 나와서 유명 대학의 의사 겸 교수입니다. 아마 28세쯤 전임교수가 되었고 지금은 정교수입니다. 관이 좋아서 그렇다고 볼 수 있을까요?

 세운의 작용도 중요합니다

이 경우에는 역시 인성을 써야 합니다. 운만 놓고 본다면 인겁의 운이므로 좋다고 할 수 있습니다. 그러나 대운도 좋지만 세운의 작용도 그에 못지 않다는 점을 참고해서 함께 대입해보는 것이 좋습니다. 아마도 북방의 지지에서는 술토의 도움이 크지 않았을까 생각해봅니다.

496 흐름 비슷한 것이 보이면 강약이 헷갈리는 병

```
時 日 月 年
戊 乙 壬 癸
子 酉 戌 酉
```

술월의 을목이 일지 유금을 깔고 앉아 목이 마를 거라고 생각하면서, 시지의 자수가 무토에 깔려 있어 쓰지도 못하고, 월간의 임수는 앉은자리가 술토라 허약하다고 보아 변변한 것은 연간의 계수밖에 없는 것이 아닌가 생각하였습니다.

하지만 가을의 을목이 물이 필요해봐야 얼마나 필요할 것인가 말씀하셨고, 연주에 튼튼한 계유가 버티고 있으며, 월지 술토에서 시작하여 土 · 金 · 水 연간으로 이어지는 흐름과 土 · 金 · 水 일지와 시지로 이어지는 흐름이 水기운으로 모아져서 을목이 필요한 水기운은 부족하다고 생각합니다. 그렇다면 火를 기다리고 土를 용신으로 삼아야 하는 신강으로 해석될 수도 있겠다 싶으니 정말 모르겠습니다.

 용신은 水에 있다고 봅니다

고민하시는 모습이 보이는 것 같아 문득 떠올려봤습니다. 물론 을목은 물이 그 만큼이면 되고, 그 만큼이라도 있어서 다행이라는 생각을 하게 됩니다. 즉 용신은 여하튼 水에 있다고 보고 싶습니다. 火가 없어서 생각하기 어렵겠군요. 재와 살이 태왕해서 인성을 용하는 것으로 결론내리고 싶어서 생각해봤습니다.

Q497 기묘세운을 어떻게 봐야 할까요?

```
    時 日 月 年
    癸 戊 丙 己
    丑 辰 寅 丑

61  51  41  31  21  11   1
己   庚   辛   壬   癸   甲   乙
未   申   酉   戌   亥   子   丑
```

1999년 경대운 기묘세운에 지병인 신장계통의 병이 악화되어 죽음 직전까지 갔다왔는데 경진년(2000년)은 괜찮습니다. 金이 기신이라면 2000년 경진년이 더 힘들어야 할 것 같은데 다시 강단에 설 정도로 회복되었습니다. 이것을 어떻게 봐야 할지 설명을 부탁드립니다.

 질병을 운으로만 설명하기는 곤란합니다

늘 생각하고 있는 것이지만 질병은 사주의 운과는 밀접하지 않다고 생각합니다. 운으로만 봐서는 설명이 곤란한 것이 사실입니다. 고민스럽지만 명확한 답변이 어렵습니다. 도움이 되지 못해 죄송합니다.

498 巳 中 庚金을 쓸까요?

```
      時  日  月  年
      壬  癸  己  戊
      戌  巳  未  戌

  62  52  42  32  22  12  2
  壬  癸  甲  乙  丙  丁  戊
  子  丑  寅  卯  辰  巳  午
```

巳 중 경금이 용신이고, 水를 희신으로 할까요? 이 때 木은 제살해야 하는데 사화 때문에 한신인가요? 아니면 종살격으로 봐야 하나요?

결혼하고 25세부터 계속 공부해서 박사학위를 땄으며 지금 강사로 학생들을 가르치고 있습니다.

A 시간의 임수가 용신이 됩니다

웬만하면 정격으로 보고 있습니다. 운의 흐름에서 보면 종살을 하게 될 경우에 식상을 보면 큰일이 난다고 해석할 수 있기 때문입니다. 木은 약으로 작용을 한다고 봅니다. 시간의 임수가 실질적인 용신이 되는 것으로 볼 수 있습니다.

499 戌 중 신금이 용신인가요?

```
    時 日 月 年
    甲 壬 丙 乙
    辰 戌 戌 未

63  53  43  33  23  13  3
癸  壬  辛  庚  己  戊  丁
巳  辰  卯  寅  丑  子  亥
```

戌 중 신금을 용신, 土를 눌러주는 木을 희신으로 볼 수 있나요?
축대운의 29세 결혼 후부터 계속 좋아졌다고 하며, 인목대운에는 돈을 많이 벌었다고 합니다.

 그렇게 보셔도 별 무리가 없습니다

잘 보셨습니다. 水도 도움이 되지만 사주 구조로 보아 무력해 보입니다.

500 일단 종격으로 보았습니다

```
    時 日 月 年
    庚 壬 庚 癸
    子 辰 申 丑
```

지지가 申·子·辰으로 합세하여 진토 중의 을목을 꺼내고 싶지만 어려울 듯합니다. 임상에서도 대운이 계속 金·水로만 흐르고 1999년 기묘년과 2000년 경진년을 비교해봐도 감이 안 잡힙니다. 그래도 돈벌이는 경진년이 좀 낫다기에 종격으로 보면, 심리적으로는 지금이 남편 때문에 이혼을 더 심각하게 고려하고 있어 종격이 아닌가 싶기도 합니다. 임상을 떠나서 지지 삼합에 있는 辰 중의 木도 쓸 수 있을까요?

 辰 중 을목은 어렵습니다

확인해도 어렵다고 한다면 보신 대로 결정을 내리는 것이 좋습니다. 다만 진토의 편관이 있으니 관을 쓰고 재성을 기다리는 것으로 해석할 수도 있다는 생각이 듭니다. 제가 보기에는 철저하게 정격으로 편관을 놓고 봤으면 합니다. 참고하시기 바랍니다. 다만 辰 중 을목은 어려울 것으로 생각됩니다.

501 강하게 보았습니다

時	日	月	年
丁	甲	辛	癸
卯	子	酉	卯

세력이 강해 보여 상관을 용하였지만 월주가 자꾸 신경이 쓰입니다. 만약 이 상황에 월주가 경술이 온다면 신약으로 보아도 될까요? 경술이 와도 상관을 쓸 수 있나요? 미리 대비해야 실전에 당황

하지 않는다는 강박관념에 여쭙니다.

 인성을 의지해야 하지 않을까요

그렇게 봐도 되지만 卯・酉로 충돌하여 연주는 무력해지고, 일지는 생조가 됩니다. 그러나 시간에서 木을 설하여 다시 도움이 약하므로 아무래도 인성을 의지해야 하지 않을까 생각해봅니다.

502 신강으로 水・木을 쓰나요?

時	日	月	年
戊	庚	丁	丁
寅	子	未	酉

66	56	46	36	26	16	6
庚	辛	壬	癸	甲	乙	丙
子	丑	寅	卯	辰	巳	午

월을 얻었으니 신강으로 볼 수 있을까요? 그래서 水・木이 좋고 土・金이 좋지 않다고 보십니까? 지방대 교수의 사주입니다.

 상관을 씁니다

상관을 쓰면 됩니다. 상관이 인성을 만났으니 희신은 재성으로 합니다.

503 식상과 기신과의 관계에 대한 것입니다

```
時 日 月 年
癸 丙 丁 辛
巳 寅 酉 卯

65 55 45 35 25 15  5
庚 辛 壬 癸 甲 乙 丙
寅 卯 辰 巳 午 未 申
```

사주가 흐름이 있어야 좋다고 하였는데, 그렇다면 병화가 식상 土를 만나면 좋을 것 같습니다. 그런데 水가 용신일 경우 土가 기신이 되는데 어떻게 해석해야 할까요? 유능한 교수입니다.

 잘 보셨습니다

흐름에서 서로 대립하면 곤란하지만 상생으로 연결되므로 대립은 고려하지 않습니다. 그 위치적인 배합은 상황에 따라 다릅니다.

504 木을 어떻게 보아야 할까요?

```
時 日 月 年
丙 己 辛 辛
寅 未 丑 卯
```

```
62 52 42 32 22 12  2
甲 乙 丙 丁 戊 己 庚
午 未 申 酉 戌 亥 子
```

축월 지장간 속의 己를 얻으니 신강으로 水·金운이 좋고 火·土 운이 나쁜가요? 이럴 때 木을 어떻게 보아야 할까요?

 木은 한신입니다

신축월은 金의 뿌리에 가깝고 土를 의지하기는 어렵습니다. 결론 적으로는 신약하고, 특히 겨울의 土이니 인성이 절대적입니다. 희 신은 土가 되고 木은 한신으로 보면 좋습니다.

505 寅 중 병화가 용신인가요?

```
時 日 月 年
甲 戊 壬 壬
寅 申 寅 辰

61 51 41 31 21 11  1
己 戊 丁 丙 乙 甲 癸
酉 申 未 午 巳 辰 卯
```

종살격 내지 종기격으로 봐야 할까요? 그러면 인목을 용신으로, 金을 기신으로 볼 수 있습니까? 이 때 희신은 무엇인가요? 아니면 신약으로 봐서 寅 중 병화를 용신으로 하고, 木이 왕하니 金을 희신으로, 임수를 기신으로 봐야 하나요?

 시계의 시간 오류도 고려합니다

만약 5시 20분이라면 혹시 묘시가 될 수도 있음을 참고하시기 바랍니다. 시계의 시간 오류도 고려해야 하기 때문입니다. 인시가 된다고 해도 인신충으로 종격은 불가하다고 보여집니다. 인성이 아니고서는 답이 없다고 생각됩니다. 희신은 土로 삼아야 합니다. 도움이 되었으면 합니다.

506 진토 속의 계수를 용신으로 할까요?

時	日	月	年
庚	辛	庚	乙
寅	酉	辰	未

68	58	48	38	28	18	8
癸	甲	乙	丙	丁	戊	己
酉	戌	亥	子	丑	寅	卯

인겁으로 신강하니 용신은 진토 속의 계수, 희신은 인목, 기신은 土일까요? 여기서 火는 왕성한 金을 녹이니 좋을 수도 있고, 기신인 土를 생하니 나쁠 수도 있나요? 38병화대운을 어떻게 해석할 수 있을까요?

어쩔 수 없군요

비록 木이 깨지기는 했지만 그래도 그 수밖에 없다고 할 수 있습니다. 水·火운 모두 무난하기 때문에 희신으로 간주합니다. 다만 木운이 와도 발하리라고 보기는 어렵습니다. 용신보다 희신의 운이 좋은 사주입니다. 병화는 좋습니다.

507 운이 조금 이해하기 어렵습니다

時	日	月	年
庚	丙	癸	己
寅	戌	酉	亥

58	48	38	28	18	8
丁	戊	己	庚	辛	壬
卯	辰	巳	午	未	申

새벽 3시에 태어났다는데 축시로 잡았다가 그 해에 서머타임이 실시되었기 때문에 인시로 바꿨습니다. 인목을 용하고 火를 희하는 명조로 보고, 土는 한신이나 그렇게 흉하게 작용하지 않는 것으로 해석했습니다.

운이 지지 남방운을 보내고 있어 다소 좋아야 하는데 사업한다고 이것저것 하다 아버지가 공무원 정년퇴직할 때 받은 퇴직금을 다 날리고 매일 어머니께 돈 달라고 난리입니다. 거기다 매일 부부싸움을 해 전쟁터를 만듭니다. 특히 오화대운 같은 경우는 인오술화국(寅午戌火局)을 형성하여 힘을 받았을 만도 한데 그 때도 사업은 형편없었고 지금은 정수기를 팔러 다니고 있습니다. 천도재를 한번 권해볼까요?

 고민이 될 만도 합니다

분명 도움이 되는 운이라야 좋지요. 혹시 세운조차 도움이 어렵다면 모를 일이지만 그렇지 않다면 의문이 가는 배합입니다. 천도재도 한번 고려해봐야 하지 않을까 싶습니다.

508 지지의 반합을 어떻게 볼까요?

時	日	月	年
乙	己	丁	甲
丑	未	卯	辰

52	42	32	22	12	2
辛	壬	癸	甲	乙	丙
酉	戌	亥	子	丑	寅

1) 비겁도 많고 옆에 인성의 생조도 있어서 강하게 보고 관을 용할까 했는데, 볼수록 관의 세력이 더 센 것 같아 약한 게 아닌가 생각합니다. 일지의 미토는 묘목과 붙어 있고 연지의 진토도 비겁이라기보다는 목세(木勢)에 더 가세하는 느낌이 듭니다. 월간의 정화를 쓸까요? 그러면 그렇게 나쁜 명조가 아닌데 묘미합을 목세 강화로 판단해야 합니까, 묶여서 기능 저하로 봐야 합니까?

2) 원국에 저렇게 관이 널렸는데 왜 남자가 없을까요? 눈이 높은 게 아니라 자기 외모에 자신이 없는 것 같기도 하고, 대책도 없으면서 이제 선도 안 보려고 합니다.

 인성을 용신의 강력한 후보로 봅니다

1) 갑목·을목·묘목이 모두 살아 있는 구조입니다. 반드시 강하다고 하기는 어렵습니다. 통관의 의미도 생각해서 인성을 용신의 강력한 후보로 봐야겠다고 생각합니다.

2) 아직 결혼하지 않은 것은 혹시 관운을 만나지 못했기 때문이라고 할 수도 있습니다. 앞으로 세운에서라도 木운이 오면 모르겠는데, 1999년 기묘년과 1998년 무인년에 木이 왔는데도 결혼하지 않은 것은 스스로 별 생각이 없는 것이 아닌가 싶습니다.

509 재성이 만만치 않아 보입니다

時	日	月	年
辛	丙	丁	丙
卯	申	酉	午

61	51	41	31	21	11	1
甲	癸	壬	辛	庚	己	戊
辰	卯	寅	丑	子	亥	戌

유월(酉月)의 병화가 세력도 형성하고 관살도 없어 별로 약해 보이지 않아, 金을 용신으로 하고 土를 희신으로 보았습니다. 그런데

묘목은 신금과 암합하고 뿌리 없는 정화에 의지할 것은 병오밖에 없지 않나 하는 생각이 들기도 합니다. 분명히 신강으로 보았는데 갑자기 신약으로 보이면 정말 어떻게 해야 할지 모르겠습니다. 火의 세력과 金의 세력이 대립한다면 통관시켜주는 土를 기다리지 않을까 하여 약하지 않은 것으로 보는 것이 맞다고 생각합니다.

 그렇습니다

다만 火도 약하지 않고 金도 만만치 않은 경우가 되겠고, 火가 약하지 않으면 金을 용할 수 있다고 봅니다. 그리고 절대적으로 필요한 것은 土가 아닌가 하는 생각도 해봅니다. 잘 보셨습니다.

510 겨울 나무입니다

時	日	月	年
丁	甲	辛	丙
卯	申	卯	申

74	64	54	44	34	24	14	4
癸	甲	乙	丙	丁	戊	己	庚
未	申	酉	戌	亥	子	丑	寅

겨울 나무인데 신금 속에는 필요한 정도의 물이 있으며, 정화를 용신으로, 묘목을 희신으로 하고, 기신은 水이고, 구신은 金인가요?

용신은 인성입니다

신묘월이 되면 이미 목왕절로 변한다는 점을 참고해야 합니다. 우리가 느끼는 체온과는 다르게 자연의 기운이 운행하고 있다는 생각이 듭니다. 비록 목왕절에 생했지만 신약해서 용신은 인성에 있고 식상인 火는 약으로 작용한다고 볼 수 있습니다.

511 성품이 사주에 그대로 나타난 것 같습니다

```
     時 日 月 年
     戊 辛 壬 戊
     戌 巳 戌 戌
  63 53 43 33 23 13  3
     乙 丙 丁 戊 己 庚 辛
     卯 辰 巳 午 未 申 酉
```

1) 위의 사주는 인성이 많아 신강한 사주로 金기운을 설하는 임수가 용신이 되어야 할 것 같고, 또한 희신은 金기운을 극하는 사화라는 생각이 듭니다.

2) 위의 사람은 신앙심이 깊고, 사교성이 뛰어나며, 매사에 철두철미하고, 어느 정도 영적인 능력이 있는 사람입니다. 이것은 土가 많으므로 믿음이 강하고 신금의 특성으로 철두철미하며, 용신이 상관이므로 사교성이 뛰어나고, 또한 용신이 水이기 때문에 두뇌회전이 빠르고 순발력이 있으며 영적 감각이 뛰어나다는 생각이 듭니다.

그렇습니다

1) 그렇게 추리하면 됩니다.
2) 타당성이 있는 추리입니다.

512 아이가 없는 사주입니다

```
    時 日 月 年
    癸 己 乙 丙
    酉 丑 未 午

77  67  57  47  37  27  17  7
丁  戊  己  庚  辛  壬  癸  甲
亥  子  丑  寅  卯  辰  巳  午
```

1) 이 사주는 신강으로 유금을 용신, 계수를 희신으로 삼을 수 있을까요?

2) 이 사주인은 27세에 지방대학 교수가 된 사람으로 생시가 17~19시라고 하는데 결혼한 지 5~6년이 지나도 아이가 없습니다. 이 사주에 그럴 수 있는 소지가 있을까요? 식신이 아주 좋아 보이는데, 혹시 갑술시라면 사주가 건조하여 아이가 없을 수 있나요?

자녀의 운은 있다고 봅니다

1) 그렇게 볼 수 있습니다.

2) 계유시를 놓고 자식이 없다면 우선 신체적으로 이상이 없는지부터 확인할 필요가 있습니다. 보신 대로 자녀의 운이 있다고 보기 때문입니다. 혹시 갑술시라고 하더라도 일지에 金이 있으므로 가능하다고 봅니다.

513 신강에다가 겨울 金입니다

時	日	月	年
癸	庚	壬	丁
未	申	寅	未

73	63	53	43	33	23	13	3
庚	己	戊	丁	丙	乙	甲	癸
戌	酉	申	未	午	巳	辰	卯

1) 신강에다가 겨울 金이라 정화가 용신, 인목이 희신, 임수가 기신인가요?

2) 28세부터 사화 편관대운으로 결혼운이 있었지만 일지 신금과의 합으로 사화가 본분을 잊어버린 것이라고 볼 수 있을까요?

3) 병화 편관대운에 임오 정관세운을 결혼운으로 볼 수 있나요?

결혼운은 합과는 무관하다고 봅니다

 1) 이미 목왕절에 접어들었다고 봐야 합니다. 용신은 인성에 있다고 볼 수 있습니다.

 2) 여자에게 결혼과 직장은 동일한 것으로 인식될 수 있습니다. 합과는 무관하지 않습니다.

 3) 마찬가지로 결혼운이 되겠지만 본인의 의사에 따라 하지 않을 수도 있습니다. 물론 가능성이 많은 것으로 봅니다.

514 신약인가요?

	時	日	月	年
	丙	戊	壬	壬
	辰	申	寅	辰

71	61	51	41	31	21	11	1
庚	己	戊	丁	丙	乙	甲	癸
戌	酉	申	未	午	巳	辰	卯

 1) 신약으로 용신은 병화, 희신을 인목, 기신을 임수라고 볼 수 있을까요?

 2) 56세 이후 신금·유금 등 대운의 흐름이 약하지만 식상운이라 학교를 맡아 운영할 수 있습니까?

 3) 무신대운의 시작인 세운 임오년에 임수가 용신 병화를 칠까요? 아니면 무토가 임수를 막고 지지의 오화가 있어 별 문제 없이

넘어갈 수 있을까요?

 아마도 문제가 있을 듯합니다

1) 그렇게 봐야 합니다.

2) 어렵습니다. 용신의 운이 중요하다고 봐야 합니다.

3) 아마도 문제가 있다고 봅니다. 기신이 용신을 직접 건드린다면 아무래도 평탄하지는 못할 것으로 볼 수 있습니다. 세심한 주의가 필요합니다.

515 신금이 용신인가요?

時	日	月	年
辛	辛	丙	丙
卯	亥	申	申

79	69	59	49	39	29	19	9
甲	癸	壬	辛	庚	己	戊	丁
辰	卯	寅	丑	子	亥	戌	酉

1) 신약으로 기토가 용신일 것 같으니 지장간에 기토를 가지고 있는 월지 신금 겁재를 용신으로 써야 할까요? 용신이 월을 얻었는데 급은 어느 정도로 볼 수 있을까요?

2) 金·土운을 기뻐할 것 같으니 木이 기신이고, 희신은 병화인가요?

3) 자수대운과 신금대운은 부담이 되나요? 지방대학 교수인데 39

세에 교수로 임용되었다고 합니다.

 일지의 상관을 쓰고 싶습니다

1) 보기에 따라서는 약하다는 생각도 들지만, 연·월간의 병화가 너무 무력해서 金은 약하게 보이지 않습니다. 그렇다면 용신으로는 추수통원(秋水通源)으로 일지의 상관을 쓰고 싶습니다. 용신은 월을 얻었으니 상당히 좋은 배합입니다. 6급을 상회하는 것으로 볼 수 있습니다.

2) 일단 용신이 빗나가면 뒤의 질문들은 쓸모가 없어집니다. 희신이 木이고 기신은 土가 됩니다.

3) 水운은 길하고, 신금대운은 무난한 것으로 봐도 좋습니다. 용신이 청합니다.

516 궁금하던 박찬호 사주입니다

時	日	月	年
甲	乙	己	癸
申	丑	未	丑

57	47	37	27	17	7
癸	甲	乙	丙	丁	戊
丑	寅	卯	辰	巳	午

아주 헷갈리는 박찬호 사주입니다. 축미충으로 인해 계수와 갑목의 뿌리가 될 만한 것들이 날아가버린 상황이라 아무리 을목이라

하지만, 미월의 이 정도 상황이라면 계수를 용신으로 하고 木을 희신으로 하며 천간으로 들어오는 金은 받아들일 만하다고 생각했습니다. 경진년인 2000년 7월부터 병화대운으로 들어가는데, 경진년의 경금이 작용하는 상반기에 실력 발휘한 것은 이해가 되지만, 하반기 진토가 작용하는 시기에 金의 기운이 강화될 뿐인데 나쁘게 작용하지 않은 것이 이상합니다.

 水·木·金 모두 좋습니다

인성이 절대로 필요한 구조인데, 그렇게 되면 희신으로 金이 필요하고, 木 또한 약으로 작용하므로 水·金·木이 모두 좋다고 할 수 있습니다. 경진년의 경우에는 경금이 득세를 합니다. 참고로 갑술년에는 술토가 득세를 했습니다. 간지의 배합을 저울질한 다음에는 그대로 두고 기준을 삼으면 되고, 간지를 6개월로 나누는 것은 다 믿을 것이 못 된다고 생각하면 좋습니다. 힘을 내고 있으니 보기 좋군요. 더 지켜보도록 하지요. 다만 개인적으로는 상당히 힘들 것입니다. 그래서 용신은 사회성이고, 일간은 무관하게 작용받는 것으로 생각해봅니다.

517 종하지 않았을까 싶습니다

時	日	月	年
戊	己	戊	丙
辰	未	戌	辰

69	59	49	39	29	19	9
辛	壬	癸	甲	乙	丙	丁
卯	辰	巳	午	未	申	酉

기미 일주가 술월의 무토 당령에 연·월지의 진술충으로 쓴다고 해봐야 시지의 辰 중 을목을 쓸 수 있을 텐데 너무 무력하지 않나 싶습니다. 종왕격에 土를 용신으로 하고 火를 반기며 土의 기운을 설해주는 金이 어떤지 궁금합니다.

종할 경우 왕한 기운을 설해주는 것을 꺼리지 않는 것으로 알고 있습니다. 그것이 고민입니다. 火도 좋고 金도 좋다? 이게 말이 되는지 궁금합니다.

 火·金 모두 희신으로 볼 수 있습니다

사주 구조는 종왕격으로 봐도 됩니다. 다만 운의 대입을 통해서 확인해볼 필요는 있지만 아직은 대입해볼 운이 부족하다고 보므로 구조로만 생각해보는 게 좋습니다.

희신이 문제로 우선 종왕격에서 인성이 있으면 식상을 꺼리게 되는데, 이 원국에서는 천간에 인성이 있으므로 지지로 오는 金은 반갑습니다. 적천수로 봐서는 어머니의 마음이 편하지 않기 때문에 식상운은 흉하다고 했지만 곰곰이 생각하면 그럴 필요는 없다고 보고, 유통이 되면 무난하지 않은가 싶습니다. 火도 희신이고 金도 희신이라고 보면 무리가 없습니다. 용신과 마찰만 없으면 되기 때문입니다. 잘 보셨습니다.

518 상격의 사주인가요?

	時	日	月	年
	庚	壬	己	丁
	戌	子	酉	卯
78	68	58	48	38	28	18	8
丁	丙	乙	甲	癸	壬	辛	庚
巳	辰	卯	寅	丑	子	亥	戌

1) 신강으로 용신 기토, 희신 정화인가요?

2) 2002년 임오년에 희신과 합목하여 용신을 극하고, 또한 오화가 자수를 치는데 심각한 세운인가요?

3) 상격의 사주인가요? 대학교 등 학교를 몇 개 소유한 할머니인데 심각해 보여 여쭙니다.

 상격이라고는 못하겠습니다

1) 그렇습니다. 용신이 월령을 얻지 못하여 상격이라고는 못하겠습니다. 다만 이 정도의 구조라도 좋은 배합이라고 할 수 있습니다.

2) 비록 희신을 합한다고 해도 木으로 화하기는 어렵습니다. 용신이 다소 외로운 정도로 보면 무난합니다. 심각하지는 않습니다.

3) 운이 좋았다고도 할 수 있습니다. 흐름이 생기면 장애의 운이 와도 유통이 됩니다. 갑인대운이나 을묘대운의 어려움을 정화가 많이 협조한 것이 아닌가 싶습니다. 말년의 운은 좋다고 해도 무리가 없습니다.

519 억부를 쓸까요? 조후를 쓸까요?

```
時 日 月 年
丙 丙 甲 癸
申 戌 子 酉

68 58 48 38 28 18  8
丁 戊 己 庚 辛 壬 癸
巳 午 未 申 酉 戌 亥
```

1) 이 경우는 자월의 병화일생으로 월령과 일지를 얻지 못하였고 또한 세력을 얻지 못하였으니 여전히 신약한 사주입니다. 그리고 자월이고 金기운과 水기운이 강세를 나타내고 있으나 따뜻한 土인 술토가 있고 갑목이 있으므로 병화를 조후 용신으로 볼 수 없다는 생각이 듭니다. 따라서 갑목이 용신이 되고 병화가 희신이 되어야 할 것 같습니다.

2) 사주의 격도 시원스럽고 상격이 아닌가 하는 생각이 듭니다. 오히려 용신 갑토가 자수에 뿌리를 내리고 있고 유금에 의해 생을 받고 있으므로 좋아 보입니다.

3) 사주는 시원스러우나 10대 이후부터 대운에서 金·土운이 들어와 상당히 어려움이 뒤따를 것 같습니다. 사주 자체가 시원스러우면 어려움도 잘 이겨나갈 수 있을까요?

 유통이나 제어까지 고려해서 운을 판단합니다

1) 잘 보셨습니다. 木이 용신이 되는 구조입니다.

2) 흐름이 상당히 좋습니다.

3) 土·金이 들어온다고 해도 土를 木이 막을 수 있는지 봐야 하고, 金은 水나 火가 유통이나 제어를 할 수 있는지를 살핀 다음, 길운과 흉운으로 최종 결론을 내려야 합니다. 상당 부분의 흉한 암시는 원국의 흐름으로 제어가 가능합니다.

52Q 설명 부탁드립니다

時	日	月	年
丁	乙	庚	甲
亥	卯	午	午

77	67	57	47	37	27	17	7
壬	癸	甲	乙	丙	丁	戊	己
戌	亥	子	丑	寅	卯	辰	巳

1) 오화의 지장간에 조금 있는 기토(기신) 때문에 항상 적당한 경제력이 있다고 설명할 수 있을까요?

2) 정화는 구신인데 43세의 인목대운, 정축세운에 조그만 지방대학 교수로 취직된 것을 어떻게 설명할 수 있을까요?

3) 기신 土를 극하는 木을 희신이라고도 볼 수 있을까요?

 재성이 희·용신이 아니라면……

1) 재성이 희·용신이 아닌 상황에서는 재성의 저울질이 별 의미가 없습니다. 오히려 인성이 용신일 경우라면 재성이 보이지 않는

것이 먹고 살 수 있다는 해석을 내릴 수 있습니다. 그래서 이 경우에 암장되었기 때문에 약간의 경제력을 고려할 수도 있습니다. 만약 용신을 바로 극하였다면 곤궁하다고 할 수도 있습니다. 물론 운이 좋을 경우는 제외됩니다.

2) 구체적인 대입은 연구하는 과정에서 크게 비중을 두지 않습니다. 지방대학 교수가 얼마나 큰 비중이 있는지 살펴보며, 그 한 가지 일로만 비중을 두는 것이 아니고 그로 인해서 실제로 기쁨을 누리고 있는지도 알아보는 것이 좋습니다. 용신의 운이 아닌 경우에 행운이 있다면 일단 주변의 상황도 고려해보는 것이 좋습니다. 용신의 운이 아닌데 용신의 일에 해당하는 성취가 있었다고 반드시 생각할 필요는 없습니다.

3) 가능합니다.

521 木이 너무 왕해도 괜찮은가요?

時	日	月	年
丙	己	辛	辛
寅	卯	卯	未

74	64	54	44	34	24	14	4
己	戊	丁	丙	乙	甲	癸	壬
亥	戌	酉	申	未	午	巳	辰

1) 위의 사주는 신약으로 병화 용신, 木 희신인가요? 그런데 木이 너무 왕해도 괜찮은가요?

金대운에 고생이 심하셨던 것 같습니다.

2) 자식궁이 시주(時柱)라면 시간에 용신이 있어 좋을 것 같은데, 식상이 자식이라면 신금이 기토의 기를 누설시키니 어떻게 보아야 할까요?

 희신은 土가 됩니다

1) 이미 용신이 병화가 되었으면 木이 많은 것은 용신이 알아서 해야 합니다. 물론 본인에게는 관살이 태왕하니 부담이 클 것입니다. 희신으로는 木이 아니고 그냥 土로 정합니다. 병화의 입장에서 木이 필요 없기 때문입니다.

2) 자식의 궁은 자식 품질을 말하고, 식상은 자식에게 의미를 부여합니다.

이 구조를 보면 자식은 강하지만 신약하므로 도움이 되지 않는 것으로 봐야 하기 때문에 자식은 빚쟁이라고 해석할 수 있습니다.

522 용신이 을목, 희신이 계수인가요?

時	日	月	年
丙	丙	乙	癸
申	戌	丑	酉

78	68	58	48	38	28	18	8
丁	戊	己	庚	辛	壬	癸	甲
巳	午	未	申	酉	戌	亥	子

위의 학생은 축월의 병화일생으로 월령과 일지를 얻지 못하였고 또한 세력을 얻지 못하였으니 신약한 사주로 보입니다. 따라서 병화를 생해주는 을목이 용신이며, 희신은 을목이 약하므로 을목을 생해주는 계수가 아닌가 하는 생각이 듭니다. 그리고 사주 전체가 일주에서 출발하여 화생토 토생금 금생수 수생목 목생화로 원을 그리며 순환하고 있어 아주 시원스러워 보입니다. 제가 간명한 대로 용신이 을목이고 희신이 계수인지, 그리고 시원한 상격의 사주인지 알고 싶습니다.

 타당한 말씀입니다

일리가 있는 말씀으로 타당합니다. 다만 축월의 을목이 계수를 봤으면 희신으로는 아마도 水보다 火를 더 좋아하지 않을까 싶습니다. 참고로 용신이 희신을 정할 경우에는 반드시 억부로 저울질을 하기보다는 주변의 분위기를 살피는 것이 좋은 경우가 많음을 말씀드립니다. 도움이 되시기 바랍니다.

그리고 흐름은 과연 좋다고 할 수 있습니다. 상격의 구조입니다. 시지의 재가 인성을 극하지 못하도록 비견이 제어하고 있는 것도 아름답습니다.

523 종하여 火·土운을 반기나요?

時	日	月	年
甲	己	己	癸
戌	丑	未	巳

70	60	50	40	30	20	10	0
丁	丙	乙	甲	癸	壬	辛	庚
卯	寅	丑	子	亥	戌	酉	申

이 사주도 갑기합토가 되어 종왕격으로 火·土운을 반긴다고 볼 수 있나요? 어릴 때 가난하다가 현재는 사장 부인입니다.

 木 용신 가능성이 많습니다

미월이니 火·土의 분위기는 충분하지만 애석하게도 일간 기토의 입장에서 화하면 과연 어떻게 될까 생각하게 됩니다. 즉 화해봐야 土일 뿐이라는 생각이 듭니다. 어려서 고생했다면 金운에서 고생이 되었을 것이고, 木이 용신이 될 가능성이 많다고 할 수 있습니다. 그리고 水·木운에서 안정이 되었다면 정격으로 봐야 합니다.

524 종왕격으로 볼 수 있나요?

	時	日	月	年
	辛	辛	甲	庚
	卯	酉	申	申

78	68	58	48	38	28	18	8
壬	辛	庚	己	戊	丁	丙	乙
辰	卯	寅	丑	子	亥	戌	酉

1) 甲은 경금에게 맞고 卯는 유금과 신금에게 맞고 있으니 종왕격으로 볼 수 있나요?

 2) 종할 경우 金·土운을 반기나요? 아니면 내격 신강으로 水를 용신, 木을 희신으로 볼 수 있나요?

 3) 아주 공부 잘하는 수재입니다. 사주의 어떤 부분에서 수재임을 알 수 있나요?

 용재격인 듯싶습니다

 1) 설명은 이해되지만 아마도 옆에 있는 재에 비중을 둘 것으로 봐서 용재격이 아닌가 싶습니다.

 2) 종을 한다면 土운은 좋습니다. 다만 정격으로 보이므로 우선은 정해진 대로 木을 의지하고, 희망하는 용신은 金이 木을 억압하므로 火가 우선하고 水도 무난하다고 봅니다.

 3) 공부를 잘하는 것에 대해서는 한마디로 말할 수가 없습니다. 그냥 참고만 하고 특별히 읽을 수는 없는데, 가정의 분위기가 작용하고 있는지도 살펴볼 만합니다. 사주로 봐서는 공부를 잘하는 것과 관련 있는 것을 찾기 어렵습니다.

525 용신이 기토인가요?

時	日	月	年
己	辛	癸	庚
丑	酉	未	辰

```
73  63  53  43  33  23  13  3
乙  丙  丁  戊  己  庚  辛  壬
亥  子  丑  寅  卯  辰  巳  午
```

인비가 강합니다. 그래서 용신을 기토로 하고 희신을 유금으로 잡을 수 있다고 보았는데 맞나요? 여자 사장인데 현재 조금 기울고 있습니다.

 설명은 계수를 의미하는 것 같은데……

설명은 계수를 의미하는 것으로 생각되는데 글자는 기토라서 이상합니다. 상당히 왕하고 관살은 없으니 월간의 식신으로 용신을 삼도록 합니다.

아쉽게도 재성이 없습니다. 대운도 축토이니 계수의 자리가 흔들리는데 부담이 됩니다.

사업은 정리하고 휴식을 취하는 것이 좋겠습니다. 앞으로도 운은 약하다고 할 수 있습니다.

526 土·金으로 설해도 될까요?

```
時  日  月  年
壬  丙  丙  甲
辰  申  寅  子
```

인월이라서 土·金이 무력하긴 하지만 신금이 진토의 생조를 받으면서 인목을 충해오니 부담이 됩니다. 하지만 인목도 자수의 생조를 얻고 있고 월을 잡은 것이 木이니 약하지 않아 土·金으로 설해도 될까요?

 아무래도 신약용인격으로……

그렇게 볼 수도 있지만 역시 인신충으로 월지의 파괴가 너무 심하지 않은가 싶습니다. 그렇다면 인성을 고려하지 않을 수 없습니다.

임수의 부담이 강하고, 자수가 木에게는 도움이 되지만 일간에게는 무익하니 아무래도 신약용인격으로 봐야 하지 않을까 싶습니다. 살펴보시기 바랍니다.

527 용신이 유금인가요?

時	日	月	年
丁	辛	庚	甲
酉	亥	午	午

76	66	56	46	36	26	16	6
壬	癸	甲	乙	丙	丁	戊	己
戌	亥	子	丑	寅	卯	辰	巳

1) 신약으로 용신을 유금, 희신은 土로 쓰나요?
2) 약 30대 중반부터 유명 대학의 유능한 여자 교수입니다. 신약

한 이 사주의 어떤 점이 그러한지요?

3) 3시 30분 조금 지나서 태어났다는데 혹시 병신시로 보면 유능한 교수가 되는 것이 가능한가요?

 유시로 봐야 합니다

1) 잘 보셨습니다.

2) 상관의 표현성, 경금의 경쟁성, 정화의 인내심 때문에 자신의 목적을 위해서 각고의 노력을 할 수 있겠습니다. 다만 병화에서 기신에 해당하는데도 자신의 뜻대로 일이 진행되었다고 한다면 운으로는 해석되지 않습니다. 유능한 것이 오히려 부담이 되거나 기도 수행을 열심히 하였거나 하지 않았을까 생각해봅니다. 표면적으로 유능한 것이 내면에서 어떻게 작용하는지 살펴볼 수 있다면 확인해 보시기 바랍니다. 그리고 그러한 지위의 변동이 있었던 세운에 대해서도 살펴보는 것이 좋습니다.

3) 아마도 갑오년으로 봐서는 유시로 봐야 할 것입니다. 유능하기는 해도 깊이가 있다기보다는 오히려 수단이 좋은 것은 아닌가 생각해봅니다.

식상이 약하고 상관이 강한 경우에는 표면적으로는 인정을 받아도 그 이면에서 누가 도와주거나, 스스로 그 지위를 지키려고 안간힘을 쓰기 때문에 오히려 스트레스가 쌓일 수도 있다는 점도 생각해볼 수 있습니다. 사주인의 내부 상황을 살펴보는 것도 많은 참고가 되지 않을까 싶습니다.

528 신강 신약이 애매합니다

```
    時 日 月 年
    丁 甲 己 戊
    卯 寅 未 子

67  57  47  37  27  17  7
 壬  癸  甲  乙  丙  丁  戊
 子  丑  寅  卯  辰  巳  午
```

기미월 갑목이 인목에 뿌리를 내리고는 있지만 미월이고, 연지 자수는 미력하여 약간 신약으로 보고 싶습니다. 인목을 쓰고 水를 희신으로 하면 되나요?

위의 여인은 어려서 부친을 여의고 타향에서 생활하다가 25세에 결혼하여 1남을 두고 이혼하였으며, 그 뒤 41세에 재혼하였으나 역시 실패했다고 합니다. 법 없이도 살 수 있을 사람인데 명식에 金이 없고 기신이라서 그런 것 같습니다.

 약하지 않은 것으로 보입니다

미월이라고는 해도 이미 인목과 묘목을 얻어서 약하지는 않습니다. 水가 없어서 목이 마르지 않을까 싶은데 연지의 자수가 있으니 약하지 않은 것으로 결론내리게 됩니다. 상관이 용신이고 재성은 희신인데 운에서는 비겁이 들어오니 부담이 되었던 것 같습니다. 앞으로 水운도 재미가 없겠습니다.

사람의 잘살고 못사는 것은 마음을 잘 쓰는 것이 아니라 운의 소관인 것 같습니다. 아쉬운 운입니다.

529 용신이 계수인지, 그리고 희신은 무엇인지요?

```
      時 日 月 年
      戊 辛 辛 癸
      戌 未 酉 卯

    70 60 50 40 30 20 10
    戊 丁 丙 乙 甲 癸 壬
    寅 丑 子 亥 戌 酉 申
```

유월(酉月)의 신금이 월령과 일지를 얻고 또한 세력을 얻었으니 신강한 사주로 보입니다. 또 2金 3土이긴 하나 金기운이 일간과 일주를 차지하고 있어 土기운보다 강한 것 같아 金을 극하는 병화가 용신이 되면 좋으나 병화가 없으므로 金기운을 설하는 계수를 용신으로 삼는 것이 좋을 것 같습니다. 그리고 이 경우 희신은 무엇이 되어야 할지 잘 모르겠습니다. 조언 부탁드립니다.

 희신은 재가 됩니다

잘 보셨습니다. 사주가 매우 청하군요. 아쉬운 점이 있다면 계수가 일간 주변에 있지 않고 멀리 있다는 것입니다. 수생목으로 희신은 재가 되는 구조입니다. 그렇게 연구하시면 되겠습니다.

530 용신이 기토, 희신이 오화인가요?

	時	日	月	年
	壬	庚	己	乙
	午	寅	卯	未

78	68	58	48	38	28	18	8
辛	壬	癸	甲	乙	丙	丁	戊
未	申	酉	戌	亥	子	丑	寅

1) 위의 사주인은 신약으로 용신을 기토, 희신을 오화로 볼 수 있을까요?

2) 29세 병화대운에 서울의 4년제 대학의 교수가 된 것은 알겠지만 39세 을목대운에 서울의 더 큰 대학으로 옮겨갔는데 을목을 어떻게 보아야 하나요?

3) 충도 없고 순리대로인 사주임에도 갑술대운은 어려울 것 같은데 그렇게 볼 수 있나요?

 종교적으로 노력을 많이 해야 합니다

1) 그렇게 보면 됩니다.

2) 세운도 살펴보기 바랍니다. 대운이 木이라도 세운에서 金이 온다면 직장인과 학자의 경우에는 운이 계속 유지됩니다.

3) 갑술대운에서 갑목은 용신과 합되고 술토는 화국(火局)이 되니 부담이 됩니다. 혹시 종교적으로 노력을 많이 하는 사람인지도 살펴보고 그렇지 않으면 어렵다고 판단할 수 있습니다. 신약용인격

이 기도를 한다면 장애를 극복할 수도 있다고 생각합니다.

531 설이 없고 관이 먼데 약할까요?

時	日	月	年
甲	庚	辛	丙
申	辰	卯	午

일지 진토가 조금 멀긴 하지만 병오 인성을 두고 있습니다. 하지만 진토는 묘월이라는 계절의 불리함을 안고 있으며, 월간의 신금도 병신합으로 일간에게 도움이 되기 어려우니 조금 약하다고 보았습니다.

 크게 약해 보이지 않습니다

목왕절이니 일지가 부담이 되지만 경금이 뿌리를 내리기에는 충분하다고 볼 수 있습니다. 그리고 월간의 겁재가 병화를 묶는 것도 있기 때문에 약하지 않은 것으로 봅니다. 그래서 그대로 관을 용신으로 해도 된다고 생각합니다. 경금이기 때문에 그렇게 볼 수 있습니다.

확인은 필요하지만 약하지 않은 것으로 생각됩니다.

532 두 을목과 두 경금의 합을 어떻게 보아야 합니까?

```
時 日 月 年
庚 乙 壬 辛
辰 丑 辰 亥
```

을대운에 올해가 2000년 경진년입니다. 시간의 경금이 용신으로 생각되는데, 대운의 을목과 세운의 경금이 들어와서 을목과 경금이 마구 엉켜버린 느낌입니다. 연간에 신금이 있어 용신합거(用神合去)를 어느 정도 면해줄 것이라고 생각되는데 두 을목과 두 경금의 합을 어떻게 봅니까? 이성관계에서 복잡함을 암시하고, 일에서는 연간의 신금이 대운의 을목을 잡아주니 좋은 해라고 봐야 할까요?

 올해는 무난하겠습니다

원국의 신금이 있으므로 올해는 무난하겠습니다. 대운과 세운의 합에 대해서는 크게 비중을 두지 않아도 됩니다.

533 식상과 운을 어떻게 봐야 하는지요?

```
時 日 月 年
癸 乙 戊 乙
未 巳 寅 未
```

```
73 63 53 43 33 23 13  3
庚 辛 壬 癸 甲 乙 丙 丁
午 未 申 酉 戌 亥 子 丑
```

1) 위의 사주에서 용신은 계수, 희신은 관살인가요?

2) 43세부터 용신운이 들어왔는데 기묘·무인·정축년은 세운에 별 발전이 없다고 볼 수 있나요?

3) 48세부터의 유금대운은 희신인데 혹시 을목에 부담되는 것은 없는지요? 48유금대운을 큰 발전의 시기로 볼 수 있나요?

희신은 木이 됩니다

1) 그렇게 봅니다. 희신은 관살이 아니고 木이 되어야 합니다.

2) 그렇게 봅니다.

3) 金을 희신이라고 보기 어렵습니다. 다만 천간으로 들어오는 金은 나쁘지 않은 정도로 봐야 합니다. 아쉬운 운입니다.

534 용신이 묘목인가요?

```
時 日 月 年
癸 丁 丁 辛
卯 丑 酉 卯
```

```
78  68  58  48  38  28  18   8
己  庚  辛  壬  癸  甲  乙  丙
丑  寅  卯  辰  巳  午  未  申
```

위의 사주는 신약으로 용신이 시지 묘목인가요? 신사년 편재운으로 삼합이 들어오고, 또 53진대운이 들어오는데 이 때 혹시 바람이 날 수 있나요? 유능한 교수인데, 제가 소개한 여자 제자가 임인 일주라서 걱정이 됩니다.

 잘 보셨습니다

용신은 木으로 봐야 합니다. 바람이 날지도 모르지만 그러한 것까지 걱정을 하나요? 각자 자신의 인연대로 만나서 살고 또 헤어지는 것이라고 생각하기 바랍니다.

535 용신이 木인가요?

```
       時  日  月  年
       癸  壬  壬  乙
       卯  寅  午  未

69  59  49  39  29  19   9
己  戊  丁  丙  乙  甲  癸
丑  子  亥  戌  酉  申  未
```

이 사주는 종아격으로 용신을 을목으로 잡을 수 있나요? 희신은 오화인가요? 정화운을 발전의 시기로 볼 수 있나요?

참고로 교수 부인인데 머리가 아주 좋고, 39세부터 마음이 답답해 현재 대학원에 들어가 공부하고 있습니다. 그 결실을 볼 수 있을까요?

 숲운을 기다려야 합니다

고민을 할수록 그에 비례해서 얻는 것이 많습니다. 큰 수확이 있을 것으로 봅니다. 이 경우에도 교과서 위주로 본다면 종아가 가능하지만 현실적으로는 숲운을 기다려야 할 것으로 봅니다. 계속 살펴보기 바랍니다. 앞으로 북방운이 다소 위로가 되겠습니다.

536 관을 쓸까요?

時	日	月	年
庚	己	甲	戊
午	未	子	申

앉은자리 미토가 너무 튼튼해 보여서 쉽지 않습니다. 오화와 미토로 힘과 조후를 다 해결한 듯 보이기 때문입니다. 처음엔 조후를 고려하여 火·木을 쓰는 것으로 생각했으나, 아무리 생각해봐도 갑목과 무토가 있어서 사주가 춥다는 생각이 들지 않습니다. 좀 약할 것 같기도 한데 강약이 어중간하면 극·설을 쓸 수 있다는 말도 있으므로 그냥 갑목을 쓰는 것이 기토의 마음이 아닐까 합니다.

인성이 필요합니다

아무래도 인성이 와야 할 것 같습니다. 오화가 있어서 버틴다고 봐야 합니다. 경금의 설기 또한 부담이 되기는 마찬가지이므로 극·설이 교차하는 상황에서 도움 없이 버티기는 어렵다고 봅니다.

537 술월이지만 월·일지가 술토라서 약하지 않은 듯합니다

時	日	月	年
庚	丙	壬	癸
寅	戌	戌	卯

천간의 水가 경금이 있어서 다소나마 힘을 얻겠지만 뿌리 내릴 곳이 없으니 두렵지 않습니다. 그러나 시간의 경금이 월을 얻고 인목 위에서 조금이나마 통근을 하고 있는 것이 신경 쓰입니다. 또 인성인 木이 멀고 막혀서 직접 일간을 생하는 구조가 아니라 갈등이 되는데, 그래도 일지 술토를 믿고서 관을 쓰는 구조로 생각해보았습니다.

 그렇습니다

그렇게 봐야 합니다.

538 인신충으로 흔들리니 약한가요?

```
時 日 月 年
壬 甲 甲 戊
申 戌 寅 申
```

시간의 임수가 뿌리가 좋고 월을 얻었지만 인신충으로 흔들리고 있으니 약할까요?

 일지에 무력하군요

무신으로 갑인이 얻어 맞았으니 그렇게 보시는 것도 무리는 아닙니다. 일지에 무력한 것을 고려해서 용신은 인성으로 보도록 합니다. 그래도 미세한 부분이므로 확인하는 것도 중요합니다.

539 식신을 쓰면 될까요?

```
時 日 月 年
乙 癸 庚 辛
卯 酉 寅 亥
```

金과 木이 참 헷갈리게 포진하고 있습니다. 연간 신금이 해수·인목으로 흘러드는 모습, 木이 金 때문에 불편한 것 등 金이 인성이 없고 인월이기 때문에 허약해 보이지만, 金 사이에 끼인 木도 불편하긴 마찬가지일 것 같아 시간의 을목으로 설하는 형상으로도 보았습니다.

 木 용신, 火 희신으로 봅니다

잘 보셨습니다. 일단 극하는 土가 보이지 않으므로 약하지는 않다고 해석합니다. 용신은 木에 있고, 희신은 火가 되는 것으로 봐도 무리가 없습니다.

540 土기운이 강해지면 신자진 삼합은 얼마나 이루어집니까?

時	日	月	年
庚	丙	己	庚
寅	申	卯	戌

현재 자대운입니다. 올해는 2000년 경진년이니 원국의 申, 대운의 子, 연운의 辰이 어우러져 삼합을 이룹니다. 병들은 木 용신은 물보다 불이 필요하지만 물이라도 감지덕지할 것 같습니다. 그런데 원국의 술토가 연운의 진토와 충하면 지장간은 깨지고 土기운이 강해지는데, 이 경우 강화된 土기운은 신자진 삼합이 화하고자 하는 오행인 水와 대치됩니다. 이렇게 되면 삼합이 어느 정도나 이루어진다고 보아야 하나요?

합의 구성 성분인 진토가 흔들리니 합이 불안하고 강화된 土기운이 水기운과 대치되므로 40%의 합화도 어려울 것 같은데, 원국의 용신은 그래도 다른 오행이 들어온 것에 비해 조금은 편안해지므로 평운 정도는 되지 않을까 합니다.

 정답입니다

그렇습니다. 잘 보셨습니다.

541 합화되는 경우는 어떻게 봐야 합니까?

앞에서 검증하였던 사주입니다.

時	日	月	年
丁	乙	庚	甲
亥	卯	午	午

해수가 목주(木主)의 녹성(祿星)과 합류함으로써 木·火가 주된 세력을 이루는 전형적인 목화식신격(木火食神格)이 되어 정화를 용신으로 보는 관점도 있는데, 이 관점의 오류에 대해 설명 부탁드립니다.

 해수가 아니면 버티기 어렵습니다

목왕절이라면 또 몰라도 오월(午月)에 木으로 화한다면 너무 火에 비중을 둔 것이 아닌가 싶습니다. 해수가 아니고는 버티기 어렵다고 해야 할 것 같습니다. 오월의 화왕절에 또 갑오년이라니 그렇게 보입니다.

542 항상 신강약이 어렵습니다

```
時 日 月 年
壬 丁 壬 辛
寅 卯 辰 亥
```

木·火와 金·水가 대립하고 있는 가운데 일주가 인묘진방합으로 강한 것 같기도 하고 관성으로 인하여 약한 것 같기도 한데, 이럴 경우에는 어떻게 봐야 하나요? 살중용인(殺重用印)으로 木을 용하고, 水가 강하므로 金을 희신으로 보았습니다. 그리고 이렇게 수화상전(水火相戰)을 벌일 경우 갈등이 많고 고단한 명으로 봐야 하나요? 조언 구합니다.

 모순이 됩니다

이미 신약해서 木을 용신으로 하고 다시 희신을 金으로 쓴다면 모순이라고 하지 않겠어요? 그래서 희신은 木의 입장에서 약하지 않으므로 그냥 火로 삼으면 됩니다. 왜냐하면 木을 보호해야 하기 때문입니다. 운에서 金이 오면 火가 막아줘야 하기 때문입니다. 그리고 이런 경우에는 수화상전에 해당하지 않습니다. 火의 비중이 약해서 서로 싸움이 되나요. 참고하시기 바랍니다.

543 두 사주에 대해 여쭤봅니다

1) ①은 종할 사주는 아닌 것 같은데 원국에 인성과 비겁이 없습니다. 그냥 인성을 기다리는 것으로 판단하면 됩니까?

2) ②는 유금을 용신으로 잡았는데 시간의 갑목이 자꾸 눈에 들어옵니다. 진월이라 힘도 있고 가까워 관이 용신이 될 수도 있을 것 같은데 어느 쪽이 우선입니까?

 갑목을 용신으로 봅니다

1) 그렇게 판단해야 할 모양입니다. 극·설이 교차되면 아무래도 종을 하기 어렵다고 봅니다.

2) 참 어려운 배합입니다. 결과는 확인해보는 것이 좋지만 우선 공부하는 관점에서 살피기에는 사주의 구조로 봐서 갑목이 용신이 되는 것으로 봐야 하지 않을까 싶습니다. 이런 구조를 보면 '마음은 유금에 있고 현실은 갑목에 있다'는 생각이 듭니다.

여하튼 뭔가 결정을 내려야 한다면 가장 중요한 것은 水운에서 발할 것이고, 천간의 金운은 해로울 것이며, 지지의 木운도 도움이 안 될 것으로 봅니다. 약간이기는 하지만 木의 작용을 무시하지 못할 것이라는 생각입니다. 참고하시기 바랍니다.

544 또 金입니다

	時	日	月	年
	庚	辛	乙	丁
	子	未	巳	未
40	30	20	10	
己	戊	丁	丙	
酉	申	未	午	

사월(巳月)의 신미라 다소 약하게 보았습니다. 미토는 생하는 맛도 별로 없고, 옆의 金은 설기가 심하고 火의 세력이 강해서요. 그런데 올해 경진년(2000년)의 운이면 힘을 좀 받아야 하는데 완전히 망했다고 합니다. 2000년 현재 34세로 미토·무토대운에 평범했는데, 물론 재성이 묶이지만 임상이 더 헷갈립니다. 水를 용하고 金을 희신으로 하면 어떨까요?

 망하는 가장 큰 이유는 과욕 때문입니다

증권이나 도박으로 망했다면 당연하다고 하면 그만이고, 무리하게 욕심을 내서 분수를 지키지 못해 망했다면 또한 그러려니 하면 되겠습니다.

용신은 그대로 잘 보신 것으로 판단되니까 용신운에 망했다는 사람이 오면 왜 망했는지를 반드시 물어보기 바랍니다. 망하는 이유는 우선 과욕 때문인 경우가 98%는 되는 것으로 보고 있습니다. 비록 사기를 당하더라도 그것 또한 과욕 때문입니다. 용신운은 순리에 따라 추진하는 사람에게 기회를 주는 것이 아닌가 하는 생각도 해봅니다.

545 혹시 신금이 을목 편재를

Q 544의 추가 질문입니다.

편재인 을목이 힘도 없는데 그나마 올해(2000년) 같은 경금의 겁재운에는 쟁재를 하게 되고, 진토에서 신금이 힘을 받으면 더 강해진 신금이 편재 을목을 충해버리므로 재물을 탐내서는 안 되는 운이 아닌지요? 만약 다른 쪽으로 애를 썼다면 결과를 얻을 수 있는 운으로 볼 수 있습니까?

A 일리가 있는 말씀입니다

그렇게 보셔도 됩니다. 질문은 얼마든지 하셔도 되지만 다른 사주의 인용일 경우에는 그 사주를 함께 올려야 보는 회원님들이 편하지 않을까 싶습니다. 참고하시기 바랍니다.

546 용신이 해수인가요?

時	日	月	年
丁	乙	庚	甲
亥	卯	午	午

78	68	58	48	38	28	18	8
壬	癸	甲	乙	丙	丁	戊	己
戌	亥	子	丑	寅	卯	辰	巳

1) 위의 사주는 신약으로 용신을 해수로 잡을 수 있습니까? 아니면 등라계갑(藤蘿繫甲)의 형상으로 보아 갑목을 용신으로 잡을 수 있습니까?

검증해보면 水운, 특히 임수운이 좋았고 계수도 괜찮았는데, 항상 일들이 잘 되고 행운이 왔으며 귀인들은 모두 임수일이었다고 합니다. 일이 안 풀릴 때는 무토운이었습니다.

2) 희신은 경금인가요? 그렇다면 정화·병화운은 어떻게 해석할 수 있습니까? 정묘대운 임술년에 대학을 가고, 인대운 시작의 정축년에 지방대학 교수가 되었으나 마음 편할 날은 없었답니다.

3) 본인은 다시 서울로 돌아가는 것을 발전이라고 생각하는데, 그 시기를 임오년으로 볼 수 있나요?

4) 물 많은 흙인 축토대운을 어떻게 봐야 합니까? 경금이 뿌리를 가지는 시기로 볼 수 있나요?

 희신은 용신에게 필요한 것일 뿐입니다

1) 등라계갑은 土가 많을 때나 가능한 이야기입니다. 더구나 경금에게 맞아서 답이 없습니다. 인성을 용신으로 해야 합니다. 여름의 木은 고려의 대상이 되지 못하고 오로지 인성을 의지하는 것을 답으로 봅니다.

2) 그렇습니다. 희신은 용신에게 필요한 것일 뿐이고 일간의 의견은 무시합니다.

3) 가능합니다.

4) 축토는 부담입니다. 해수의 입장에서는 별로 얻을 것이 없다고 보는 것입니다. 좋다고 하기 어렵습니다.

547 남자 어린아이인데 어렵습니다

時	日	月	年
戊	戊	戊	丙
午	戌	戌	子

남자 어린아이인데 용신이 어렵습니다. 좋한 것도 같고, 아니면 그냥 水로 잡아야 하나요?

 용신은 자수입니다

자수가 용신이 되고 희신은 木과 金이 모두 좋다고 봅니다.

548 축월의 무토입니다

時	日	月	年
甲	戊	己	乙
子	辰	丑	巳

일단 약하지 않다고 보고 木·水로 보았는데 임상에서 木운이 그리 좋지 않고 火가 괜찮았다는데 약할 수 있습니까? 일지가 子·辰으로 묶여 있고 축월인 점을 감안하면 보기보다 강하지 않은 것이 사실이지만 약할 정도는 아닌 것 같습니다. 또는 희·용신을 정하기 전에 천간에는 火가 좋고, 지지로는 木이 좋고, 이런 식도 가능한가요?

 조후를 고려해야 합니다

반드시 강약으로만 용신을 생각하면 때로는 이런 경우도 있습니다. 약하지 않은 것은 사실이지만, 또한 강약이 급하지 않을 경우에는 조후를 고려하라는 말씀도 어디에선가 했던 것으로 생각되는데 깜빡하셨나 봅니다. 너무 한습해서 조후를 용신으로 삼았던 경우인가 봅니다. 木·土·金은 조후를 고려할 경우가 가끔 있습니다. 참고하기 바랍니다.

549 저도 신강 신약이 애매합니다

時	日	月	年
己	辛	庚	乙
丑	卯	辰	卯

진월의 신금에다가 기축 시주를 갖고 있어 틀림없이 신강이라고 생각해 木을 용신으로 하고 水를 희신으로 보았습니다.

그런데 현재 정화대운으로 작년(1999년)·재작년(1998년)의 기묘·무인년은 힘들었던 반면 올해(2000년) 경진년에 들어 조금씩 나아지는 상황이라고 합니다.

정화대운 중에 木기운이 들어오니 목생화 화생토로 전혀 효과를 보지 못하여 그런 것이 아닌가 싶기도 합니다. 가능하면 신약으로 보지 않는 신금이라 더 헷갈립니다.

 약한 구조는 아닙니다

낭월이 봐도 별로 약하다는 생각은 들지 않습니다. 실제 상황이 그렇다면 아마도 묘목의 힘이 너무 강해서 인성이 무력하므로 金이 용신이라고 해석할 수 있지만, 그래도 약한 구조는 아니라고 생각합니다.

550 자세히 보면 신강 신약이 애매합니다

時	日	月	年
甲	己	乙	壬
戌	丑	巳	申

43	33	23	13	3
庚	辛	壬	癸	甲
子	丑	寅	卯	辰

사월(巳月) 기토가 얼핏 보면 신강한 듯 보입니다. 그러나 자세히 보면 경금사령이고 술토는 갑목에게 제어당하고 있어서 다소 약한 구조로 보입니다.

인성을 쓰고 木을 희신으로 하면 될까요? 아니면 조후 용신을 써야 하나요?

 金 용신, 水 희신으로 합니다

약하지 않은 것으로 봅니다.

용신은 金을 쓰고 싶은데 멀어서 유감입니다. 그래도 그냥 일지의 지장간인 金으로 용신을 삼고 水로 희신을 삼습니다.

551 두 자수와 진토가 합하면 수세(水勢)가 더 강해집니까?

```
        時 日 月 年
        甲 甲 乙 戊
        子 午 卯 子

61  51  41  31  21  11   1
戊   己   庚   辛   壬   癸   甲
申   酉   戌   亥   子   丑   寅
```

1) 운에서 진토가 와서 두 자수와 합을 하면 水의 세력이 더 강해진다고 보아야 합니까?

2) 자수와 진토가 1 : 1로 합한다면 水 세력이 강해진다고 봅니까?

3) 원국에 자수가 있고 진토가 운에서 들어오는 것과, 원국에 진토가 있고 운에서 자수가 들어오는 것은 차이가 있나요?

207

水의 기세가 살아납니다

1) 단지 자수가 둘이 합하느냐 하나가 합하느냐 하는 것은 큰 의미가 없다고 봅니다.

2) 화하는 의미에서도 같다고 생각하지만 중요한 것은 진토가 들어와서 水를 극하지 못하고 오히려 水와 동조한다는 것으로 이해합니다.

3) 상대적으로 기세가 살아나는 것은 水가 됩니다. 다만 이 경우에는 木도 있고 火도 있어서 실제로 작용하는 힘은 미미하다고 할 수 있습니다.

552 몰라도 너무 모르는 것 같습니다

時	日	月	年
辛	乙	癸	己
巳	丑	酉	巳

간디의 사주입니다. 사부님 말씀 중에 "인성을 용신으로 삼아야 하는데, 실제로 유월(酉月)의 을목이 계수를 용신으로 삼아야 한다는 것 자체가 별로 아름다운 배합이 못 되는 것이 다음 단계로 고민해야 하는 상황이다. 이렇게 용신이 있는데도 불구하고 그 용신이 별로 마음에 내키지 않는다는 것이 또한 사주의 특징이라고 보는데, 싫든 좋든 상관없이 이 사주는 인성을 용신으로 삼지 않을 수 없는 사주 구조라는 것이 최종 결론이 되는 형상이다"라고 되어 있

습니다.

  유월의 을목이 인성을 용하는 것이 왜 나쁜지, 그러면 어떤 것이 좋은 것인지 궁금합니다. 아무래도 문답실의 수준을 낮추는 질문 같아 망설여지기는 하지만 무릅쓰고 질문 드립니다

 가을 을목은 불가사의

  가을 을목은 火를 써야 제격이라고 많은 명리서에 되어 있습니다. 그리고 생각해봐도 가을비는 초목에게 죽음을 재촉하는 것이 아닌가 싶기도 하고, 물론 木이 나무라고만 고집할 것은 아니지만 木의 구조에서 가을에 물보다는 따스한 열기로 金을 제어하는 것이 힘이 있어 보이는 것으로 생각됩니다. 그래서 가을 을목은 어찌 보면 불가사의하다는 생각도 듭니다. 그런 의미로 드린 말씀이었습니다. 여름 나무라면 두말할 필요도 없이 이해가 되겠지요?

553 머리가 항상 아프다는데요

時	日	月	年
丙	庚	丙	甲
戌	子	寅	辰

55	45	35	25	15	5
庚	辛	壬	癸	甲	乙
申	酉	戌	亥	子	丑

  병인월 경금이 매우 신약하여 인겁을 써야 할 것 같습니다. 그런

데 진토는 갑목의 뿌리가 되고 술토는 병화의 뿌리가 되고 있으니 아쉬운 구조라고 생각합니다.

위의 여인은 병원에서 진찰해보면 아무 이상이 없다는데 항상 머리가 아프다고 합니다. 강한 편관의 작용인가요, 아니면 木이 기신이라서 그런가요?

 기운이 원활하게 흐르지 않는 형상입니다

귀신의 병에서 가장 흔히 나타나는 것이 두통입니다. 아마도 그 이유를 생각해보면 귀신이 신경계를 비집고 들어가서 살다보니까 용적이 좁아져서 압박감을 느끼는 것이 아닌가 싶기도 합니다. 굿판을 벌이거나 천도재를 대대적으로 지내는 것도 생각해봅니다.

너무 신약하고 극·설이 교차되어 기운이 원활하게 흐르지 않는 형상입니다.

554 金으로 보았습니다

時	日	月	年
癸	戊	丁	己
丑	申	丑	亥

축월의 무신 일주라 약하지 않다고 보고 金으로 보았습니다. 그러나 정화가 무력해 보이고 모두 습토인 것이 걸립니다. 무자 일주라면 인성으로 가는 것이 맞는지도 궁금합니다.

인성밖에 없습니다

축월의 무신이라면 약하고 말고입니다. 무자라면 더 말할 것도 없지만 무자나 무신이나 다를 바가 없습니다. 인성이 아니고는 답이 없습니다.

555 인월이라 고민입니다

時	日	月	年
丙	丁	庚	辛
午	丑	寅	亥

인목 위의 경금이 다소 부담이고 일지 축토 또한 부담이며 계절적으로는 金과 土가 불리한 인월이라 고민입니다. 인목이 金에게 받는 부담이 어느 정도이고 축토가 정화를 얼마나 설기할 것인지 판단하기 쉽지 않습니다. 인목이 해수를 옆에 두고 있어 약하지 않지만 경금과 축토 때문에 길을 잃었으니 정화를 돕기 어렵고, 축토는 오화 덕분에 살아난다고 보아 조금 약할 것으로 생각됩니다.

 매우 신약합니다

퍼센트로 답변을 드려봅니다. 일간 자체는 약간 월령을 잡고 있는 것이니 일간에게 도움이 되는 정도는 매우 약합니다. 40% 정도 도움이 된다고 봅니다.

556 시모와의 관계

```
      時 日 月 年
      丁 癸 乙 甲
      巳 未 亥 辰

    68 58 48 38 28 18  8
    戊 己 庚 辛 壬 癸 甲
    辰 巳 午 未 申 酉 戌
```

1) 해월 계수가 당령은 하였어도 신약하여 金·水로 가는 구조로 보입니다. 남편궁이 좋지만 남편성이 기신이어서 관계는 별로 좋지 않습니다.

현재 교편생활을 하고 있는데 2000년 경진년에 들어 부쩍 시어머니가 싫어져 같이 있기가 너무 싫다고 합니다. 육친상으로 시간의 정화가 구신에 해당되는데, 경진년에 특별히 그럴 만한 이유가 있나요?

2) 경진년에 주체성이 살아난다는 말씀을 이해하지 못했습니다. 비겁이 들어온 것도 아니고, 더구나 천간의 경금으로 인해 이 사람의 식상도 작용이 약해지니 자신의 생각을 표출하려는 마음도 약해지리라는 생각이 듭니다. 저항심리를 어디서 읽을 수 있나요?

A 올해는 저항을 하고 싶어질 수도

1) 아마도 그래서 평소에는 고분고분 하다가도 경진년에는 저항을 하고 싶어질 가능성이 있다고 봅니다. 어찌 보면 어린양이라고

할 수 있지만 심리적으로 부담이 되는 것은 사실입니다. 마음을 잘 다스려야 합니다. 금생수의 작용으로 다소 오만해질 수도 있다고 봅니다.

2) 신금대운에 득지를 하고 경진년에 다시 경금이 들어와서 힘을 얻으니 원국의 식신제살의 형세에 다시 기름을 부었다고 생각해봅니다. 월간에서 일지를 제어하고 있는 것과 연계해서 생각을 해봤습니다. 물론 기본적으로 시간의 편재까지 있으니 실행에 옮길 수 있지 않을까 싶습니다.

557 식상인 金도 계절이 불리하니 약하지 않다고 생각합니다

時	日	月	年
丙	己	庚	甲
寅	酉	午	寅

40	30	20	10
丙	丁	戊	己
寅	卯	辰	巳

오월(午月)의 기토가 관이 많음에도 불구하고 관의 압박을 받지 않을 것 같고, 식상인 金도 계절이 불리하니 설을 크게 우려할 바가 아닐 듯하여 약하지 않을 것으로 생각됩니다.

월간의 경금을 쓸 것 같은데, 희신은 여름의 열기를 식혀줄 수 있는 水가 될까요? 허공에 뜬 경금이 의지처가 없어 土도 반갑지만, 열기 때문에 水가 우선할 것 같습니다. 그리고 水가 희신이 된다고 해도 천간의 土운은 좋겠지요?

 혼동하신 듯싶습니다

일간이 약한 것과 용신이 강한 것을 구분하는 것이 중요한데 이 점에 대해서 혼동하신 듯싶습니다. 모처럼 착오가 생긴 것 같은데 아직은 선생이 필요하지 않겠느냐는 생각에 괜히 즐겁군요. 일간은 약하고 용신은 강하니 인성을 용신으로 봅니다.

558 신강으로 볼 여지는 얼마나 있나요?

Q557의 사주를 처음 보았을 때 얻은 것은 월지에 시간의 병화밖에 없어 약한 쪽으로 생각이 들었습니다. 그런데 한편으로 2개뿐인 인성이지만 인성이 계절도 얻고, 또 인성의 인성인 木을 두고 있는 상당히 강한 형상이라서 신강 가능성을 완전히 배제할 수 없어 판단에 확신이 안 섰습니다.

그런데 이 사람이 지금까지 살아오면서 계속 인생이 안 풀리고 꼬인다는 생각을 해왔고, 2000년 경진년은 1999년 기묘년보다 나아졌다고 합니다. 또 결혼을 했는데 신랑이 자기보다 학벌도 낮고 능력도 부족해 도움이 안 되어 본인이 생활전선에 뛰어들어야 할 상황이라고 하므로 신강으로 생각하고 스님을 통해서 확인하려고 했습니다. 신강으로 보면 남편궁은 기신이고 남편성도 도움이 안 되므로 신랑복이 없다는 판단이 나오기 때문입니다.

그런데 제가 먼저 판단한 것이 잘못이었습니다. 시체인 줄 알았던 사람이 갑자기 벌떡 일어나는 듯한 기분입니다. 말씀하신 대로 인성은 강하지만 일간은 그리 강하지 않을 것 같은데, 한여름의 흙은 편안하고 金은 죽을 지경이며 木은 불 지피느라 수고하는 형상입니다. 하지만 얻은 게 너무 빈약합니다.

혹시 이 사주를 신강으로 볼 여지는 없나요? 가능성이 있다면 몇 퍼센트나 되나요?

 신강할 가능성은 20%

여하튼 질문에 답변은 해야 하므로 신강할 가능성에 대해서 20%는 된다고 답을 드립니다. 물론 가능성이 상당히 약하다는 단서를 붙입니다.

559 기반은 힘보다는 합하려는 마음이 문제 아닌가요?

	時	日	月	年
	戊	戊	庚	乙
	午	辰	辰	亥

67	57	47	37	27	17	7
癸	甲	乙	丙	丁	戊	己
酉	戌	亥	子	丑	寅	卯

1) 실전 자료에 나오는 징기스칸 자료입니다. 월간의 경금을 용신으로 잡고 감정을 하였는데, 사주풀이를 보면 용신 경금이 을목과 합을 하고 있는 용신기반에 대하여는 한마디도 안 하고 오히려 정관인 자식이 합을 하고 있으니 자식은 도움이 되었을 거라고 하였습니다. 이 경우는 용신기반이 아닌지 궁금합니다.

용신이 기반이 되어 흉운이 왔을 때 남들보다 더 험한 꼴을 당한 것이 아닌가 생각했습니다.

2) 기반이라는 것은 이끌리는 마음으로 이해하고 있었습니다. 힘으로 바짓가랑이를 붙들고 늘어지는 것이라면 용신의 힘을 고려하지만, 마음이 쏠리는 것이므로 용신의 힘에 따른 변수가 생길까 하는 의구심이 생깁니다.

 기반에 대해서도 고려해볼 필요가 있습니다

1) 옳은 말씀입니다. 용신기반에 대해서도 생각할 수 있었는데 언급하지 않았던가 봅니다.

그 이유야 지금 생각해보면 대략 이렇습니다. 경금이 상당한 세력을 가지고 있는 상황이니 을목이 잡고 늘어지는 정도는 별로 부담이 되지 않을 것이다. 그래서 기반이라고까지는 하지 않아도 되지 않을까. 오히려 날뛰는 경금을 잡아준다고도 볼 수 있으므로 나쁘다고 하지 않아도 되지 않겠는가 하는 그런 생각이었는데 말씀을 듣고 보니 과연 기반에 대해서도 고려해볼 필요가 있다고 생각됩니다.

참고하는 것이 좋습니다. 다만 용신이 워낙 강할 때는 기반이 큰 부담이 되지 않을 수도 있다는 것을 생각하기 바랍니다.

2) 기반이 범하는 첫째 허물은 묶는다는 것인데, 이것은 물론 의식을 자유롭지 못하게 하는 것으로 봅니다. 그리고 힘이 너무 약하면 의식이 쏠린다는 가정도 성립하지 않을까요? 그래서 두 가지 모두 해당 요인으로 봅니다.

560 식상을 써야 합니까?

```
時 日 月 年
甲 壬 乙 乙
辰 申 酉 卯
```

월·일지가 인성이고 식상이 즐비합니다. 그러나 뿌리가 있는 것은 시간의 갑목밖에 없습니다. 그렇다면 약하지 않다고 보아야 할까요?

약하지 않다는 것이 정답

월지와 일지만 얻어도 신강으로 보는 것이 이런 경우입니다. 金이 강해서 재성이 있으면 좋을 상입니다. 약하지 않은 형상이라고 하는 것이 정답입니다.

561 가녀린 학생입니다

```
時 日 月 年
辛 己 丙 庚
未 卯 戌 申
```

59	49	39	29	19	9
庚	己	戊	丁	丙	乙
辰	卯	寅	丑	子	亥

20대 여성입니다. 기토가 술월생이며 천간에 정·편재가 혼잡되어 있습니다. 언뜻 보면 신왕 같은데 술월도 해월이 1주일 가량 남은 무토사령입니다.

이미 겨울이 가깝고, 천간 재성이 월지에 뿌리를 박고 金과 木이 싸우면서 술토는 방합으로 금국(金局)을 이루며, 공협으로 유금까지 불러 오는 형국입니다. 그래서 월간 병화를 용신으로 하고 木을 희신으로 하니 木·火가 대길하고 金·水가 불길하지 않나 생각합니다.

초년에 재성운이 들어오는데 흉신이라 학업과 기술·역학의 길 등을 놓고 고민에 싸여 있는 학생입니다. 오히려 기술을 배워야 하지 않나 생각합니다. 용신과 상반된 운이라 학업과는 거리가 멀지 않나요? 혹시 제가 용신을 잘못 잡은 것은 아닌지요? 비록 병대운이긴 하지만 병화는 기반되고 지지의 자수에 절각되어 정화가 오지 않는 한 뜻을 세워도 허사가 아닌가 생각합니다. 또한 일찍 19세 전에 관성에 합이 들어 이성에 신경이 가니 공부와는 인연이 멀지 않나 생각합니다. 저의 용신이 맞나요?

병자대운 중 금전이나 부모에게 흉함이 없는지 궁금합니다.

 노력하고 천명을 기다립니다

식신이 있는 것으로 봐서 명리 연구도 가능합니다. 뜻을 세우고 노력한 다음에는 천명을 기다립니다. 노력하면 개운도 됩니다.

562 용신이 없는 건가요?

```
    時 日 月 年
    戊 戊 癸 癸
    午 午 亥 卯

61  51  41  31  21  11   1
 丙   丁   戊   己   庚   辛   壬
 辰   巳   午   未   申   酉   戌
```

해월에 무토로 추운 기운이지만 일지와 시지 인성으로 신강하다고 봤습니다. 설을 해야 하는데 아쉬운 대로 연지의 관을 쓰자니 신통치 않을 것 같습니다. 이런 경우는 그냥 용신을 경금운으로 하고 희신으로 木운을 기다려야만 할까요? 31대운에 와 있으며 무기충으로 조금은 설해준다고 생각하는데 맞나요?

위의 사람은 1998·1999년에 몸담았던 회사를 퇴직하고 사업으로 5억을 날렸으며, 2000년에 들어와서 자동차유통업을 시작하여 다시 기운을 차리고 있습니다.

 점차로 나아집니다

겨울에 火는 상대적으로 약하니 무토가 왕하다고 하기 어렵습니다. 연지의 木도 부담입니다. 그래서 인성을 의지하는데 재성이 극하니 또한 병입니다. 대운은 좋으나 재성이 병이니 조심해서 운행합니다.

563 회원문답실에서 궁금한 내용입니다

時	日	月	年
丙	己	乙	丁
寅	亥	巳	未

해수가 용신입니다. 재인이 상충하고 있어서 탁하다고 하였습니다. 저는 용신이 흉신을 제거하고 있는 모습을 보며 '용신이 열심히 일하고 있구나'라고 생각했습니다. 해수가 수생목을 안 하고 있으면 흉신 巳를 분명히 제거해줄 것이며, '사해충과 수생목을 같이 하며 열심히 일할 때도 있고 때로는 놀고 싶을 때도 있겠구나'라고 생각했는데, 재인이 상충하면 분명히 탁하다고 하니 어떻게 이해해야 하나요?

용신이 상하지 않고 또 흉신도 제거하지 않고 그냥 아무 할 일 없이 가만히 있어야 용신이 청하다고 할까요? 제 생각에는 용신이 손상되지 않은 채 힘있는 모습으로 흉신들과 가까이 있으면서 흉신들을 혼내주는 모습도 좋아 보였습니다.

물론 용신이 청한 모습으로 아무 일 하지 않고 힘만 쌓고 조용히 쉬고 있는 사주라야 운에서 흉신이 들어올 때 단숨에 몰아내고, 또 좋은 운이 올 때는 단숨에 달려들어서 주인님을 모시고 도와주어 일약 대부가 되겠지요.

용신이 배부르게 먹고 놀고 있는 사주와, 또 용신이 튼튼하게 뿌리가 있으면서 놀지 않고 흉신들을 제거하고 있는 모습들을 비교해서 설명해주시면 감사하겠습니다. 좀 엉뚱한 질문 같습니다.

나중에 자연히 보이게 됩니다

고민하는 마음이 그대로 느껴집니다. 그렇게 계속 연구하면 결과가 자연히 나타날 것입니다. 서둘지 않으면 됩니다. 한마디로 청탁의 기준을 세울 수는 없다는 것을 생각하시고 그냥 넘어가는 것도 때로는 편할 수 있습니다.

564 임수 일간이 약해 보이기도

時	日	月	年
戊	壬	戊	辛
申	申	戌	酉

사주가 단순하긴 하지만 청해 보입니다. 술월에 임수가 인수(인성)를 4개나 가지고 태어났습니다. 어찌 보면 월지 술토도 가을 술토이고 金 냄새도 조금 나서 신강으로 봤습니다. 그런데 다시 보니 술토가 무토의 뿌리 역할을 하고 있어서 土도 강해 보입니다. 그래서 인성이 4개나 되지만 인성으로 용신을 정했습니다. 맞는지 모르겠습니다.

스님에게 질문하는 사주들 거의가 근래에 공부하면서 갈등되는 사주들을 아무 정보 없이 사주팔자만 기록해놓았던 것들이라 남녀 구별이 안 됩니다. 이해해주시기 바랍니다.

위의 사주에서 만약 인수가 용신이라고 가정할 때 그래도 용신운인 인성이 들어오면 발복을 하나요? 사주가 깨끗하고 청한 것 같으면서도 좋은 운에 크게 발복하기는 어려울 것 같습니다. 그냥 평생을 고생 안 하고 무난하게 잘 살 수 있는 사주처럼 보입니다. 남자라면 평생을 오직 土의 관을 위해서 살 것도 같습니다. 정의의 사자처럼 보이는 것은 왜일까요?

 아쉬운 사주입니다

이런 구조를 약하다고 하기는 어렵습니다. 인성이 과다해서 재성으로 극하면 좋을 형상이라고 할 수 있습니다. 그러나 현실적으로 그렇게 되지 못하니 우선 土를 용하고 火를 기다려야 합니다.

565 만들어본 사주입니다

時	日	月	年
丙	丁	甲	庚
申	酉	辰	子

병화 비겁이 신금 재를 맡아서 감당하고 있습니다. 이처럼 신약 사주에서 비겁이 재를 가까이 하고 있을 때는 비겁이 좋은 일을 하는 것으로 알고 있습니다.

제가 잘못 이해했는지 모르지만 지나간 문답실 내용에서 '신약이라도 비겁이 재를 깨고 있으면 비겁들을 안 좋다고 봐야 되는 경우도 있다'는 내용을 본 것 같습니다. 저는 흉신을 깨주니 무조건 좋다고 봤습니다. 그래서 이 사람은 살아가면서 어떤 장애가 생기면 형제나 친구 등이 구세주일 것으로 봤습니다. 맞나요?

신약사주라 해도 비겁운이 필요하지 않을 때도 있습니다. 하지만 이럴 때는 무조건 비겁운이 좋다고 봐야 되지 않나요? 재다신약이 아닌 그냥 신약사주에서 재가 약할 때도 비겁이 재를 깨고 있으면 좋다고 보았습니다.

 사주 상황에서 해답을 찾습니다

물론이지요. 일반적인 생각보다는 사주의 상황에서 해답을 찾아야 합니다. 일반적으로 겁재는 재물을 약탈하는 나쁜 놈으로 생각되지만 도움이 되는 경우에는 은인으로 보는 것이 자연의 이치에 맞습니다. 기억하고 계신 대로 대입하면 됩니다.

566 용신을 잡으려고 보니 애매합니다

時	日	月	年
辛	壬	癸	壬
亥	戌	丑	辰

지지에 土가 3개나 되지만 축월에 土들이고 진토는 습토라서 신강으로 보았습니다. 그런데 용신을 잡으려고 보니 戌과 丁 사이에서 갈등이 됩니다. 사주가 습해서 정화를 쓰려니 너무 약하면서 멀고, 술토를 쓰자니 그래도 土입니다. 그래서 결론은 정화로 봤는데 맞나요?

구태여 火를 쓰지는 않습니다

 겨울의 水가 되어 상당히 강한 상황이라고 한다면 土를 용신으로 할 만합니다. 식상이 없는 것은 다행이라고 할 수 있습니다. 火는 희신으로 돕는다고 보면 됩니다. 구태여 火를 쓸 필요는 없습니다. 혹시 金이 많아서 신강이라면 火가 우선하는 것으로 생각하기 바랍니다.

567 스님, 안녕하세요

 평소에 공부하면서 궁금한 것이 많았습니다. 그런데 이곳에 와보니 너무도 쉽게 해결이 되는군요. 참으로 감사합니다. 또 소문내지 않고 조용히 혼자 공부하다보니 사주 입수도 이만저만 힘든 것이 아니었습니다. 이 문제도 여기서 해결되었습니다. 거듭 감사합니다. 스님, 사주에 아무 쓸모 없는 조토 식신만 있을 뿐 쓸모 있는 식상이 없어서인지 사주를 보면 감은 오는데 설명이 안 되는 양지입니다. 눈으로는 되는데 입으로는 안 되는 것 같습니다.

時	日	月	年
己	丁	壬	壬
酉	丑	子	子

 식상과 관이 대립하고 있으면 종이 안 된다는 것은 알고 있습니다. 위의 사주 명식은 기토와 壬이 대립하고 있는 것으로 봐야 되나요? 己와 壬, 丑과 子가 대립하고 있는 것으로 보입니다.

그런데 이 사람이 지금 오화대운인데 올해 경진년(2000년)에 항공사에 합격했습니다. 본인이 어렵다고 생각한 시험이라는데 합격했다 하니 혹시 종이 아닌가 하고 잠깐 생각해보았습니다. 저는 용·희신을 木·火로 봤습니다.

 여러 가지로 궁리하기에 좋은 자료입니다

아무래도 木·火를 의지해야 하지 않을까 싶습니다. 물론 종아로 보고 싶어서 근질근질하지만, 그래도 정격으로 보고 관찰하는 것이 좋습니다. 대운이 오화라면 확실하게 세운이 경진이라고 해도 서로 엇갈리고 있으니 단정하기 어렵겠습니다. 1999년 기묘년에는 어떻게 보냈는지도 생각해보십시오.

이리저리 궁리할 수 있는 좋은 자료입니다. 많이 이용해야겠습니다. 유익한 시간 되기 바랍니다.

568 목왕절에 金을 쓰지 않는 이유는?

時	日	月	年
庚	乙	辛	辛
辰	未	卯	亥

목왕절의 을목이 신강하여 金을 써야 하므로 아예 火가 없으면 좋겠는데 未 중 정화가 있어서 고민입니다. 그래도 金을 두려워하지 않는 을목이니 아무래도 시간에 있는 경금을 써야겠지요? 목왕절에 金을 쓰지 않는 특별한 이유가 있는지 알고 싶습니다.

목왕절에 金이 부스러지는 현상 때문입니다

이 사주의 경우에는 金을 써도 됩니다. 다만 金의 역할이 木을 제어하는 것으로 남아야 하는데, 그렇지 못하여 짜증만 나게 한다고 할 수 있습니다. 金은 많은데 극할 木은 적어서 말이지요. 그러나 火가 너무 없으니 그대로 金을 봅니다.

목왕절에 金을 쓰지 않는 이유는 목왕절에 金이 부스러지는 현상을 염려해서입니다. 경진 정도면 상관이 없지만 신묘의 형상이라면 다른 계절에 신묘보다 무력하다고 이해하면 됩니다. 그래서 적천수에서는 춘불용금(春不容金)으로 설명하였던 것입니다. 이 점을 이해하면 용신을 찾아 쓰는 데 참고가 될 것입니다.

569 편관격, 인중용재

時	日	月	年
壬	甲	庚	乙
申	子	辰	未

51	41	31	21
丙	乙	甲	癸
戌	酉	申	未

제가 다니고 있는 꽃꽂이학원 선생님의 친구 명조입니다. 신강해서 편관이 먼저 눈에 띄기는 하는데 기반되어 있고, 진월이지만 申·子·辰이 다 지지에 있고 인성이 너무 막강해서 미토로 인성을

제하고 싶은 생각도 드는데 어떤가요? 金·土인지 土·火인지요?

이 분은 세탁소를 하는데 힘들어 다른 걸로 바꾸려고 합니다. 위의 사주인 부부와 이야기하다 편관이 겁재와 합하고 있는 게 자꾸 눈에 들어와 혹시 아저씨 한눈 파는 거 아니냐고 물었는데, 제가 실수했다면서, 그 분이 두 번째 남편으로 사람은 착한데 다소 그런 면이 있어서 부인이 신경 쓰는 것 같은데 그런 이야기를 해놨으니 아마 무사하지 못했을 거라고 합니다. 보여도 말하지 말아야 할 것과 말해야 할 것을 구분치 못하다니 또 하나의 구업을 추가하는구나 생각했습니다.

 인성이 필요하다고 봅니다

보이지 않아서 말을 못하기보다는 보고서도 말을 하지 않기가 더 어렵지요. 누구나 공부 과정에서 깨닫게 되리라고 봅니다. 인성이 申·子·辰으로 많다고 판단하였다면 진월의 申·子·辰은 허상이라고 생각하고 인성이 필요한 것으로 보며, 용신은 강하다고 해석합니다. 희신은 木이 되며 운이 불리합니다.

570 卯를 용신으로 할까요?

```
時 日 月 年
丁 甲 己 乙
卯 午 丑 巳

丙 乙 甲 癸 壬 辛 庚
申 未 午 巳 辰 卯 寅
```

음력 1966년 1월 15일은 양력으로 1966년 2월 4일이고, 입춘이 2월 4일 16시 2분에 들어옵니다. 그래도 연지를 巳 자체만으로 보아야 하나요? 매우 신약한 사주로 卯를 용신으로 봅니다. 결혼운은 원국에 관성이 없어 늦을 것 같고, 巳 중 庚을 남편으로 보아야 할까요? 대운의 巳와 월지 丑·酉의 삼합이 올 때 결혼은 어떨까요? 금국(金局 : 관성운)인가요? 그럼 41세쯤이나 가능한가요? 월지가 기신이라 결혼을 해도 별로 신통치는 않을 것 같습니다.

현재 액세서리 관련업에 종사하며, 31세 이후로 해외여행에 심취하여 한 자리에 오래 머물지 못합니다. 어떤 성분으로 설명이 가능할까요?

 계수를 용신으로 정합니다

연구를 해가면서 답을 찾는 것이 공부에 도움이 됩니다. 혹시 상담하는 것이 목적이라면 그냥 상담하는 것이 회원으로 공부하는 것보다 더 효과적입니다. 서둘지 말고 천천히 연구하기 바랍니다.

입춘 전이라고 보며 잘 뽑았습니다. 묘목도 용신으로 좋지만 우선 계수를 용신으로 정합니다. 水가 필요하다고 보기 때문입니다. 참고하고 나머지는 또 연구하고 질문해주시기 바랍니다.

571 무토가 굉장히 강합니다

時	日	月	年
丁	戊	戊	戊
巳	戌	午	辰

무토가 굉장히 강합니다. 戌 중 신금을 용하려고 보니까 오술반합이 되어 있는데 과연 金이 용신이 될 수 있나요? 아무래도 토다금매(土多金埋)가 되지 않을까 싶습니다. 다음으로 辰 중 을목을 용하는 것도 생각해봤는데 이도 마땅치 않아 보입니다. 그러면 종격으로 봐도 괜찮을지 자신이 없습니다.

 확인이 필요합니다

그래도 확인해봐야 할 것은 과연 술토 속의 상관을 용신으로 삼지 않았느냐는 점입니다. 土가 용신이지만 金도 좋으므로 金도 용하는 정격이 되는 것으로 봐도 되지 않을까 싶습니다. 참 어려운 숙제를 안고 있습니다. 신금으로 용신을 삼는 것으로 대입해보기 바랍니다.

572 남녀 사주의 용신 해설

①				②			
時	日	月	年	時	日	月	年
己	癸	戊	庚	辛	庚	癸	癸
未	亥	子	戌	巳	戌	亥	丑
60	50	40	30	20	10		
甲	癸	壬	辛	庚	己		
午	巳	辰	卯	寅	丑		
59	49	39	29	19	9		
己	戊	丁	丙	乙	甲		
巳	辰	卯	寅	丑	子		

①은 남자, ②는 여자의 사주 명식입니다. 용신 해설을 부탁 드립니다.

 여자는 상관생재격

용신은 남자의 경우 火·土가 좋으나 木은 흉합니다. 여자의 경우에는 상관생재격으로 水·木을 용신으로 합니다.

573 의문점입니다

時	日	月	年
丁	乙	甲	庚
丑	巳	申	辰

58	48	38	28	18	8
庚	己	戊	丁	丙	乙
寅	丑	子	亥	戌	酉

1) 이 사주는 편관격에 인성을 해야 정격이지만 너무 습하고, 辰에 뿌리를 두고 있다고는 하나 갑목이 아니고 을목이라 뿌리가 상하지 않았나 생각합니다.

2) 그렇다고 조후를 고려해서 용신을 일지 병화로 하자니 신약이라 무리가 따르고, 비록 사주가 많이 깨지고 어려움이 많은 사주지만 살아갈 수 있는 묘책은 있어야 하지 않을까 해서 질문드립니다. 이처럼 중화가 어려운 이가 너무 많은 것 같은데 이들에게도 희망을 찾을 길은 없는지요?

사주 해석은 냉정하게 합니다

1) 너무 습하지 않습니다. 일지 사화가 있기 때문입니다. 그리고 편관격은 무엇을 두고 하는 말씀인지 모르겠습니다. 정관격이라면 또 월지에 정관이 있어서 그렇다고 하겠습니다만.

2) 그렇습니다. 아마도 그래서 사바세계라는 말을 하겠지요. 되지 않는 것은 안 되는 것이고, 가능한 것은 가능한 것이지요. 사주의 해석은 냉정하게 해야 합니다. 그 다음에 자신의 운명을 스스로 노력하여 극복하는 것은 사주와 무관하며 전적으로 자신에게 달렸습니다.

희망은 늘 있지만 그 제시해주는 방향대로 따르지 못하니 또한 업연이 아닌가 생각합니다. 세상에 태어나는 이유는 여러 가지이만 복을 누리러 오는 사람과 죄를 갚으러 오는 사람, 그리고 수행을 하러 오는 사람이 아닌가 생각해봅니다. 이 사주는 그 중에서 죄를 받으러 왔는지도 모르겠네요. 이것이 현실이고 운명입니다.

공부하는 사람은 있는 그대로를 살필 뿐이고, 조언은 사람에 따라서 달라집니다. 약간의 참고가 되기 바랍니다.

574 월지가 불안하니 약하다고 보아야 하나요?

時	日	月	年
乙	乙	庚	丙
酉	未	寅	午

월지 인목도 인오반합을 이루고 있고, 천간의 경금도 약하긴 하나 버티고 있으니 약하다는 생각이 지배적이지만, 일지가 木의 고근이니 조심하지 않을 수 없습니다. 하지만 아무래도 인성이 없고 월지가 불안하며 일지도 완전한 통근이 아니니 약할까요?

 절대적으로 인성이 필요합니다

일지의 미토라도 경우에 따라서 비중을 두게 되는데, 이 상황에서는 절대적으로 인성이 필요합니다. 미토는 뿌리라고 하기보다는 목마름을 가중시키는 것으로 보기 때문입니다.

575 다시 보니 약해 보입니다

時	日	月	年
壬	辛	乙	丙
辰	卯	未	辰

월간의 을목에서 시작하여 연지의 진토까지 木·火·土로 이어지는 흐름과 미월의 기토당령, 거기다가 시지의 진토까지 합세하니 약하지 않다고 보았습니다. 그런데 갑자기 다시 보니 乙·丙·辰으로 이어지기는 했지만 미토는 묘목과 합하고 있고 을목의 뿌리가 되고 있으며, 진토도 임수에게 근거를 제공하고 있습니다. 그러고 보니 일간이 바랄 거라곤 연지의 진토밖에 없는 것 아닌가 하는 생각이 듭니다. 자꾸 두 번째 생각으로 기우는데 정말 이럴 땐 자신이 없어집니다.

잘 하고 계십니다

 이러한 고민은 공부를 하면서 경험해보지 않으면 흔히 하는 말로 '죽었다 깨어나도 모르는 일'이지요. 경험이 생명력을 불어넣는가 봅니다. 잘 하고 계신 것으로 생각됩니다. 약해 보입니다. 재가 워낙 강하다고 생각됩니다. 다시 살펴보기 바랍니다.

576 지지에 木이 더 좋은 이유는 사주에 木이 없어서인가요?

時	日	月	年
丙	庚	戊	庚
子	午	子	戌

 1) 일지 오화가 양 자수로부터 극을 받으니 오화는 土·金만 남아 경금의 뿌리가 된다고 보면 시간의 병화를 용신으로 보면 좋을 것 같습니다. 그렇다면 천간의 木·火가 좋으며, 지지는 土운이 좋고 木과 火도 나쁘지 않은 것으로 보면 됩니까?
 2) 지지 오화가 극을 받고 있는데 土보다 木이 좋다고 보는 이유를 잘 이해하지 못하겠습니다. 혹시 사주에 이미 土는 있고 오화의 인성이 되는 木은 없기 때문에 오화가 木을 필요로 해서입니까?

 지지에 木이 오면 모두 편안하지요

 1) 자오충이 있으니 지지로는 木이 최상급이라고 할 수 있습니다. 土는 약으로 작용하여 좋으니 조토에 해당하는 말이고, 지지의

火는 생각보다 좋지 않습니다. 평으로 보지요. 천간으로는 木 · 火가 다 좋다고 봅니다.

2) 분쟁은 또 다른 분쟁을 만들어냅니다. 지지로 木이 들어오면 모두가 편안하지요. 그래서 木이 土에 비해 약간 더 좋은 것으로 해석합니다.

577 양기성상격

時	日	月	年
乙	癸	癸	壬
卯	亥	卯	寅

53	43	33	23	13	3
己	戊	丁	丙	乙	甲
酉	申	未	午	巳	辰

水와 木이 각 4개씩으로 양기성상격이라 할 수 있나요? 세력이 서로 비슷하여 일간이 약하다기보다는 월을 얻은 木의 기운이 좀더 강해 보입니다. 그래서 金 · 水를 용하고 싶은데『적천수강의』1권의 p.335에 '상생요아생 수기류행(相生要我生 秀氣流行)'이란 말이 있더군요. 양기성상격일 경우 일간이 생조해주는 방향으로 가야 한다는 것인데 그러면 을목이 용신이 될 것입니다. 과연 어떻게 봐야 할지요? 그리고 어떤 경우든 재성이 올 경우 군겁쟁재로 흉할 것으로 보이는데 제 생각이 맞나요?

기운이 기울어 모양만 양기성상입니다

재미있는 사주를 입수하셨네요. 양기성상격이 틀림없지만, 기운이 기울어서 모양만 양기성상이라고 할 수 있습니다. 그래서 실제로는 신약용겁격이고 인성이 필요하다고 해석합니다. 양기성상의 구조를 보면 세력이 비슷해서 약하지 않은 경우를 보게 됩니다. 그렇지 않으면 신약용겁격이 되는 것으로 이해하면 됩니다.

적천수의 생해주는 것이 좋다는 말도 일간이 힘이 있을 경우에 해당되는 것으로 이해하시면 되겠습니다. 만약 이 사주에서 월지에 해수나 자수가 오고 연간이 갑목이라면 양기성상격으로 식상을 용할 수 있을 것입니다. 이해가 되지요?

578 자꾸 눈이 어두워지는 것 같습니다

時	日	月	年
丙	丙	壬	丙
申	午	辰	午

54	44	34	24	14	4
丙	丁	戊	己	庚	辛
戌	亥	子	丑	寅	卯

친구 집사람인데 입시 미술학원의 원장입니다. 저는 용신으로 임수와 진토를 놓고 고민하다가 다음에 올 기운이 火이므로 火가 너무 왕해져 水로 제하는 것보다는 土로 설하는 게 좋을 것 같아 土·金

으로 결론을 냈는데, 아마 본인이 여러 군데 물어보니까 임수를 용하는 사람이 많았나 봅니다. 그래서 다시 보니 임수가 진토를 깔고 있어서 힘도 있어 보이는 게 水를 용할 수도 있겠구나 하는 생각도 듭니다.

 辰은 임수의 뿌리로만 생각합니다

이 사주에는 편관이 좋습니다. 임진의 경우에 水나 土가 가능하다면 辰은 임수의 뿌리로만 생각하면 됩니다. 그러니까 고민하실 필요가 없습니다.

그리고 가끔은 공부하는 과정에서 판단이 흐려질 경우가 있습니다. 아마도 하나의 터널을 통과하는 과정이 아닌가 싶습니다. 며칠 지나면 다시 밝아지므로 이런 경우에는 무리하지 말고 휴식을 취하는 것도 좋습니다. 공부하는 과정은 참으로 다양한가 봅니다.

579 지장간의 오행도 서로 극한다고 봅니까?

時	日	月	年
丁	戊	庚	丙
巳	戌	寅	辰

병화가 경금을 누르고 있어 식신이 작용하기 어려울 것 같습니다. 식신이 죽은 대신에 戌 중의 신금 상관이 있는데, 이 상관이 공부에 영향을 미쳐서 공부를 잘한다고 볼 수 있나요? 그리고 드러난 것이 깨져서 안타까운데, 戌 중의 신금도 정화와 이웃하고 있어 이

또한 도식의 상은 아닌지 궁금합니다. 지장간에 든 것끼리도 극하는 관계가 성립될까요?

 당연하지요

결론부터 말씀드리면 당연히 극을 받습니다. 진토의 계수나 신금의 임수나 戌 중의 신금이나 모두 자체적으로 극을 받기 때문에 그 힘을 저울질할 때 가감해서 살피고 있습니다. 한 집에서도 싸우는 사람이 있는가 하면 극을 받는 경우도 있는 것을 보면서 그러려니 합니다. 크게 벗어나지 않을 겁니다. 여하튼 술토 속의 신금은 다소 약한 것으로 보고 있습니다.

580 화하지 않는 합이라면 기반이 되지 않을까요?

時	日	月	年
戊	辛	乙	戊
子	卯	卯	申

천간합과 지지삼합에 대해 생각하다가 문득 떠올라 적습니다. 천간합이 화하는 경우는 거의 없다는 말씀과, 지지삼합도 왕지가 월을 잡은 인오술 삼합이 아닐 경우는 화하기 어렵다는 말씀을 생각하다보니 운 해석이 아리송해집니다. 원국의 합과 운에서 오는 합이 차이가 좀 있을 수는 있지만 완전한 합은 어려운 것으로 알고 있습니다.

위의 사주에서 경진년(2000년)이라면 신자진 삼합이 일어나는데,

화하지 못한다면 용신 신금이 신자진 삼합이 되므로 용신기반이라고 보아야 하나요? 그리고 미토가 오면 묘미반합으로 목세(木勢)가 강해진다고 하기보다는 구신인 묘목 둘을 잡아주어 좋은 운으로 봐야 한다는 생각이 드네요. 화하지 않는 합이라면 기반일 수밖에 없을 것이라는 생각이 들어서 여쭙니다.

 도움이 되는 기반으로 봅니다

기반으로 보는 것이 맞습니다. 다만 기반이 되어서도 도움이 되느냐 안 되느냐를 저울질해야 하는데, 이것이 만만치 않습니다. 그런데 기반이 되더라도 약간의 도움이 되는 것으로 해석하고 있습니다. 크게 틀리지 않다고 생각합니다. 그렇게 임상을 하면서 또 새로운 방향이 모색되기를 바랍니다. 현재 내린 결론은 기반이 되어도 도움이 되는 것으로 본다는 정도로 정리하는 것이 좋습니다. 흉하다고는 보지 않는 것이지요. 그런데 기반도 기반 나름입니다. 이 점을 참고하여 살펴보기 바랍니다.

581 고근을 깔고 앉으면 통근율을 80~90%로 봐도 되나요?

時	日	月	年
己	乙	庚	壬
卯	未	戌	子

예전에 임진일 경우 진토가 임수의 편안한 뿌리(80~90%)라고 하셨는데 을미도 임진처럼 고근에 위치한 것들은 편안한 뿌리를 가

지고 있다고 봐도 될까요? 미토 옆에 火가 있는 것도 아니고 술월이긴 하나 묘미반합도 목세(木勢)에 보탬을 준다고 보면 힘이 어지간히 있는 것인데, 연주가 월주에 막혀 있어 약하다고 보았습니다.

 50%의 통근은 되겠습니다

이 정도의 상황이면 50%의 통근은 된다고 할 수 있습니다. 土의 경우에는 감각적으로 느끼는 경우도 많더군요. 여하튼 土에 걸리는 학자는 서서히 완숙한 경지로 접어들 준비를 하는 것으로 봐도 무리가 없을 겁니다. 인성이 필요하다고 봅니다.

582 용신이 안 보입니다

時	日	月	年
庚	乙	壬	壬
辰	亥	子	子

51	41	31	21	11	1
丙	丁	戊	己	庚	辛
午	未	申	酉	戌	亥

인성이 너무 많아 신강합니다. 어찌 보면 종할 것 같기도 하고요. 정격으로 보고 관을 쓰자니 인성만 더 생할 것 같고, 인성을 제하기 위해 土를 쓰자니 물먹은 진토가 인성을 제할 것 같지도 않습니다. 일단 저는 도움이 되든 말든 진토를 용신으로 삼고 火를 기다리는 것으로 결론지었는데 가르침 부탁드립니다. 만약 제가 찍은 게 맞

다면 운에서 土가 오면 저 왕수(旺水)를 제할 수 있을까 하는 의문도 생기고 오히려 분란만 일으킬 것 같습니다. 火운은 水에 제어를 당해 아무런 도움도 안 될 것 같은데 오행이 전부 도움이 안 된다면 이렇게 답답할 수가……. 친구 사무실의 여비서입니다. 미혼이며 영어와 일본어가 능통합니다.

 우선 경금으로 용신을

뭐든지 관심 있는 것을 하면 성공합니다. 명리공부도 꾸준히 발전할 것이므로 염려하지 않아도 됩니다. 이 사주는 우선 시간의 경금으로 용신을 삼아야 하겠네요. 정관격으로 보면 됩니다. 물론 火를 쓰느니만 못하지만 사주의 현실이 아쉽게 되었네요. 참한 아가씨라고 볼 수 있습니다. 누가 데려갈 건지 복이 많네요.

583 조후 용신의 가능성

時	日	月	年
乙	甲	庚	壬
丑	申	戌	子

옛날에는 연주의 水를 용신이라고 생각했는데 요즘 다시 보니 혹시 술토 속의 정화가 용신이 아닐까 하는 생각이 듭니다. 너무 신약하므로 그냥 水를 용신으로 삼아야 할까요?

이런 대목이 만만치 않습니다

너무 고민을 많이 하면 더 헝클어져 보이기도 합니다. 기본적으로 土·金의 세력이 왕하므로 인성을 용하는 것으로 봐도 좋습니다. 조후는 약하지 않을 경우에 고려하는 것으로 생각하기 바랍니다.

584 혹시 인중용재격이 아닌지

時	日	月	年
丙	庚	乙	辛
戌	戌	未	亥

오랫동안 고민하게 만든 사주입니다. 인성이 강하므로 을목을 써야 하지 않을까 생각하다, 해수를 용신으로 하고 신금을 희신으로 했는데 木도 나쁘지 않다고 봐도 되지 않나 하는 생각이 듭니다.

 조후 차원에서 해수를 사용

재성이 성하다면 쓰겠는데 무력해서 고민할 만합니다. 미월의 경금이 병화를 쓰기에 열기가 너무 많기 때문에 식상이 꼭 필요한데, 너무 멀어서 고민입니다. 그래도 조후의 차원에서 해수를 용하고 희신으로 木을 사용하는 것이 좋습니다. 木의 역할은 土에게 눌린 水를 보호하는 일입니다.

585 관성을 쓰나요?

```
時 日 月 年
甲 戊 癸 丁
寅 辰 丑 巳
```

월지·일지 세력을 얻었으나 월지·일지가 습토라서 갈등이 됩니다. 눈감고 누워서도 설거지를 하면서도 조후 용신 불(火)과 관성을 놓고 한참을 생각했는데, 진토가 인목에게 깨지고 축토는 계수의 뿌리이지만 연주가 힘이 되니 아무래도 관을 쓸 것 같다는 생각이 듭니다.

 관성을 용합니다

관성이 청하다고 할 것입니다. 용신으로 등용하고 관성이 직장생활을 의미하므로 이를 통해 사회성을 봅니다.

586 축월의 갑목은 온기가 부족하지 않은가요?

```
時 日 月 年
丙 甲 乙 癸
寅 戌 丑 丑
```

축월이라서 불을 찾아보니 일지와 시주에 있는 온기가 갑목에게는 부족하지 않을 것 같습니다. 온기가 있으니 오히려 인성이 필요하다는 생각도 해보았지만 겨울 불이 설을 해봐야 얼마나 하겠으며, 또 관성은 없고 연지 축토는 계수의 뿌리, 월지 축토는 을목의 뿌리이며, 일지 술토는 시지 인목이 제어한다고 생각되어 火를 용한다고 보았습니다.

 잘 보셨습니다

을축월의 갑술은 약하지 않다고 보는 것이 좋습니다. 물론 계수나 인목의 가세가 있기 때문입니다. 시간의 병화를 용합니다. 아울러 겨울 나무는 물이 많이 필요하지 않다는 것도 고려하면 됩니다.

587 金이 월을 잡긴 했는데 써도 될까요?

時	日	月	年
己	乙	壬	己
卯	卯	申	酉

金이 월을 잡고 또 연주에 막강한 세력을 갖춘 것이 판단을 어렵게 합니다. 金과 임수 사이에서 용신을 찾느라고 방황하다가 설이 없고 임수가 샘이 깊다는 점을 고려하여 관성을 쓰는 것으로 결론을 내렸습니다.

인성을 용하는 것이 좋습니다

묘목이 둘이나 있는데 당당해 보이지 않는 것은 금왕절이고 지지의 여건이 고르지 못한 탓인가 봅니다. 월간의 임수는 기토에게 제어를 당하고 있으니 을목이 은연중에 약해 보여서 인성을 용하는 것이 좋겠다는 생각이 듭니다. 다시 살펴보기 바랍니다.

588 사화를 써도 됩니까?

時	日	月	年
辛	乙	甲	癸
巳	酉	寅	丑

계축년 갑인월 사주는 여태까지 꽤 많이 접한 것 같은데 항상 헷갈립니다. 갑목 너머 축토 위에 있는 계수의 동태가 의심스럽기 때문입니다. 화극금하여 시지 사화가 金의 힘을 줄여줄 것 같아 세력 간의 대립이 팽팽해 보이는데, 그래도 인월이니 월을 잡은 쪽이 유리하다고 보아 약하지 않은 것으로 판단했습니다.

인월 나무는 관을 쓰지 않는다는 원칙에 따라 사화를 살펴보니 기반입니다. 어쨌거나 사화를 써야 할 것으로 생각되는데 맞는지 궁금합니다.

 당연히 사화를 써야지요

사화를 못 쓴다면 寅 중 병화라도 살펴봐야겠네요. 있는 사화이니 당연히 써야지요. 기반운이 흉상이고 그래서 아쉽다고 보면 됩니다. 남방운에서 발한다고 봐야겠네요. 목왕절에 金을 쓰기보다는 기반이라도 火를 쓰는 것이 자연스럽습니다.

589 水 용신, 金 희신으로 보았습니다

```
時 日 月 年
壬 辛 甲 丙
辰 丑 午 午
```

오월(午月)의 신금이 관살 때문에 다소 약해 보입니다. 고전이라면 임수를 쓰겠지만 천간으로는 습토가 좋아 보입니다. 지지로는 金·水가 좋아 보이는데 굳이 희·용신을 구한다면 용신 水, 희신 金으로 생각해 보았습니다.

 土 용신, 水 한신, 金 희신

이미 화왕절에 인성을 얻었으면 그로써 만족이지 또 水를 쓰는 것은 너무 깊이 생각하지 않았나 싶습니다. 일지 축토를 용신으로 하고 水는 한신으로 봐야 할 것입니다. 희신은 金이 되는 것으로 봐도 무리가 없습니다.

590 강약이 급한지 조후가 급한지

時	日	月	年
丙	丁	丙	庚
午	亥	戌	戌

정화가 병술월에 나서 월지도 일지도 얻지 못한 상황입니다. 더구나 시지 오화는 일지 해수와 암합이 나서 도움을 주지도 못합니다. 그래서 병화를 쓰고 木을 기다린다고 보았습니다.

문제는 술토인데 무토당령이라 늦더위 정화도 지난 상황에서 병화의 뿌리가 되기에는 다소 미약하다고 보는데, 막상 그렇게 보니 해수가 술토의 극을 받아 그리 약해 보이지 않기도 합니다. 그래서 조후가 필요한 게 아닌가 고민이 되기도 하고 참 어렵습니다. 가르침 부탁드립니다. 그리고 만약 정화당령이 된다면 약하지 않다고 보아야 하나요?

 정화를 약하지 않게 봅니다

월지에 비중을 두고 보면 그렇지만, 병술월에 해수도 매우 무력한 것으로 봐서 약하지 않은 정화로 봐야 할 모양입니다. 그렇게 되면 火가 많으므로 일지의 해수를 용신으로 하고, 희신은 金으로 합니다.

591   갑목은 土로 화한 것이 아닌가요?

時	日	月	年
辛	丁	甲	己
丑	丑	戌	未

1) 월간의 갑목이 土로 완전히 화할 분위기로 보입니다. 화한다고 봐도 종아생재는 안 되나요? 술토 속의 정화와 미토 속의 을목이 있는데, 어차피 지장간에 든 것이라면 미토 속의 을목 인성을 용신으로 할까요?

2) 갑목 주변의 상황을 보면 갑목이 土로 화할 것 같은데 화하지 않는다고 보나요? 土의 계절인 술월이고 주변에 土 세력이 강하니 갑목은 단순히 기반을 넘어서 木이 아닌 土일 것 같은데, 만일 이런 상황에도 갑목이 土로 화하지 않는다면 갑기합이 土로 되는 경우는 없지 않을까 하는 생각까지 듭니다.

 갑목이 화했다고 무토는 아닙니다

1) 용신은 월간의 갑목이 될 것이고 용신이 기반이 되었으므로 흉한 암시라고 봐야 할 형상입니다. 未 중의 을목은 이미 인연이 없다고 봐야 합니다. 그냥 木을 쓰고 기반이 되었음을 한탄하는 것이 자연의 법칙인가 합니다.

2) 土로 화하거나 말거나 정화는 갑목을 쳐다보고 있다는 것이고, 갑목이 도움이 되지 않으니 정화는 더욱 고달프고 외롭다고 해야 할 모양입니다. 그리고 어찌 보면 그 글자가 그곳에 존재하는

것, 즉 갑목이고 무토가 아니라는 것도 하나의 인과라고 생각하게 됩니다. 화했다고 해서 갑목을 무토로 볼 수는 없다는 점이 중요하고, 그래서 결국 명리학에서의 화(化)는 구체적으로 확인하기가 쉽지 않습니다. 대체로 무시해도 됩니다.

592 선전과는 상관이 없나요?

時	日	月	年
己	壬	乙	庚
酉	子	酉	戌

53	43	33	23	13	3
辛	庚	己	戊	丁	丙
卯	寅	丑	子	亥	戌

1) 유월(酉月) 임수가 신강하여 설하거나 극하는 오행을 찾아보니 너무나 약합니다. 그래도 월간 을목을 써야 하나요?

위의 사람은 어려서 모친을 잃었고 대학은 나왔지만 마땅한 일자리가 없어서 조그만 사업을 하고 있는데 좋지 않은 모양입니다. 그런데 올해(2000년) 들어 정신적으로 좀 이상해져서 정신과에 입원해야 되지 않을까 하고 고민하고 있습니다. 정신적으로 문제가 될 만한 소지가 있는지요?

2) 월·일의 2급 선전에다가 용신기반이나 충이 있을 경우에 정신적으로 문제가 생긴다고 보았습니다. 여기서 2급 선전은 상관이 없나요? 일전에도 정신병 관련 질문에 대한 답변에서 선전을 언급

한 것으로 기억하는데, 혹시 선전에 대한 실험적 가치가 낮아지지는 않았는지 궁금합니다. 확실한 것은 아니니 계속 지켜보자고 해서 드리는 말씀입니다.

 선전은 유효합니다

1) 土는 무력하여 木을 쓰는 형상입니다만 그 木이 경금과 합이 되어 제 기능을 하지 못하고 있다고 봐야 합니다. 더구나 올해 다시 경금이 들어와서 용신은 기능이 마비되었다고 할 수 있습니다.

물론 정신과는 신경에 해당하고, 신경은 木이 담당한다고 보면 가능성이 있지만 절대적이라고 보지는 않습니다. 여기에서는 그렇게 연결이 되겠네요.

2) 선전은 여전히 유효합니다. 염려하지 말고 계속 확인해보기 바랍니다.

593 식신생재격이 되나요?

	時	日	月	年
	丁	乙	癸	辛
	丑	卯	巳	亥

사월(巳月)이고 일지 묘목이 사화를 돕긴 하지만 사해충에다가 계수까지 있어 사화가 그다지 힘있어 보이지 않습니다. 정화 역시 축토 위에 올라앉아 있습니다. 또한 관성은 멀고 무력하여 일간을 해할 수 없으니 약하지 않다고 보고, 정화로 설기하면 될까요?

약하지 않습니다

잘 봤습니다. 약하지 않습니다. 관성이 머니까 고려하지 말고 시간의 식신으로 방향을 잡으면 됩니다.

594 인성을 써야 하나요?

時	日	月	年
丙	己	丁	甲
寅	未	卯	寅

관성이 태강하고 일지 미토는 묘미합을 이루고 있습니다. 그래서 약할 것이 뻔하다고 생각하면서도 일간이 관을 직접 보지 않고 있고, 양옆에 인성이 버티고 있으므로 혹시나 하는 마음에 질문 올립니다.

 신약합니다

비록 앉아 있을 적에는 편안하겠지만 자리에서 일어나기만 하면 억압을 받을 것이므로 신약하다고 봐야 합니다. 인성이 필요하다고 보입니다.

595 경진년에 직장을 옮기는 것이 바람직한가요?

```
時 日 月 年
乙 戊 己 壬
卯 申 酉 子

22 12  2
丙 丁 戊
午 未 申
```

현재 오대운입니다. 신약하지만 종은 안 되고 土·火를 쓸 것 같습니다. 올해는 경진년(2000년)이니 신자진 삼합이 성립되는데, 이 사주에서 재성은 기신이라 좋은 일을 기대하기 어렵다는 생각을 했습니다.

올해 세 군데 취직시험을 봐서 다 합격했다며 지금 다니는 직장을 그만두고 옮길 생각이라고 해서 옮기지 않는 편이 좋겠다고 이야기해주었는데 제대로 판단한 것인지 의심스럽습니다. 운이 나쁘니 그냥 있는 것이 좋을 것 같다고 생각했습니다. 그리고 작년(1999년)에는 보는 시험마다 낙방을 했는데 올해는 계속 합격했다고 하니 이것은 어떻게 해석해야 하는지요? 재성이 기신이니 시험에 낙방을 해야 정상일 것이라는 생각이 듭니다.

 이직은 운이 좋을 때 가능합니다

직장을 옮기는 것은 상향을 기대하는 것이라고 한다면 운이 좋을 때 가능하다고 보아 잘 판단했다고 보입니다. 올해 시험에 붙었다고 해도 갈등이 수반된다면 또한 피곤하다고 해야겠지요. 시험에 붙어서 좋아졌다고 한다면 물론 운에 비해 결과가 좋았다고 할 수 있습니다. 그러나 시험에 합격했다고 해도 결과적으로 좋은 것이 없고 오히려 어느 곳으로 가야 할지를 고민한다면 더욱 심란한 일이 될 수도 있다는 생각도 듭니다. 그래서 시험도 시험 나름이라고 생각합니다.

596 결혼운은 어떤가요?

時	日	月	年
壬	癸	癸	癸
子	卯	丑	丑

50	40	30	20	10
戊	丁	丙	乙	甲
午	巳	辰	卯	寅

계축월 계수가 비겁이 태왕하고 계수당령하여 대단히 신강한, 즉 양목이 있어야 할 것 같은 구조인데 아쉽습니다. 다행히 운이 좋은 木·火 방향으로는 흐르고 있습니다.

부잣집 외동딸이라고 하는데 관성이 미약하여 결혼운은 그렇게 좋아 보이지 않습니다. 결혼은 30대 중반이 되어야 이루어질지 궁금합니다.

관성운에 결혼이 쉽지요

관성의 운이 와야 결혼이 쉽습니다. 그리고 식신을 쓰는 사주에서 관성이 제어를 받는 형상이라면 남편에게 비중이 있는 사주는 아닙니다. 남편은 형식적이라고 봐도 됩니다.

597 종했다고 봐야 하나요?

```
  時 日 月 年
  己 辛 己 丁
  丑 巳 酉 巳

  46 36 26 16  6
  甲 癸 壬 辛 庚
  寅 丑 子 亥 戌
```

유월(酉月) 신금이 신강한데 정격으로 봐야 할지 종격으로 봐야 할지 고민입니다. 살아온 과정을 알 수 없어서 대입해보기 어려운데 현재 유학 중이라는 말만 전해 들었습니다. 연간의 정화가 마음에 걸립니다.

 질문 잘 하셨습니다

연구 잘하고 계시는군요. 이렇게 궁리하다가 아리송한 것이 있으면 물어야 합니다.

이 사주도 정격입니다. 연간의 정화가 무력하지만 용신으로 역할을 하는 형상이고, 재운이 좋다고 할 수 있습니다.

598 강약이 어렵습니다

時	日	月	年
己	丙	庚	丁
亥	寅	戌	巳

술월이긴 하지만 병인 일주로 연주에 정사가 버티고 있으며, 경금이 정화의 극을 받고 술토는 인목의 견제를 받는 데다가 水기운이 강한 것도 아니어서 약하지 않다고 보이는데, 자신이 없는지라 가르침을 기다립니다.

기토 상관을 용하고 金을 희신으로 보았는데 막상 운에서 土·金이 온다고 보니 약해 보이기도 합니다.

 설하는 방향으로 잡아야 합니다

흐름을 타는 것이 좋습니다. 임진시라면 편관을 쓰겠지만 상관이 시간에 있어서 그대로 설하는 방향으로 잡아야 할 것입니다. 이미 원국에서 약하지 않다고 결정이 났으면 운에서 오는 것으로 염려할 필요는 없습니다.

599 여명(女命)이 너무 습한지

```
        時 日 月 年
        甲 甲 乙 庚
        子 寅 酉 子

   己 庚 辛 壬 癸 甲
   卯 辰 巳 午 未 申
```

다방 영업을 하고 결혼은 한 번 실패(관성이 비겁과 동주하고 있음)했으며, 오대운에 유산하고 아직 아이가 없습니다. 현재 기사대운 말미나 경진대운 초반이고(대운을 몰라 죄송합니다), 격국 정관격에 편관 투간되나 子·午·卯·酉는 투출을 개의치 않으므로 정관격으로 봅니다. 신왕에 관성격 여성은 관성을 제일로 하고 다음이 식상, 용신 순서라지만 너무 사주가 습하고 火가 없으므로 생활에 어려움이 많지 않나 생각합니다. 용신은 신왕에 관성격이므로 관으로 해야 되는지, 아니면 조후로 火로 해야 하는지 정말 헷갈립니다. 또한 앞날은 어떠한지 궁금합니다.

 식상이 암장되어 관성을 씁니다

용신은 정관을 써야 합니다. 식상이 좋아 보이지만 암장되어 있어서 관성이 용신 역할을 하는 것으로 보입니다. 자식은 있을 것이고, 금년(2002년)의 세운은 너무 좋다고 할 수 있는데 대운이 몇 대운인지 표시가 없어 어디에 해당하는지 모르겠습니다.

600 저울질이 어렵습니다

```
時 日 月 年
癸 辛 戊 癸
巳 丑 午 丑
```

오월(午月)의 신금이 인성도 만만치 않아 어렵습니다. 이야기를 들어봐도 별 굴곡이 없는 사주인 것 같습니다. 올해(2000년) 4월에 직장을 그만두고 2년만에 쉬고 있습니다. 20년 동안 金의 대운으로만 흘러 앞으로 다가올 임수대운이 궁금합니다.

 임수운은 길합니다

식신격으로 보면 됩니다. 임수운은 길한 것으로 보이며, 원국에 무토가 있어서 부담이 되지만 계수가 무토와 합하여 흉이 사라지고 재미있는 진행이 예상됩니다.

601 앞날이 걱정됩니다

```
時 日 月 年
癸 癸 辛 己
亥 卯 未 酉
```

```
54  44  34  24  14   4
乙  丙  丁  戊  己  庚
丑  寅  卯  辰  巳  午
```

제가 아는 남자의 사주입니다. 이 분은 계수로 한여름에 태어났으며 편관격에 신약으로 보입니다. 또한 물은 흘러야 하는데 흐르지 못해 월지의 신금을 용신으로 하며, 金·水운은 대길하고 木·火·土운은 불길하며 土 중 습토는 조금 낫다고 감히 생각합니다. 이 분은 정에 약해 보증으로 부도 직전입니다. 우유회사에 근무하며 사주는 土·金·水·木으로 상생이 되려다 말았고, 대운은 계속 뜨거운 운으로 치달으니 앞날이 걱정됩니다.

 운세가 염려됩니다

2001년 신사년이 가기 전에 빨리 정리하고 안정된 길을 찾아야 합니다.

602 성격은 불 같은데 사주는 신약할 수 있나요?

```
時  日  月  年
甲  己  辛  辛
戌  酉  卯  丑
```

```
64 54 44 34 24 14  4
甲  乙  丙  丁  戊  己  庚
申  酉  戌  亥  子  丑  寅
```

설기와 재가 심한 신약한 사주로 용신은 시지 戌 속의 丁으로 보아도 되나요? 아니면 연지의 축토로 잡아야 하나요? 火·土운이 좋은 것 같은데 대운이 받쳐주질 않는 것 같습니다. 실제 성격은 다혈질에 불 같은데 사주는 신약하니 이해가 되지 않습니다. 식상이 강해서 다혈질인가요? 성격 판단은 일간을 중심으로 좌우 일지로 보나요? 그렇다면 일지가 상관이라 다혈질인가요?

 상관은 다혈질과 관계가 없다고 봅니다

신약하니 술토 속의 정화를 용신으로 잡아야 합니다. 다혈질에는 유전적인 요소도 포함됩니다. 부모님에게 그러한 면이 있는지 확인해보면 참고가 될 것 입니다. 상관은 다혈질이라고 하기 어렵습니다. 주변의 상황에 따라 변화가 생기는 것으로 보면 좋을 것입니다.

603 용신을 火로 잡아도 되나요?

```
時  日  月  年
庚  庚  辛  乙
辰  辰  巳  巳
```

```
64 54 44 34 24 14  4
戊 丁 丙 乙 甲 癸 壬
子 亥 戌 酉 申 未 午
```

신강한 사주로 월지의 火가 용신인 것 같습니다. 대운은 천간에서는 운을 돕는 운으로 흐르고, 지지는 기·구신으로 흐르는데 어떻게 판단해야 하나요? 대운은 간지를 5년씩 잡는다고 본 것 같은데 대운에서 용신을 돕는다면 괜찮다고 보아야 하나요?

오행의 강약과 용신을 파악한 후에는 사주에 어떠한 방법으로 적용해야 하는지 궁금합니다. 용신을 잡으면 다 된 줄 알았는데 지금부터가 문제인 것 같습니다.

 대운은 5년 대입이 원칙

이제 감을 잡으신 듯합니다. 용신을 찾는 것은 시작이라고 할 수 있습니다. 대운은 5년을 대입하는 것이 원칙입니다. 흐름으로만 봐서는 천간의 대운은 좋고 지지의 대운은 부담이 된다고 할 수 있습니다. 주의 깊게 관찰하면 운의 해석도 그리 어렵지 않습니다.

604 종할 수 있나요?

```
時 日 月 年
戊 己 己 戊
辰 丑 未 午
```

종할 수 있을까요? 어쩌면 축토 속의 신금으로 흘러가지 않을까 하는 생각도 드는데 워낙 土 일색이라서요.

 金 용신입니다

기축 일주가 土로 종할 필요는 없습니다. 또 종을 하면 다음으로 뭘 생각하겠어요? 이미 土의 기운이 왕하므로 金을 찾게 될 것입니다. 자연히 金이 용신입니다. 그럴 경우에는 종과 상관없이 金이 용신이 됩니다.

605 계축은 계해로 봐도 됩니까?

時	日	月	年
丙	癸	庚	丙
辰	丑	子	午

축토의 모습 때문에 첫번에 포기했다가 다시 꺼내 보는 사주입니다. 겨울이니 불은 두렵지 않고, 土는 힘을 얻기는 하겠는데 습토입니다. 일지 축토를 물그릇으로 본다면 일간은 약하지 않을 것 같은데, 과연 얼마나 온전한 물그릇으로 보아야 할지 고민이 됩니다. 갑진을 갑인과 유사하게 보듯 계축도 계해처럼 봐도 될까요? 그렇게 본다면 약하지 않은 형상입니다.

그래도 또 용신이 고민됩니다. 재성을 쓰자니 재성을 쓸 특별한 이유도 안 보이고 관성을 쓰자니 별로 탐탁지 않네요. 그래도 관성을 부여잡고 살아야 할까요?

 그렇습니다

대략 이러한 상황이라면 유사하다고 봐도 됩니다. 다만 축토 옆에 사·오화가 있거나 木이 있다면 또 다른 경우가 된다는 것만 잊지 않으면 됩니다.

용신은 재성이 좋아 보이니 재성으로 하고 식상을 희신으로 보는 것이 좋습니다. 관성은 한신의 형상입니다.

606 재극인하면 어떤 나쁜 암시가 있습니까?

時	日	月	年
丙	丙	甲	乙
申	辰	申	卯

월간 갑목에서 일간으로 진토로 다시 양쪽 신금으로 흐르고 있긴 하지만 월지의 신금은 발원지인 木을 치받고 있고, 시지 신금은 시간의 병화가 누르고 있습니다. 이런 형상은 나쁜 암시가 될까요? 언뜻 보아 인성에서 재성까지 연결되어 있어 좋다고 생각했는데 곰곰 생각해보니 월지에서는 재성이 인성을 마주하는 형태이고, 시지의 재성은 천간의 병화 때문에 작용을 못할 것 같아서 격이 한참 떨어지는 사주라는 생각이 듭니다. 재성이 인성을 극하면 어떤 암시라고 생각할 수 있습니까?

흉하지 않습니다

이 경우에는 인성이 왕해서 극하는 형상이므로 흉하지 않다고 봅니다. 용신을 식신으로 보는 것은 병화가 약하지 않다고 보기 때문입니다. 재성은 결실이므로 영감이 아닌 현실적인 결과를 택할 것입니다. 다만 심리적으로는 인성이 먼저이니 수용성이 좋습니다. 재성이 있어서 사주에 결실이 보입니다.

607 신월 갑목 일주

時	日	月	年
壬	甲	壬	甲
申	辰	申	辰

65	55	45	35	25	15	5
乙	丙	丁	戊	己	庚	辛
丑	寅	卯	辰	巳	午	未

신월 갑목 일주라고 하지만 양 임수가 투출하고 진토에 뿌리내린 갑목이 강하게 보여 신금을 용하려 하나 임수가 있어 불가하게 보입니다. 그리고 사주에 습기가 많아 진토를 용하고 火를 기다린다고 보여집니다. 이런 경우는 몇 급 정도 되나요?

대략 6~7급 정도

잘 보셨습니다. 金을 쓰고, 임수가 있는 것은 유감이라고 봐서 土가 제어하는 희신이 됩니다. 다만, 여기에서 土를 쓰는 방법은 생각하기 어렵습니다. 그리고 급수는 대략 6~7급 되는 것으로 보면 됩니다.

608 진토 속의 계수를 써야 합니까?

時	日	月	年
甲	甲	庚	甲
戌	辰	午	寅

일지 진토가 진술충으로 흔들리고, 연주는 월주에 막혀 있으며 여름 나무이니 약할 것으로 생각됩니다. 진토 속의 계수에 의지해야 하는지요? 그리고 계수에 의지한다면 처궁은 좋다고 해야 할까요?

 계수를 씁니다

달리 방법이 없다고 보여집니다. 처궁이 좋은 것은 사실이지만 충되어 손상을 받으니 기대보다는 좀 미흡합니다. 진토 역시 오월(午月)에게 힘을 받으니 계수는 더욱 약해지는군요.

609 용신 기반인가요?

```
時 日 月 年
己 丙 甲 壬
丑 申 辰 寅
```

진월 병화 식상이 많아 약해 보이므로 월간의 갑목이 용신, 水 희신으로 보이며 흐름은 있어 보입니다. 갑목 용신이 튼튼하게 보이나 시간의 기토와 합이 되어 용신 역할을 제대로 하지 못할 것으로 보입니다. 이런 경우 등급은 몇 급 정도가 될지 궁금합니다.

 흐름이라고 봐야겠네요

용신이 기반이 되는 경우는 바짝 붙어 있는 경우라고 보면 됩니다. 이러한 경우는 흐름이라고 봐야 합니다. 용신 역할을 잘 할 것으로 봐도 좋습니다. 급수는 용신이 옆에 붙어 있고 월령을 잡았으니 5급 정도로 볼 수 있습니다.

610 남편 부도 당함

```
時 日 月 年
庚 丙 庚 甲
寅 午 午 寅
```

```
60 50 40 30 20 10
甲 乙 丙 丁 戊 己
子 丑 寅 卯 辰 巳
```

병화가 오월(午月)생에 寅이 두 개로, 신왕에 비겁과다 사주입니다. 종강격으로 봐야 할지 신왕 사주로 봐야 할지 모르겠습니다. 그러나 신왕 종강을 떠나 여명에 너무 사주가 건조하고 불바다라 파란은 많을 것으로 보고 있습니다.

현재 한 살 된 여아가 있고 남편이 보증을 잘못 서서 부도가 났습니다. 사주에 습토나 물이 한 방울이라도 있으면 좋으련만 그렇지도 못하니 안타깝기만 합니다. 이러한 사주의 운에 대한 용신은 남자일 때와 여자일 때가 다른지요? 이 분은 군비쟁재가 되지 않았는지 남편과 이혼을 심각하게 고려중입니다. 만약 이런 분이 저에게 물어본다면 뭐라고 말씀드려야 할까요? 자녀 때문에 망설이는 중이고, 현재 미용을 배워서 가게를 할까 생각중입니다. 언제부터 운이 열리는지, 또 이 사주의 용신을 무엇으로 해야 될까요?

 남편과 인연이 없습니다

결혼은 별로 기대되지 않습니다. 우선 이 사주의 경우에는 군겁쟁재의 현상과 함께 용신이 무력하기까지 하여 습토의 운이 아니고서는 기대하기 어렵다고 말할 수 있으며, 미용실을 운영하는 것은 좋다고 할 수 있습니다. 다만 일생 운이 없다고 봐서 곤궁하게 살아가야 할 암시로 모처럼 만난 남편이 기어이 일을 저지르는 모양입니다.

여하튼 뭐라고 설명을 해줘야 할지에 대해서도 고민해야 되겠지만 낭월이 생각하기로는 가게를 운영하고 이혼은 말리지 않는 것이 좋다고 말씀드리겠습니다. 올해(2000년)는 자신의 일을 시작할 기회이기도 한데 당분간은 종업원 일을 할 것 같습니다. 중요한 것은 남편의 덕이 없을 경우에는 혼자 자신의 길을 가는 것이 오히려 편하다는 말씀도 필요하지 않을까 싶습니다. 참고하시기 바랍니다.

물론 용신은 金에 있고, 신왕하여 식상을 찾다가 없어서 임시로 金을 의지하는 것으로 보면 됩니다.

611 결혼운은 어떤가요?

時	日	月	年
乙	壬	丁	甲
巳	戌	卯	寅

55	45	35	25	15	5
癸	壬	辛	庚	己	戊
酉	申	未	午	巳	辰

묘월 임수가 식상과 재가 많아 신약하여 金·水로 가는 구조로 보았습니다. 어려서부터 부모와 별거생활을 많이 했고 요즘은 자기생활을 찾아보려고 노력하는 것 같은데, 주위에 여자들이 많이 접근하는 모양입니다. 재성이 기신이긴 하지만 25세 이후의 운이 전보다 나아지리라고 생각하는데 결혼문제는 어떤가요?

행복한 결혼생활이 되겠습니다

  염려하시는 대로 재성이 기신이라면 아무래도 여자는 부담이 되는 구조입니다. 그러니까 주변에서 접근하는 여자는 대체로 도움이 되지 않는다고 봐야겠지요. 올해 경진년(2000년)은 좋다고 할 수 있는데, 여자의 인연이 쉽게 이뤄지지 않을 가능성이 있습니다. 오히려 안정이 되는 방향으로 되겠고 결혼운은 아마도 2001년 신사년이 더 낫다고 보는데, 반드시 여자의 일간이 金이기를 희망해야겠습니다. 그리고 앞으로의 운이 좋아서 행복한 결혼생활이 될 것으로 봅니다. 다만 정임합으로 재성이 부담이므로 일생 여자에 대해 주의해야 한다는 말씀을 드립니다. 괜히 재수 없으면 성추행범으로 몰릴 수도 있거든요.

612 식상이 없습니다

時	日	月	年
乙	戊	戊	乙
卯	午	寅	巳

  인월의 무토가 약하지 않다고 생각합니다. 식신생재로 가려니 식상이라고는 사화 속의 경금 하나이며 金·水가 멀어서 어려울 것 같습니다. 어쩔 수 없이 木을 용하고 水를 희신으로 잡는다면 지지로 들어오는 木은 오히려 기신의 역할을 할 것 같습니다. 멀어도 金을 쓸 수 있는지요? 그리고 木·水로 잡을 때 급수는 어떻게 되는지 궁

금합니다.

 木을 용신으로 하고 水를 찾아야 합니다

답답하지만 木을 용신으로 하고 水를 찾아야 합니다.

사화 속의 金을 찾고 싶은 마음이 이해가 되네요. 과연 그렇게 하고 싶은 생각이 듭니다. 목생화 화생토 하는데 더 갈 곳이 없군요. 답답한 구조입니다. 金운이 반갑다고 할 수 있으며, 木은 분명히 용신이 아니라고 할 것입니다. 그럼에도 불구하고 달리 답을 찾을 수 없다는 것이 참 답답합니다. 결국은 木을 용신으로 하고 水를 찾는 수밖에 없다는 생각을 합니다. 때로는 답답해도 할 수 없는 경우도 있습니다. 그게 인생일 것입니다.

613 관을 쓸 수 있을까요?

時	日	月	年
丙	癸	丁	辛
辰	未	酉	酉

인성이 막강하지만 앉은자리가 건토 관성이고, 월간의 재성이 인성을 앞에 두고 있는 것이 걸립니다. 이리저리 재다가 내린 결론은, 土가 金을 마주하고 있으니 기운이 金으로 몰릴 것이고(미토라서 기의 소통은 잘 안 되겠지만), 계수의 입장에서 아군은 비겁이 아닌 인성으로만 구성되어 있으며, 정화가 유월(酉月)이라 두려워할 바가 아니므로 앉은자리가 부담스럽지만 극을 할 수 있다는 것입니다.

그런데 인성과 일간의 연결 통로가 없어서 걱정됩니다.

 고민한 만큼 결과가 안 보입니다

고민한 흔적이 많이 보이지만 결과는 신통치 못하다고 생각해봅니다. 인성이 연·월을 장악하고 있으니 기인취재격으로 관찰해볼 만하지 않느냐는 의견을 드리고 싶습니다. 물론 관살은 인성이 많은 상황에서 별 의미가 없습니다. 월간의 정화를 자꾸만 주시하고 있습니다.

614 일지 묘목을 쓸까요?

時	日	月	年
戊	乙	己	癸
寅	卯	未	丑

극·설이 없고 재성만 있습니다. 그리고 재성을 견제할 수 있는 비겁이 있는데 이 비겁의 힘을 가늠하려니 미월이라는 것이 눈에 들어옵니다. 아직은 더운 계절이니 木의 세력이 강하다고 하긴 어려울 것 같아 약하다고 생각합니다. 약하게 본다면 인성과 비겁 중 어느 것이 우선할지 생각해봐야 되는데, 인성이 멀고 재성에 막혀 있으니 도움이 되기 어려울 것 같으므로 일지 묘목을 쓰지 않을까 생각합니다.

용신으로 식상을 찾습니다

 이 상황으로는 약하다고 하기 어렵다는 생각이 듭니다. 土가 火의 도움을 받지 못하고 있는 상황에서 卯·未의 합과 인목의 협력이 상당하니 오히려 손상을 받는 것은 土가 되지 않을까 싶습니다. 그래서 용신으로 식상을 찾아야 할 형상이 아닌가 싶습니다. 또 궁리해보기를 바랍니다. 물론 신약이라면 재성이 병이라고 봐서 비겁을 의지합니다.

615 다 깨지고나니 강약이 어렵습니다

時	日	月	年
乙	己	丙	壬
亥	巳	午	子

 월지·일지 다 얻어서 물이 아주 필요한 사주라고 보고 넘어가려는데, 자오충·사해충으로 월·일지가 다 깨졌고 월간의 병화마저 임수에게 깨졌습니다. 그러고 보니 남는 게 하나도 없네요. 졸지에 천당과 지옥을 오가는 느낌인데 이런 경우 깨진 인성 병화를 용신으로 하고 土를 희신으로 잡아야 하나요? 아니면 워낙 더운 계절이라 물이 제대로의 역할을 해주고 있는 건지요? 火가 木을 보지 않아서 물에 깨졌다고 생각하는 게 맞지 않나 생각합니다. 만약 갑술시라면 水를 용신으로 삼아도 되나요?

신약하다는 결론입니다

그래서 연구를 계속 하면 처음의 느낌과 결과를 판단하는 데 있어 차이가 나는 경우도 많습니다. 이러한 사주에서처럼 보신 대로 느끼는 것이라고 생각합니다. 인성은 재성을 보면 무력해집니다. 생각보다 의지가 약합니다. 그렇다고 비겁이 보호하는 것이 아닙니다. 아무런 도움이 없는 상황에서 임자와 을해는 극하는 작용으로 남게 되니 신약한 것으로 결론을 내립니다.

616 지지 木운을 어떻게 볼까요?

時	日	月	年
辛	己	丁	壬
未	未	未	子

기토가 신강하여 金을 용신으로 하고 水를 희신으로 했습니다. 水를 용할 수도 있다는 생각이 있기는 하나 미월이라 극 받고 합된 水보다는 힘이 좋은 金이 좋아 보여 식신격으로 하고 金·水로 보았습니다. 다만 한신인 木의 동태를 볼 때 지지 木운은 나쁘지 않고 도움이 된다고 판단했는데 어찌 보아야 할까요? 그리고 水가 희신이기는 하지만 지지로 오는 水는 지지의 미토가 너무 강해서 좋다고 하기에는 힘들다고 보았습니다. 즉 지지로는 金이 가장 좋다고 보았습니다.

생각하신 대로입니다

지지의 木운은 무난한 것으로 봐도 됩니다. 워낙 土가 왕해서 木으로 제어한다고 문제가 발생하지는 않습니다.

617 가르쳐주세요

```
    時 日 月 年
    癸 癸 丁 丁
    丑 亥 未 丑

丙 乙 甲 癸 壬 辛 庚 己 戊
辰 卯 寅 丑 子 亥 戌 酉 申
```

신왕인지 신약인지 애매합니다. 강약을 알아야 용신을 잡을 텐데 제 실력으로는 영 헷갈립니다.

 어렵더라도 스스로 판단해보기 바랍니다

용신이 보이지 않더라도 스스로 판단을 내리고 질문하는 것이 중요합니다. 그렇게 하면 낭월의 의견을 참고하더라도 더 효과적이라고 봅니다.

이 사주는 미월에 한여름이기 때문에 다소 약한 상황으로 봐야 합니다. 참고하시고 또 연구해보기 바랍니다.

618 어디로 들어오든 金운은 불리하지 않을까요?

```
時 日 月 年
丙 甲 丙 丁
子 午 午 巳
```

1) 종아격으로 보이지만 자수가 있어서 종을 할 수 있을지 궁금합니다. 아울러 土운과 金운은 어떨지 궁금하고, 사실 火·木·水운도 궁금합니다. 올해가 경진년(2000년)으로 취업도 하고 괜찮아 보이는데 이유가 궁금합니다.

2) 사주에 火가 워낙 치성해서 金운은 천간이나 지지 어디로 들어와도 도움이 못 될 것 같다는 생각입니다. 쟁재 때문입니다. 오로지 水운만이 도움이 되지 않을까요? 사주가 한쪽으로 치우쳐서 불리하다는 생각이 듭니다.

 지지로 오는 金운은 도움이 됩니다

1) 자수가 있으니 종아격은 성립하지 않을 것으로 보입니다. 올해 경진년의 상황은 경진으로 자수가 생기를 받아서 도움이 되었다고 해석할 수 있습니다. 즉 金이 희신으로 작용하는 것이지요. 木·火의 운은 흉하다고 할 수 있고 습토운은 무난하지만 조토는 불리합니다. 그리고 金운은 지지로 오면 도움이 되는데, 천간으로 오는 경우에는 반드시 좋다고는 못하겠습니다. 참고하시기 바랍니다.

2) 천간으로 오는 金운이야 말씀대로 아무런 도움이 되지 않겠지만, 지지의 金운은 기대해도 될 정도입니다. 자수가 보호할 것이라

고 기대하는 것입니다. 자기 먹을 밥을 빼앗아간다면 그냥 두지는 않겠지요.

Q619 오화가 들어오면 쟁재로 흉운이 되는 건 아닌가요?

```
   時  日  月  年
   戊  辛  癸  戊
   戌  亥  亥  子

   45  35  25  15  5
   戊  己  庚  辛  壬
   午  未  申  酉  戌
```

1) "운의 흐름을 볼 때, 오화대운의 작용으로 나름대로 잘 살고 있을 것으로 생각이 된다. 왜냐하면 午·戌의 합으로 인성이 더욱 강화되기 때문이다. 만약에 무술시가 아니고 무진시가 되었다면 상당히 애로가 있을 것으로 봐야 할 것이다. 원국의 강력한 水의 세력들이 오화를 거부할 것이 분명한 까닭이다"라는 설명이 있는데, 이해가 되지 않아 질문드립니다. 오술합이 되면 인성이 강화된다고 보아야 합니까? 상황이 온전한 합은 어렵지만, 합이 된다면 관으로 보아야 하는 것 아닌가요?

2) 오화가 들어오면 水들이 쟁재를 할 텐데 흉운이 되지 않을까요?

3) 무진시라면 水가 오화를 거부할 것이라고 하셨는데, 오술합이 있기 때문에 水들이 수수방관한다는 이야기인가요? 그럼 운이 합을

하고 들어오면 쟁재 걱정은 안 해도 되는 건가요?

 쟁재가 염려되기도 합니다

1) 午·戌이 화국(火局)으로 되지 않으므로 인성이 강화되는 정도로 보면 무리가 없습니다.

2) 술토가 없었다면 당연히 그렇게 되겠지만 술토의 작용이 도움이 되는 것으로 봐도 되겠습니다. 그러나 생각하기에 따라서는 쟁재를 염려할 수도 있습니다.

3) 술토의 위력이 상당해서 내려본 결론입니다. 수수방관까지는 몰라도 상당히 조심해야 하는 것은 사실입니다. 술토라면 운이 합을 하고 들어와 인성을 도와준다고 봐서 도움이 된다고 하겠지만, 진토는 전혀 그렇지 못하고 상황에 따라서 쟁재 걱정도 해야 합니다. 그러나 이 경우는 술토가 쟁재를 방지하며, 또한 水의 작용으로 인해서 화국(火局)으로 보지 않는다는 점도 고려해보기 바랍니다.

620 강약에 대해

時	日	月	年
庚	丙	壬	丙
子	午	辰	午

약하게 봤는데 저보다 고수께서 초신강이라고 표현하며 강약을 논할 사주가 아니라고 하는 데 기가 죽어서요. 진월 다음에 올 기운이 火라 강할 것 같기도 하지만, 진토는 임수의 뿌리가 되고 경금을

이고 있는 자수가 오화를 충하고 있어서 약하게 보고 비겁을 용하는 상황이 아닌가 하는 생각이 듭니다.

A 신약으로 봐야 합니다

임진월이 강해서 연주는 별로 도움이 되지 않는 형상으로 보입니다. 잘 보신 것으로 생각됩니다. 사주에 고수는 없고, 다만 중요한 것은 확인뿐이라고 생각하면 됩니다. 木이 전혀 없는 상황에서의 병화는 생각보다 강하지 않고, 특히 자오충이라면 아마도 신약으로 봐야 할 모양입니다. 용기를 냅시다.

621 용신을 무엇으로 해야 할까요?

①							
時	日	月	年				
丙	癸	乙	戊				
辰	巳	丑	戌				
67	57	47	37	27	17	7	
壬	辛	庚	己	戊	丁	丙	
申	未	午	巳	辰	卯	寅	

②							
時	日	月	年				
壬	癸	辛	辛				
戌	丑	卯	丑				
65	55	45	35	25	15	5	
戊	丁	丙	乙	甲	癸	壬	
戌	酉	申	未	午	巳	辰	

①의 제 사주를 볼 때 계수가 축월에 태어났으니 모든 것은 차치하고 조후 용신이 사화가 되는 것이 분명하며, 사화가 재성이고 용신 또는 희신이면서 낭월 스님의 저서대로 처궁에 들어 도움이 되는가 봅니다.

어디에든 걸어서 맞춰보려 해도 잘 되지 않아 제 사주도 못 보는 제 자신이 미워지기도 합니다. 복잡한 사주 임상과 더불어 용신을 찾아주기를 희원합니다.

 원리적인 관점에서 접근하는 것이 좋습니다

앞의 명식에서는 인성이 필요한 구조라고 생각됩니다. 아울러 참고로 드릴 말씀은 공부하실 때는 늘 원리적인 관점에서 접근하는 것이 좋다는 것입니다. 질문을 하면서 누구는 이렇게 말하고 누구는 저렇게 말한다고 하는 것은 질문으로서 문제가 있다고 생각합니다.

②의 부인의 명식은 간단하지가 않은데 전반적인 구조로 봐서는 역시 인성이 필요한 상황이 아닌가 싶습니다. 즉 火가 용신이 아니라 金이 용신이라는 이야기입니다. 이러한 것을 바탕으로 임상해 보고 이해되지 않는 점이 있을 때 질문하면 발전에 도움이 될 것입니다.

참고로, 이 공부를 하실 때는 일생동안 할 작정으로 시작하지 않으면 재미가 없을 수도 있습니다. 서두르지 말고 천천히 하는 것이 좋은데, 식상과 재는 가깝고 관살이나 인성이 멀다 보니까 너무 결과에 집착을 하는 것으로 생각이 듭니다. 서두르지 않아야 공부가 된다는 말씀을 드리는 것으로 답변을 줄입니다. 답답한 심정이야 충분히 이해되지만 여기는 공부하는 곳이지 상담하는 곳이 아니라는 점을 참고하고 연구하기 바랍니다.

622 이 정도면 외격이 될까요?

```
時 日 月 年
癸 癸 癸 壬
丑 亥 丑 子
```

외격이 될 수도 있겠다는 생각이 들고, 외격이라면 축토 남편은 희·기 중 어느 쪽일지 잘 모르겠습니다. 土는 기신이지만 습토라서 별 문제가 없을 것 같기도 한데 좋은 가르침 기다리겠습니다.

재운이 와도 별 도움이 못 됩니다

비겁이 왕하고 식상이 있으면 식상이 용신인 경우에 해당한다고 봐야 합니다. 재성이 없어서 유감이지만 재운이 와도 별 도움이 되지 못한다고 보는 것은 사주에 비겁이 쟁탈전을 벌이기 때문이 아닐까 싶습니다. 남편은 한신인데 도움이 없다고 보며, 만약 외격으로 水가 용신일 경우에는 남편이 기신으로 흉합니다.

623 스님의 고견이 필요합니다

```
時 日 月 年
乙 壬 丁 庚
巳 子 亥 戌
```

해월이고 일지를 얻은 점, 정화가 임수에게 마음이 가 있어서 극하러 오지 않는 점 때문에 강으로 보고 용·희신을 木·火로 보았는데, 해수는 술토에 막히고 경금이 도움이 안 될 것 같아 약하게도 보입니다.

 상관생재격입니다

저울질이 만만치 않지만 사화는 무력하고 술토는 경금의 뿌리라고 본다면 약하지 않다고 봐도 되겠습니다. 상관을 용하고 희신으로 재성을 두면 됩니다.

624 천간의 신금은 나쁘지 않은 운인가요?

時	日	月	年
甲	己	丙	丙
子	巳	申	午

천간으로 신금이 들어오면 두 병화가 쟁합을 하는데, 쟁합은 바람직한 현상이 아니지만 구신 둘을 잡아주니 나쁘지 않은 것으로 보아야 하나요?

 약간이라도 도움이 된다고 봅니다

정도의 문제이지만 기본적으로 들어오지 않는 것보다 나쁘지 않다고 할 수 있습니다. 적어도 갑목이라도 쳐주고 병화라도 잡아주면 원국의 金이 약간이라도 도움을 받을 가능성이 많다고 봐야 할 것입니다.

625 지지가 土 일색이라 용신을 못 잡겠습니다

	時	日	月	年
	丙	癸	乙	戊
	辰	巳	丑	戌

68	58	48	38	28	18	8
壬	申	庚	己	戊	丁	丙
申	未	午	巳	辰	卯	寅

    자신의 사주를 연구한 초심자로서 참으로 복잡합니다. 그냥 보기에는 무척이나 신약 사주 같은데 사축(巳丑) 반금국을 이루고, 시지의 辰도 일간의 癸를 해하지 않을 것 같습니다. 그리고 월지의 丑도 일간 癸로 볼 때 득령의 의미로 보이고 계수가 축월이라서 동토(凍土)입니다. 선약에 후강 사주로 보고 용신이 木·火(火는 조후 개념도 있음)가 되지 않을까 생각합니다.

    20세부터 36세까지 군 장교 생활을 하다 소령으로 전역했고, 1994년부터 2000년 3월말까지 형 밑에 있다가 IMF와 함께 사정도 어려워지고 하여 현재는 미래를 위한 준비를 하고 있으나 돈이 없어서 어려운 상황으로 놀고 있습니다. 곧 뭔가 하기는 해야겠는데 용신이 맞는지 안 맞는지, 그리고 2007년이 정해년인데 저의 일주와 정계충·사해충으로 천충지충이 오는데 그 해에 어떤 조심을 해야 하는지, 충도 좋은 경우가 있다는데 그런 것 같지는 않아 고견을 듣고 싶습니다.

형과 동업을 하면서 벌지는 못하고 나올 때 금전적인 손해가 컸지만, 사회에 적응할 수 있는 일을 배워서 재기할 수 있는 기틀을 마련했다는 데 큰 의미를 두었습니다. 선배님들께 공개하는 제 사주에 대한 고견을 듣고 싶고 저의 판단이 맞는지 궁금합니다.

 꾸준한 공부가 필요합니다

궁금하신 마음이야 헤아리고도 남지요. 그렇지만 2007년의 상황까지 고려해야 할 정도로 먼 미래가 궁금하다면 상담실을 찾는 것이 좋습니다. 공부하는 마음이 조급해서 그렇게 멀리까지 내다봐서야 공부가 되겠느냐는 말씀이지요. 느긋하게 그러나 꾸준하게 공부하는 것이 현명하다고 생각합니다.

질문 내용을 보니까 아직도 많은 사주를 보셔야 하겠습니다. 자신의 명식이기 때문에 얼른 보이지 않겠지요. 그래서 낭월도 얼른 답을 드리지 않고, 여유를 갖고 천천히 연구하라고 말씀드리는 것입니다. 잘 아셨겠지요? 참고하시기 바랍니다.

626 식상으로 설하면 됩니까?

時	日	月	年
丁	甲	丙	乙
卯	寅	戌	巳

관은 없으나 식상이 왕하고, 술월이지만 온기가 넘칩니다. 일

지·시지에 있는 木들이 튼튼해 보여서 갈등이 되는데, 인목과 묘목이 튼튼해 보이니 식상으로 설하면 되나요?

 水운을 기다려야 합니다

　병술월의 정묘시가 부담이네요. 火가 너무 왕해서 상대적으로 인성이 필요한데, 유감스럽게 보이지 않으니 무력한 갑인입니다. 그래서 인성이 와야 하고, 당장은 木이 용신이라고 하지만 결국 木운이 되어서는 기대치에 미흡하다고 봐서 水운을 기다리는 것으로 봅니다.

627 임수·해수는 죽을 지경이니 약하지 않은지

時	日	月	年
壬	乙	壬	戊
午	亥	戌	戌

　1) 무토당령에 재성과 인성이 싸우고 있는데 재성이 이길 것 같아 金·水로 보았습니다. 水·木으로 갈 만큼 약해 보이지 않는데 맞나요?

　2) 이런 상황들을 보면 한숨만 나옵니다. 이 사주가 왜 약하지 않은지……. 산더미 같은 저 깡토들에 임수와 해수가 무사하지 못할 성싶은데 약하지 않다고 하니, 저는 까마득히 멀었나봅니다. 아무리 생각해도 水·木이 좋을 것 같으니 어쩌면 좋나요.

약하지 않은 것으로 이해해야 합니다

1) 해수와 임수가 둘이면 약하다고 하기 어렵습니다. 土는 물론 도움이 되지 않을 것이고, 그래서 시지의 오화를 용신으로 삼아야 하지 않냐는 생각을 하게 됩니다. 인성은 필요 없다고 생각합니다.

2) 술월의 을해 일주는 더 이상 인성이 필요 없다고만 생각되니 선생의 고민을 어떻게 해소해야 할지 고민입니다. 재성이 많아서 약한 것은 식상이나 관살이 많아서 약한 것과는 차이가 있다는 관점에서 생각해보면 약하지 않은 것으로 이해할 수 있지 않을까 생각합니다.

628 어떤 점 때문에 관을 써야 하나요?

時	日	月	年
甲	甲	己	庚
子	辰	丑	子

1) 재다신약 같지만 축월이고, 진·축토는 甲의 뿌리가 되므로 火를 찾는데 없어서 土를 용하고 火가 좋다고 보았는데 맞습니까?

2) 해주신 답변들을 이해하지 못하니 큰일났습니다. 이 사주도 관을 쓸 거라고 생각하기 어렵습니다. 土에 가로막혀 있어 관이 일간을 극하기 어려울 것 같고, 재다신약은 아니지만 土와 합도 되어 있으니 말씀대로 土를 쓰고 火를 기다리는 구조로 생각됩니다. 어떤 점을 고려해야 하나요?

역시 관을 써야겠습니다

1) 약하지 않은 것은 사실인데 아무래도 金이 마음에 쓰이네요. 편관을 용하는 것이 구조에 맞지 않나 싶습니다. 火가 있다면 문제가 없지만 火가 없으니 관살로 용신을 삼아야 하는 구조라고 생각됩니다.

2) 관살이 없다면 재성을 쓰고 식상을 기다리는데, 여기에는 뚜렷하게 힘을 얻고 있는 관살이 있으니 식상이 없는 상황에서는 용신 후보 제1위라고 할 수 있습니다. 물론 식상을 쓰는 것에 비해 다소 아쉽지만 이 경우에는 관살을 쓰는 것이 좋겠습니다. 양보 못하겠습니다.

629 진토를 쓰는 이유를 모르겠습니다

時	日	月	年
甲	丁	庚	辛
辰	卯	寅	酉

1) 막강한 金의 세력 때문에 한눈에 약하다고 생각했습니다. 그런데 다시 보니 월지를 얻었다는 것이 허울뿐이긴 하지만 표면적으로는 월지·일지 세력을 모두 얻었네요. 어쨌든 월지와 일지 세력을 모두 얻고도 약해지는 경우가 있나 확인하고 싶어서 질문 올립니다.

희·용신은 木·火로 생각됩니다.

2) 약하지 않으면 인성이 강하니 재성이 우선할 것 같은데, 갑목의 발 밑에 깔린 土가 우선하는 이유를 제 머리로는 이끌어내지 못하겠습니다. 진토는 거의 죽었다고 봐야 되지 않을까 하는데 어떻게 이해해야 하나요?

 金을 쓰는 것으로 수정합니다

1) 사주의 구조에서 金과 木의 대립이 보입니다. 그렇다면 월령을 잡은 木이 결코 약하다고 할 수 없는데 정화의 입장에서는 木이나 金보다는 土가 더 좋다고 생각합니다. 그래서 金을 보호하는 기분으로 잡아봤습니다. 약하다고는 하기 어렵습니다.

2) 그래서 金으로 용신을 삼아도 되는데 土가 필요해 보인 것이 이상합니다. 金으로 용신을 삼는 것으로 수정하겠습니다. 그런데 土가 있어야 좋겠다는 생각이 들지만 적절하게 설명하기가 어렵습니다. 재성으로 용신을 삼는 것이 합당합니다.

630 대운과 세운이 합하면 원국에 도식의 흉이 생기는지요?

時	日	月	年
丙	丁	戊	甲
午	酉	辰	寅

27	17	7
乙	丙	丁
丑	寅	卯

1) 올해(2000년)는 대운 을목과 세운 경금이 합하는데, 이렇게 대운과 세운이 합하면 운에서 어떤 작용이 일어나나요? 土를 용신으로 볼 경우에 세운 경금을 을목이 합하니 경금이 힘을 잃어서 나쁜 운이 될까요?

2) 원국이 도식되어 있습니다. 대운과 세운이 기반이 되어 작용을 제대로 못한다면 원국에 형성되어 있는 도식이 그대로 존재하여 도식의 흉이 작용하지 않을까 생각됩니다.

그리고 만일 원국에서 식상의 흐름을 잘 타고 있는 경우에 대운과 세운이 합을 했다면 원국의 자연스러운 흐름이 그대로 유지되어 길한 해가 된다고 생각합니다.

 더 나빠진다고 할 수는 없습니다

1) 한신과 기신이 합하니 나쁘다고 하기는 어렵습니다. 그저 그렇다고 하는 것이 좋습니다.

2) 그러니까 운의 합으로 인해서 더 나빠지겠느냐는 질문에 대한 답변이라고 보면 됩니다.

원국의 상황은 그대로 존재하지만 한신과 기신의 합으로 더 나빠진다고 보지 않고, 말씀하신 대로 흉한 작용이 그대로 나타난다고 이해하면 됩니다.

金이 도움을 주지 못하는 것이 유감인데, 다행히도 올해까지는 을목이 작용하지 않는 것으로 봐서 경진년의 상황은 좋다고 할 수 있습니다.

631 식상을 먼저 쓰는 이유를 어떻게 이해하면 됩니까?

```
      時 日 月 年
      辛 戊 丁 癸
      酉 午 巳 巳

   61 51 41 31 21 11  1
   庚 辛 壬 癸 甲 乙 丙
   戌 亥 子 丑 寅 卯 辰
```

1) 무토가 불길에 휩싸인 듯한 느낌입니다. 그래서 계수도 증발되어 없는 느낌이고, 신금도 녹아 흐느적대는 것 같습니다. 매우 어려운 경우이나 자세한 말씀 드리지 못함을 양해 바랍니다. 이런 경우에 신금과 계수가 도움이 되나요?

2) 火가 막강하니 金과 水가 불리한 것은 다 마찬가지지만, 인성이 강한 상황에서 식상보다는 재성이 좋을 것 같은데 식상을 우선하는 이유가 쉽게 납득되지 않습니다. 식상을 쓰는 이유를 어떻게 이해하면 됩니까?

신금이 도움이 됩니다

1) 올해(2000년)는 그래도 좀 나아야 하는데 개선의 기미가 없나 봅니다. 시주의 신금이 용신으로 되는 형상입니다. 재성이 무력해서 아쉽습니다.

계수가 도움이 되지 않는 것은 보신 대로입니다. 계수는 도움이 된다고 하기 어렵지만 신금은 도움이 됩니다. 특히 水운이 왔을 때 도움이 될 것입니다. 계사생이면 48세인데, 현재 대운은 자수라 도움이 되는 운이지만 역시 원국의 火가 워낙 강해서 실제로는 도움이 못되는 듯합니다. 그래도 경진년은 활로가 보인다고 생각합니다.

  2) 그래서 식상을 용신으로 하고, 만약에 시간에 재성이 있어서 계유라도 되었다면 그대로 재성을 용신으로 삼는 상황이라고 생각합니다. 그리고 식상도 없었다면 재성이 약하거나 말거나 그대로 용신을 삼고 재운이 오기를 기다립니다. 이 상황에서는 상관이 있어서 다행이라고 할 수 있습니다.

632 흙 속의 木은 흙을 극하지 못한다고 한 것 같은데

```
時 日 月 年
己 戊 己 戊
未 辰 未 辰
```

  1) 현재 유복한 집안에서 공부 잘 하면서 자라고 있습니다. 경쟁심리와 단순한 점을 감안하여 체육 방면을, 약간의 정재성을 보아서는 이과를 권하지만 마땅히 적당한 것이 떠오르질 않습니다. 또 무엇을 할 수 있을까요?

  비겁의 운이 가장 좋고 인성이나 식상운도 괜찮다고 보며 재성의 운을 가장 불행하게 보았습니다. 맞는지요? 혹시 시간이 틀려서 계해시가 된다면 일간이 정재합 되어서 정재격으로 보고 정격으로 가면 되나요?

2) 예전에 흙 속에 들은 나무가 어떻게 흙을 극할 수 있겠느냐고 하던 말씀이 떠오릅니다. 이렇게 드러난 오행이 모두 한 가지일 경우에도 좋을 하지 않을 거라는 생각은 어디에서 유추해내야 하는지 막막합니다. 혹시 성격분석에서 출발해야 하나요?

 지지에 숨어 있는 오행도 고려합니다

1) 고민하는 마음이야 헤아리겠는데, 용신은 木으로 가야 할 것으로 보입니다.

일지의 정관을 쓰고 공무원 일을 권하는 것이 좋겠네요. 창의력이나 수용성이 약하다고 봐서 공무원 외에는 마땅한 것이 보이지 않습니다.

2) 드러나기는 土 한 가지이지만 내장된 것은 4개의 지지가 모두 木의 뿌리를 품고 있는 형상이 보이지 않나요? 즉 암암리에 木의 기운이 보인다고 이해해보시기 바랍니다. 그러니까 낭월이 보기에는 한 가지로 보이지 않는다는 것입니다.

633 인성을 쓰는 것은 재성의 세력이 강하지 않기 때문인가요?

時	日	月	年
壬	戊	癸	壬
戌	辰	丑	子

1) 또 하나의 양신성상입니다. 비겁과 재성밖에 없습니다. 식상이나 관이 아니기 때문에 일간이 상대적으로 덜 부담스럽지만 물렁

거리는 축토·진토 때문에 판단이 쉽지 않습니다. 水의 계절인 축월이니 재성의 세력이 더 강하다고 봐서 土를 써야 합니까?

2) 약하다면 오로지 재로 인해 약해진 재다신약 상황이니 인성이 있어도 재성이 우선하는 것 아닌가요? 겨울 흙이라서 조후를 배제하긴 어렵지만 일지도 아닌 시지의 지장간의 불이고, 물이 넘실거리는 상황에서 미약한 불이 힘쓰기도 어려워 보입니다. 강약이 크게 기울지 않은 재다신약이라서 인성을 쓰는 것에 한편으로는 수긍이 가면서도 그런 생각이 듭니다.

 조후를 겸하는 의미에서 인성으로 봅니다

1) 다소 약하다는 구조인데 인성이 반드시 필요한 형상입니다. 시지의 戌 중 정화를 용신으로 하고, 충으로 손상되었으니 유감스러운 모양입니다. 비겁은 별 의미가 없으므로 비록 멀지만 인성을 용하는 구조인가 싶습니다. 희신은 물론 土가 됩니다.

2) 계축월의 무진이니 재성이 왕하여 비겁을 써야겠지만 경우가 경우이니 만큼 제일 필요한 것은 조후까지 겸하는 인성으로 봅니다. 진술충으로 인성의 작용이 너무 무력하지만 조후에 비중을 두고 겸하는 의미에서 인성으로 봤습니다.

634 사주 원국의 비중을 몇 대 몇으로 두어야 하나요?

時	日	月	年
癸	己	壬	壬
酉	亥	子	子

```
59 49 39 29 19  9
丙  丁 戊 己 庚 辛
午  未 申 酉 戌 亥
```

종재격입니다. 운의 흐름이 아쉽습니다. 종재를 하면 재복이 좋다는 말이 떠올라서 운의 흐름, 즉 사주 원국의 비중을 어느 정도 두어야 하는지 궁금합니다. 이 사주는 운이 잘못 흘러서 재복을 논하기는 어려워 보입니다.

 운이 도와야 합니다

운이 돕지 않으면 원국의 상황은 기대하기 어렵습니다. 과장하면 운이 90%를 차지한다고 해도 되겠습니다. 역시 운이 돕지 않으면 타고난 능력도 쓸모가 없다고 할 수 있습니다.

635 혹시 약하지 않을 수도 있을까요?

```
時 日 月 年
庚 癸 甲 丁
申 丑 辰 未
```

첫눈에 약하게 보여 경금이 바로 눈에 들어왔는데, 자꾸 쳐다보니 축·진토 때문에 약하지 않은 듯도 합니다. 처음 본 게 맞겠지요?

안심할 상황은 아닙니다

계축이 뿌리가 되는 것은 사실이지만 갑진월의 상황을 고려한다면 별로 안심할 상황이 아닙니다. 그래서 인성이 필요한 것으로 보고 싶습니다.

636 어느 것이 우선하나요?

時	日	月	年
辛	丁	丁	庚
亥	卯	亥	寅

해월에 정화를 약하게 보아 살인상생으로 보았습니다. 지지의 삼합으로 보면 또 약하지 않다는 생각이 듭니다.
이렇게 저울질이 애매한 상황에서 월지의 계절이 우선인지 지지의 합이 우선인지 궁금합니다.

 월지에 먼저 비중을 둡니다

합이라고 해도 화하기는 어렵기 때문에 늘 월지에 먼저 비중을 두고 있습니다. 그렇게 보면 될 것으로 생각합니다.

637 인성에 종할 수 있나요?

	時	日	月	年
	庚	癸	甲	庚
	申	酉	申	戌

갑목으로 설하려고 하니 사면초가의 갑목이 빈사 상태이고, 연지의 술토는 일간을 극할 수 없는 상황입니다. 木·火를 쓰면 좋겠는데 갑목이 졸도해버린 상황에서 木·火로 나아갈 수 있을까 의심스럽습니다. 어쩌면 인성에 종을 할 수도 있겠다는 생각이 듭니다.

상관을 써야 합니다

약하거나 말거나 설하는 상관을 써야 할 모양입니다. 일간은 늘 그 마음만 있을 테니까요. 자식이 병들었다고 해서 포기하지 않는 것이 자연의 법칙이라고 생각해봤습니다. 인성이 병이군요. 재운에 발하겠지요.

638 약하진 않지만 겨울이니 火·土를 쓸까요?

	時	日	月	年
	己	戊	己	辛
	未	午	亥	亥

약하지 않다는 것은 단정지을 수 있지만 일간의 마음을 읽기가 쉽지 않습니다. 金·水와 火·木 그리고 火·土를 놓고 생각하다가 겨울 흙이라는 점을 감안하여 먼저 金·水를 떨궈냈습니다. 그리고 조후를 생각할 경우 용신이 극을 받아도 용신의 인성을 희하는 경우가 많았음이 떠올라 火·木을 두고 갈등하다가 약을 우선 쓰는 것이 좋을 것 같아 火·土로 결정했습니다.

그런데 결정하고 나서 자꾸 金·土가 눈에 어른거려서 金·土를 써야 하는지에 대해서도 많이 생각했습니다. 신금이 약해 보여서요. 만일 신금을 쓰면 水보다는 土가 우선할 수도 있나요?

 조후를 고려하지 않아도 됩니다

午·未의 온기가 충분해서 추가로 조후를 고려할 필요가 없다고 생각합니다. 그대로 설하는 방향으로 잡는 것이 좋습니다. 희신으로는 水가 됩니다.

639 구조가 특이한데 인성이 필요한가요?

時	日	月	年
丙	庚	丁	辛
戌	子	酉	亥

정화가 3金에 끼인 것 하며, 金 사이에 水가 끼인 것 하며 그 구조가 별납니다. 이런 구조 때문에 월지와 세력을 얻었지만 약한 쪽으로 보입니다.

술토는 자수와 병화가 격리하고, 연간의 신금은 허하며 막혀 있고, 월지 유금도 사정은 같습니다. 인성이 필요한가요?

 신약용인격

신약용인격으로 인성의 도움이 필요합니다.

640 경금을 씁니까?

```
時 日 月 年
庚 甲 己 乙
午 子 卯 卯
```

오화와 경금 사이에서 갈등하게 되는데, 오화를 쓰려니 자오충에다 일간과 연결이 되지 않아서 설이 잘 안 될 것 같고, 경금은 허하지만 사주에 木이 강한 점을 고려하면 오화보다는 좋겠다는 생각이 듭니다.

 오화를 쓰는 것이 좋습니다

이미 이해하신 대로 그래도 묘월의 오화이니 그대로 사용하는 것이 좋습니다. 희신은 土로 하는 구조입니다.

641 희신은 水가 우선하나요?

```
時 日 月 年
丙 壬 辛 乙
午 戌 巳 卯
```

1) 신금이 용신이 되는데 용신이 허합니다. 용신에게 가장 필요한 것은 지지가 천간을 극하지 못하게 하는 것인데, 이 경우에는 화세(火勢)가 강하여 영향을 받을 것 같으니 물을 우선할까요? 신금 입장에서 관이 되는 불이 많아 土로 유통시키면 좋지만 火의 세력이 병이 될 만큼 강해 보입니다.

2) 천간으로 들어오는 水운은 평운으로 보면 됩니까? 신금이 병화로부터 직접 극을 받지 않으니 그리 달가운 운은 아닐 듯합니다. 그래도 사주에 화세가 강하여 신금이 발을 동동 구를 것 같은데 도움이 되는 측면도 없지 않겠다는 생각을 해봤습니다. 일간은 당연히 조금 편하게 보입니다.

A 인성이 필요합니다

1) 그래도 인성이 필요한 것으로 봐야 합니다. 역시 지지의 불은 덜 두렵다고 하겠습니다.

2) 천간의 水운은 무난하다고 볼 수 있습니다. 나쁘지는 않겠네요. 잘 보셨습니다.

642 미토는 거의 木으로 봐도 됩니까?

```
時 日 月 年
丁 乙 己 庚
丑 未 卯 子
```

묘월이고 일지가 미토인데 축미충이 있습니다. 관은 멀고 식신의 세력은 크지 않아 보입니다. 여기서 미토가 문제인데, 축미충으로 묘미합이 불완전해지고 충으로 인해 미토의 장간이 깨지기는 해도 을목을 위에 두고 있으니 그냥 木의 편으로 봐도 됩니까? 미토를 목세(木勢)로 본다면 식신을 쓸 거 같습니다.

 식신을 씁니다

축미충으로 인해서 火·木이 되기는 어렵다고 봅니다. 왜냐하면 축토도 정화 때문에 과히 약하지 않아 보이기 때문입니다. 중요한 것은 약하지 않다는 것이고, 그래서 식신을 쓴다는 것입니다.

643 궁금한 게 남아 있습니다

```
時 日 月 年
戊 丁 丁 戊
申 酉 巳 戌
```

1) 사월(巳月)의 정화가 관이 없고, 土라야 깡토들만 있어 힘 빠질 일이 없을 것으로 보입니다. 일지 유금을 써도 되겠다는 생각이 듭니다.

2) 위의 사주에서 사유합을 고려한다면 정유 일주가 의지할 것은 월간의 정화밖에 없다는 생각이 들기도 합니다. 물론 무토·술토, 특히 사월의 무토·술토라면 일간 정화를 설하는 데 있어 더 설기가 잘 되지 않을 거라고 생각합니다.

습토가 온다면 실력 발휘는 하겠지만 막상 본인은 힘들 거라고 봅니다. 즉 실력(인성)이 있어야 발휘를 하지 않나 생각합니다.

식신생재로 흘러간다고 해도 인성이 있어야 흘려 보낼 수 있다는 생각입니다. 그렇다고 해도 인성이 오면 답답해져서 아마 미쳐버릴지도 모르니 발휘할 실력이 없는 것도 팔자라고 해야 할까요? 식신생재로 흘러가기에는 뒷심이 부족해 보여서 궁금한 마음에 글을 드립니다.

 우선은 겨우 균형을 잡고 있습니다

1) 약하지 않은 것은 확실하며, 金을 쓰려면 木이 많아야 하는데 전혀 없으니 金은 무용지물이고 단지 결실의 의미만 있다고 할 수 있습니다. 그래서 마른 土지만 무토를 용신으로 하고 습토를 반긴다고 볼 수 있습니다.

2) 약하지 않다는 것은 강하다는 뜻이 아닙니다. 다만 사주에 관살이 없고 또한 설기가 되지 않으므로 약하지 않다고 봅니다.

여하튼 인성이 온다면 사주의 균형이 무너질 것으로 생각됩니다. 우선은 겨우 균형을 잡고 있는 것이 아슬아슬합니다. 습토의 운이 와도 부담이 되지 않는 것으로 관찰해보고 싶습니다.

644 적성은 어느 방면이 좋은가요?

```
時 日 月 年
乙 丁 乙 乙
巳 卯 酉 亥
```

일간 주변에 편인만 3개가 겹쳐 있는데 그 중의 하나가 충을 맞았습니다. 이럴 경우에도 편인 강화라고 볼 수 있나요?

이 사주의 적성은 어느 방면이 되나요? 편인만 중중해서 감 잡기가 어렵습니다. 관인상생으로 보기도 어렵고, 쓸 만한 것은 월지 편재뿐일 듯한데 어느 곳에 적합할까요?

 비평가를 고려해볼 수도 있습니다

편인 강화하고 식상의 흐름을 타지 못했으니 마땅한 적성이 없다고 보는 것이 타당합니다.

혹시 공부라도 많이 했으면 비평가를 한번 고려해보는 것도 좋겠습니다. 부정 수용과 재성의 충돌로 마무리를 한다면 확실한 비평이 이뤄지지 않을까 싶습니다. 다른 것은 권할 만한 것이 생각나지 않습니다.

645 亥 중 갑목이 걸리지만 종을 할 듯합니다

時	日	月	年
壬	癸	癸	壬
子	亥	丑	子

월주의 축토는 이미 土가 아닌 듯하고, 亥 중 갑목은 물 속에서 이미 생명력을 상실했을 것으로 보입니다. 이런 상황이면 종을 할까요?

 종할 이유가 없습니다

달리 종을 해야 할 이유가 없다고 보고 그대로 일지의 상관으로 용신을 삼아야 합니다.

재성이 없어서 유감이지만 운에서 오더라도 도움이 안 되기 때문에 사업은 말립니다.

646 불보다는 인성이 우선합니까?

時	日	月	年
甲	乙	戊	乙
申	巳	子	巳

월지를 얻고 세력도 얻었는데 세력이란 것이 보잘것없다는 생각이 듭니다. 갑목·을목이 붕 떠버리고, 또 자수는 머리에 무토를 이고 있기 때문입니다. 그래서 자월임에도 불구하고 우선 인성을 찾지 않을까 생각합니다.

 잘 보셨습니다

보신 대로 인성이 필요할 것 같습니다. 산만한 느낌이 드는 것은 을사 일주의 특성과 戊·子의 합으로 인해서 집중력이 보이지 않기 때문이라고 생각합니다.

647 계수가 일간에게 도움을 줄까요?

```
時 日 月 年
戊 壬 甲 癸
申 申 寅 丑
```

갑목 너머에 있는 계수를 어떻게 보아야 할까요? 갑인에 의해 격리되었지만 멀리나마 내 편이 있다는 것이 임수에게는 든든할 수도 있을 것 같습니다.

시간의 무토는 무늬만 관성이니 크게 두려워할 바는 아니겠는데 갑인이 만만치 않아 보입니다. 그러나 2개의 신금이 인목을 몰아붙이니 흔들린다고 보아 일간은 약하지 않다고 생각합니다.

木을 의지하고 火를 의지하는 것으로

인신충으로 인목이 손상되어서 설기하는 기능이 많이 상실되었습니다.

무토는 토생금으로 봐서 일간 임수가 약하다고 하기는 어렵습니다. 木을 의지하고 火를 기다리는 것으로 방향을 잡습니다.

연주는 도움이 되기보다는 그냥 엉거주춤이지만 세력은 형성하는 것으로 봅니다.

648 정재와 편재가 글쓰는 데 어떤 작용을 할까요?

時	日	月	年
庚	丁	辛	壬
子	巳	亥	子

방송작가입니다. 적성을 물어서, 인성과 식신이 없어 글쓰는 데는 다소 부적합하다는 생각을 해보았는데 잘못 생각한 것은 아닌가요? 본인도 글쓰는 것에는 좀 부족한 면이 있다고 생각하고 있고, 그나마 다행인 것은 꿩 대신 닭이라고 일지 상관이 있다는 것입니다.

이 사주에서 정재와 편재가 있는데 이것들은 글쓰는 데 있어서 어떤 작용을 할지 궁금합니다. 편재는 주관적인 표현에 능하므로 개성 있는 글이 가능하고, 정재는 치밀함이므로 허술하지 않은 짜임새를 갖출 수 있고, 정편재는 결과를 의미하므로 제대로 된 작품을 써내기 위해 많은 노력을 하지 않을까 하는 삼류 탐정의 추리를 해보았는데 일리가 있나요? 그냥 식신 하나만 있으면 좋겠는데 없으니 아쉽습니다.

 편집하는 능력이 있다고 봅니다

좋은 자료라고 생각되네요. 창의력은 부족하나 편집하는 능력이 있어서 마무리를 잘 하고 깔끔하게 처리한다고 봅니다. 장편소설은 어렵지만 단편 이야기는 쓸 수 있다고 봅니다.

649 오화를 쓰는 것이 좋은가요?

時	日	月	年
庚	甲	甲	癸
午	申	寅	丑

오화와 신금과 인목의 대립이 핵심인 것 같습니다. 인월의 인성이 없는 오화이지만 신금에게 부담이 되므로 인목이 살았다고 생각하여 약하지 않게 보았습니다. 용신은 오화로 보았습니다.

 용신으로의 역할 비중이 커지겠네요

인신충으로 절대 왕한 사주는 아닌데, 신금이 오화에게 제어당하고 있는 까닭에 용신으로의 역할 비중이 더욱 커졌습니다.

상관격이면서도 단순히 설하는 목적만이 아닙니다. 이러한 경우에는 희신이 木이고 재성은 한신에 속한다고 봅니다.

650 관성 때문에 약으로 보았습니다

時	日	月	年
己	癸	辛	丙
未	亥	丑	辰

제철의 물이긴 한데 시주의 막강한 관성이 고민스럽습니다. 월지 축토가 어느 편인지 의심스럽기도 하고 관성의 수를 세어보니 4개나 되어, 생각 끝에 일지 해수는 양옆의 土로 인해 세력을 잃었다고 보고 약하다고 생각했습니다.

A 왕하지 않다는 결론입니다

참 어려운 문제지요. 여하튼 왕한 형상은 아닙니다. 미시의 기미가 대단한 위력을 갖고 있는 것으로 봐서 나온 결론입니다. 인성이 합되어 있는 것이 유감이라고 할 수 있습니다.

651 신약용인인가요?

時	日	月	年
丁	庚	庚	乙
丑	寅	辰	卯

어디에 중점을 두어야 하는지 뚫어지게 쳐다보면서 생각하다가 목세(木勢)가 상당하여 인성이 기가 죽어 있다는 것에 중점을 두기로 하였습니다.

진토는 얼이 빠졌고, 축토는 정화와 인목이 통로를 차단하니 생금(生金) 능력은 강하지만 큰 도움은 어렵다고 생각해보았습니다. 그래서 인성을 썼습니다. 제대로 생각한 것인가요?

 별로 약하지 않게 봐도 됩니다

金이 아니라면 간단하게 신약으로 처리하겠는데, 고민하신 이유도 아마 경금 때문이라고 생각합니다.

경인 일주는 과히 약하지 않고, 월간의 경금이 비록 합이 되었다고는 하지만 그렇거나 말거나 木을 제어하는 것은 틀림없다고 본다면 별로 약하지 않다고 봐도 됩니다. 경금이기 때문입니다. 그래서 시간의 정관을 용신으로 하고 재성을 희신으로 삼는 방향으로 잡아봅니다.

652 용신이 안 보입니다

時	日	月	年
庚	乙	乙	癸
辰	亥	丑	丑

너무 추워서 그냥 火를 기다리는 것으로 생각했습니다. 다른 분들은 관을 용신으로 잡는 것 같은데, 이 원국에 관이 무슨 도움이

될까요?

관이 용신이면 火는 기신이 되는데 마땅치 않지만 차라리 土를 쓰고 火를 기다리는 게 맞을까요?

 관성을 보는 것이 현실적입니다

이 사주의 경우 마음으로는 火를 찾아야 합니다. 다만 전혀 火가 없는 상황에서는 火를 쓸 수 없는 경우를 가끔 봅니다. 그래서 부득이 그냥 관성을 쓰고 火는 기신이 되는 아쉬움을 갖게 될 수도 있다는 것을 생각해야 합니다.

본인이 옆에 있다면 물어보겠지만 그냥 판단하기에는 관성을 보는 것이 현실적이 아닌가 싶습니다.

653 비 내리는 오월(午月)의 병화 일주

時	日	月	年
壬	丙	壬	庚
辰	戌	午	戌

오월(午月)과 술토가 오술합이 된다고 하나 진술충으로 깨어져 약해 보입니다. 火 용신에 木 희신으로 보고 싶으나 火운이 왔을 때 여명에 뿌리 없는 관성이 염려됩니다. 용신 확인과 관성에 대한 설명을 부탁드립니다.

火를 용신으로 합니다

물론 당장 木이 미약하니 火를 용신으로 하지만 현실적으로는 火운보다는 木운이 오면 좋겠습니다. 여기에서 관성과 남편의 동태를 본다면 우선 火운이 왔을 때에 뿌리 없는 관성이 염려된다는 말씀은 본인의 입장이 아닌가 생각됩니다.

여하튼 지지로 火운이 와야 일간이 살아나고 그래야 관성에 대해서도 수용이 될 것이니, 낭월의 생각으로는 火운이 오면 남편에 대해서 편안한 마음으로 수용하지 않을까 싶습니다.

기본적으로 편관이 성격 존에 겹쳐 있는 상황에서 일지의 식신으로 어느 정도 제어가 되어 있는 것으로 봐서 무난할 것입니다. 다만 편관이 겹쳐 있으므로 火운이 와도 水의 입장에서는 의지가 되어 흔들리지 않는다고 볼 수 있습니다.

654 이 정도면 합해서 화하나요?

時	日	月	年
壬	丁	甲	癸
寅	酉	寅	丑

인월의 정화가 갑목당령에 인성이 만만치 않지만 유금이 인성을 견제하고 있으니 木·水로 봐도 되나요?

인월이고 천간에 투출된 木이 도와서 정임합에 木으로 화하는 것으로까지 생각해도 되나요? 그렇게 보면 정관격으로 갈 수도 있는지 궁금합니다.

 인성이 좋습니다

약한 구조입니다. 시지 인목은 정화에게 별 도움이 되지 못하고 있는 형상입니다. 정임합은 물론 고려할 필요가 없습니다. 인성이 좋은 것으로 생각됩니다.

655 金·水 상관입니다

時	日	月	年
戊	辛	己	辛
戌	亥	亥	亥

역시 겨울의 金입니다. 火·木이 없어서 그냥 水·金으로 따르면 되나요? 아니면 해수 속의 갑목을 용하고 火를 기다릴까요?

 土운이 나쁘지 않다고 봅니다

火·土로 봐야 할 것 같습니다. 그리 왕하지 않다는 점이 문제입니다.

土운이 나쁘지 않을 것으로 판단되니 확인해보기 바랍니다.

656 강약이 어렵습니다

```
時 日 月 年
甲 辛 壬 庚
午 丑 午 辰
```

金을 다루기가 어렵습니다. 오월(午月)의 신금이 막강한 인성을 깔고 있지만 다소 약해 보여 土·火로 보았는데, 적천수에서는 겨울의 金뿐만 아니라 사월(巳月)이나 오월(午月)의 金도 웬만하면 다 火를 용하므로 火·木으로 가야 할지 감을 잡기가 힘듭니다.

 상관으로 봅니다

신약하다고만은 못할 구조입니다. 상관이 좋겠네요. 오화는 이미 퇴색해서 용신으로 쓰기에는 부족한 형상입니다. 시지의 오화도 있지만 역시 여름에는 임수가 제격이 아닌가 싶습니다.

657 여름 나무이니 물이 필요할까요?

```
時 日 月 年
丙 甲 辛 乙
子 子 巳 卯
```

을묘가 연주로 물러앉아 있어 조심스럽습니다. 을묘 자체는 약하지 않은데 신금에 막히고 사화로 설기되니 일간이 도움을 받기는 쉽지 않아 보입니다. 설사 약하지 않더라도 여름 나무이니 물이 필요하다고 보아야 하나요?

 물은 충분하다고 봅니다

별로 약하지 않은 상황에 갑자 일주이니 물은 충분하다고 보여지며 그대로 설하는 식신을 쓰는 것이 좋겠습니다. 술시 정도라면 또 몰라도 이 상황에서 다시 水를 쓸 필요는 없습니다.

658 실령했으니 인성을 써야 하나요?

時	日	月	年
甲	丁	丁	辛
辰	卯	酉	亥

머릿속에서 아무것도 안 떠오르는 구조입니다. 강인지 약인지 어느 한 쪽으로 감이 안 잡힙니다.

월간의 정화가 실령을 해서 약하긴 하지만 유금을 견제하고, 유금은 묘목을 노리고 있습니다. 유금이 월을 잡았지만 정화가 견제하고 해수가 설해가니 정화보다 강하다고 하기도 어려워 보이고, 일간 가까이에는 극·설이 없습니다. 한참을 고민하다가 그냥 연필을 굴려서 인성이 필요한 걸로 찍었습니다.

더 이상 해볼 방법이 없습니다

연필도 자꾸 굴리다 보면 아마 신이 붙어서 자동으로 용신에서 멈출 것으로 생각됩니다. 묘유충으로 일지가 부서지는 것으로 더 이상 해볼 수 없다고 이해합니다.

659 양신성상입니다

時	日	月	年
甲	癸	癸	壬
寅	卯	卯	子

종격에 이어 처음으로 양신성상을 발견했습니다. 이런 사주도 단순히 강약 구분으로 용신을 찾고 운 대입을 하면 됩니까? 신약하니 水를 용하고 金을 희하게 되나요?

 신약용겁격으로 해석

청한 사주네요. 인성이 연간에 있다면 참 좋겠다는 생각을 해봅니다. 적천수에서는 자칫 종아격으로 볼 수도 있는 사주인데 신약용겁격으로 해석하는 것이 타당합니다. 잘 보셨습니다.

660 간지 비율이 궁금합니다

時	日	月	年
丙	戊	辛	甲
辰	寅	未	午

미월의 무토를 신금과 인목이 가로막고 있지만 인목은 병화라는 편인을 가지고 있고, 연간부터 목생화 화생토로 흐르므로 金·水로 보았습니다.

예를 들어 기묘는 목극토의 기운이 넘쳐 木의 기운이 세지만 무인의 무토는 그리 약하지 않게 보아도 되나요? 戊:寅=4:6 정도면 너무 많이 쳐준 것인가요?

 상관을 용신으로 합니다

별로 흐름을 고려할 정도는 못 됩니다. 그래도 미월의 무토가 매우 왕하다고 봐서 흐름을 타고 상관을 용신으로 봅니다.

661 급수가 궁금합니다

時	日	月	年
戊	庚	辛	辛
子	子	丑	亥

```
        41  31  21  11   1
         丙  丁  戊  己  庚
         申  酉  戌  亥  子
```

축월의 경금인데 火도 없고 木도 없습니다. 그래서 水를 쓰자니 해수대운에 엄청난 시련을 겪었다고 하니 도대체 어떻게 해야 할지 모르겠습니다.

무인·기묘부터 형제의 도움으로 삶의 보람을 찾았다고 합니다. 시(時)가 정확하다고 하니 없는 불도 기다려야 하나 엉뚱한 생각을 해봅니다.

다가오는 火·木의 운이 궁금합니다. 급수도 궁금합니다.

 부득이 없는 火를 기다립니다

달리 방법이 없습니다. 이런 경우에는 부득이 사주에 없는 용신을 기다리게 됩니다. 火가 용신이고 木이 희신입니다.

662 전과 10범 사주입니다

```
         時  日  月  年
         戊  庚  戊  庚
         寅  辰  寅  子
```

```
54 44 34 24 14  4
甲 癸 壬 辛 庚 己
申 未 午 巳 辰 卯
```

경진 일주라 역시 형님의 냄새가 납니다. 문제는 시(時)가 정확하지 않습니다. 시를 빼고 신강하다고 놓고 보면 지금 오화대운인데 교도소에 가 있으니 火가 용신은 아닌가 봅니다. 水 · 木으로 간다고 놓고 보면 임수대운과 24신사대운에 화류계에서 번 돈을 모두 날렸다고 하니 임상이 어렵습니다. 작년(1999년)과 재작년(1998년)에 돈은 못 벌었지만 위세는 부리며 살았다고 합니다. 과장이 심하니 스님의 냉철한 도움을 받고자 합니다.

 기본으로 보면 됩니다

土가 많으니 용신은 木에 있다고 봐야 합니다. 火운에서 감옥에 있는 것은 인과응보의 법칙으로 봐야 합니다. 그런 것에 구애받지 말고 기본으로 봐주면 됩니다. 용신은 죄인도 감싸지 않는다는 것이라고 생각합니다.

663 未 중 정화를 쓸까요?

```
時 日 月 年
庚 辛 辛 壬
寅 未 亥 寅
```

겨울 金이라서 불이 필요한데 불은 땅 속에 들었고, 일간의 힘은 약해 보입니다. 인성과 땅 속 불과의 갈등 끝에 일지가 훈훈한 느낌이 들어 未 중 정화가 쓰일 것이라고 생각했습니다.

 우선 土를 용신으로 합니다

해석하는 방법은 문제가 없어 보이고 실제로 火가 용신일 수도 있지만, 약간의 변수를 살펴보면 일지 미토가 아니고서는 버티는 데 부담이 될 것이라는 생각을 하게 됩니다. 그래서 우선 土를 용신으로 하고 火를 희신으로 하는 방법을 생각해보는 것이 좋습니다.

664 사화를 金으로 봐야 하나요?

時	日	月	年
戊	丁	乙	乙
申	巳	酉	卯

강약에 대해 고민을 많이 했습니다. 처음에는 관이 없고 무토라서 설도 되지 않아 약하지 않다고 생각했습니다.

여기에서 사화의 동태가 매우 중요해 보입니다. 전체적으로 木과 金이 대립하고 있어서 사화를 金으로 본다면 木이 허약해지니 신약으로 봐야 할 것 같은데, 일간이 정화이기 때문에 갈등이 됩니다. 일간 정화에서 힘을 받는다고 보아 金을 견제하는 불로 보아야 하는지, 아니면 일간을 개입시키지 말고 사유반합의 金으로 보아야 하는지요?

고민 끝에 느낌으로는 약하지 않을 것 같으나 논리적으로 생각할 때 사화는 일간에서 힘을 받지 않는다고 보아 金으로 보고 신약으로 판단했습니다.

 신약한 사주입니다

잘 보셨습니다. 다소 약한 편으로 봅니다. 을묘 연주가 충되어서 절반 이상의 힘이 감소되고, 일지 사화가 어느 정도 도움이 되었으면 좋겠지만 또한 巳·酉의 합으로 인해서 약화됩니다. 무엇보다도 사화의 좌우에 金이 있고 木이 없으므로 신약한 사주라고 할 수 있습니다.

665 정화를 쓸까요?

時	日	月	年
辛	庚	丁	己
巳	辰	卯	酉

월지에서 시작하여 월간의 정화, 연주의 기유로 일간을 제외하고 돌아가는 흐름이 눈에 띕니다. 또한 그 흐름이 묘유충으로 끝나는 것도 눈여겨보게 됩니다. 일간을 제외한 흐름은 의미가 없다고 하지만 이런 식의 흐름도 그 나름의 성격을 형성하지 않을까 하는 생각을 막연히 해봅니다.

시지 사화가 진토로 설기되어 이빨 빠진 관성으로 생각됩니다. 그러면 일지와 시주를 일간의 세력으로 볼 수 있을 것 같고 연주도 멀지만 힘을 보태줄 것 같으며, 식상은 없으니 정화를 쓸 수 있을 것 같습니다.

 다소 아쉽지만 흐름은 흐름입니다

그렇습니다. 정화가 용신입니다. 일간이 포함되면 좋겠지만 그렇지 않다고 해서 흐름이 아니라고는 할 수 없습니다. 다소 아쉽지만 여하튼 흐름은 흐름입니다.

666 식상이 너무 태강한데 용신이 궁금합니다

時	日	月	年
庚	辛	壬	庚
子	丑	午	辰

오월(午月)의 신금이지만 신축 일지이고, 비겁과 인수가 강하다고 느껴집니다. 관인상생으로 봐도 되나요?
이런 경우에 재관이 무난할까요, 아니면 식재가 좋을까요? 그런데 식상이 너무 태강하다고 느껴집니다. 용신이 궁금하여 가르침 부탁드립니다.

 식신 용신

왕한 것은 틀림없고, 관이 무력한 것에 비해 식상이 왕성하니 그대로 흐름을 타는 것이 좋습니다. 다만 아쉬운 점은 재가 보이지 않는다는 것입니다. 그래도 자신의 능력을 발휘할 정도는 된다고 봐서 식신 용신으로 합니다.

667 병화는 土로 설하는 것이 좋습니까?

時	日	月	年
甲	甲	丙	甲
子	午	子	寅

일지가 쌍충을 당하니 고달파 보입니다. 병화가 용신이 되는 것은 확실하다고 봅니다. 병화 입장에서 사주 전체에 목세(木勢)가 상당하니 木보다는 土를 기뻐할까요?

 맞습니다

그대로 보시면 됩니다. 火가 土를 보지 못하면 유감입니다.

668 종격으로 봐도 되나요?

時	日	月	年
辛	乙	己	己
巳	酉	巳	酉

상관견관 하고 있지만 사유합으로 제대로 싸우지 않을 것 같아

종격으로 보고, 용·희신을 金·土로 보았습니다.

종격이 맞다면 인목대운에서 사화가 힘을 받아 용신인 金을 극한다고 봐도 되나요?

 종격으로 보기 어렵습니다

단지 신약하여 의지할 곳이 없다는 것만으로 종을 하기는 어렵습니다. 金과 火가 대립하는 것으로 봐서 인성의 운이 와야 한다고 봅니다. 확인해보기 바랍니다.

669 정관격으로 보았습니다

①				②			
時	日	月	年	時	日	月	年
庚	乙	癸	庚	壬	乙	戊	庚
辰	卯	未	辰	午	亥	子	戌

1) ①의 사주 명식은 지지의 목국(木局)과 계수 때문에 약하지 않다고 보아 정관격으로 보았습니다.

金을 용하면 천간으로 들어오는 金이 水를 용하므로 오히려 도움이 안 된다고 봐도 되나요?

2) ①에서 관이 용신이어도 올해(2000년) 관재수에 올랐다고 합니다. 용신을 잘못 본 것 아닌가요?

3) ②의 사주 명식은 25신묘대운이 겨울이고 인성이 만만하지 않아 오화를 보니 木도 없는데 절지에 이르렀습니다. 차라리 재성을

용하여 火·木보다는 土·火로 보고 싶습니다. 맞나요? 개업운을 물었습니다.

 부담입니다

1) 계수가 약하지 않은 것이 을목 약한 것에 무슨 도움이 될까요? 어머니가 배부르면 아들은 밥을 먹지 않아도 될까요?

2) 그런 모양입니다. 인성이 아니고서는 답이 없어 보입니다.

3) 일리가 있는 설명입니다. 그래도 희망하는 용신은 역시 火가 됩니다. 실제로는 土가 용신이고, 희신은 火가 되는 것으로 보는데 운에서라도 火가 오면 좋지만 그러하기에는 水의 세력이 너무 왕합니다.

묘목운에는 개업하겠지만 이어지는 운도 살펴보고 조언해주기 바랍니다.

670 유금이 용신이라면 불이 희신이 될 수 있나요?

時	日	月	年
己	壬	癸	戊
酉	寅	亥	午

70	60	50	40	30	20	10
庚	己	戊	丁	丙	乙	甲
午	巳	辰	卯	寅	丑	子

1) 유금이 인목을 견제하고 있고 가까이 있는 기토는 습토라서

큰 부담이 되지 않을 것 같으며, 무계합이 마음에 걸리긴 하지만 해월이니 이 정도라면 木·火를 쓸 수 있을 것 같다는 것이 고민 끝에 내린 결론입니다. 맞습니까?

2) 유금을 보면서 갑자기 든 생각입니다. 유금이 용신일 경우에 용신과 희신이 대립하는 경우는 없다는 것이 기본이지만, 겨울 金이라는 상황에서 조후를 생각하지 않을 수 없어 유금에게는 火가 제일 필요하지 않을까 생각했습니다. 너무 황당한 생각인가요?

 맞습니다

1) 틀림없이 맞습니다.
2) 참 황당한 생각입니다. 불가합니다. 그냥 土를 희신으로 해야 합니다. 물론 金이 용신이 될 경우입니다. 여기에서는 해당되지 않습니다.

671 암장된 용신

時	日	月	年
丁	甲	甲	丙
卯	辰	午	午

갑진 일주라 종하지 않는다고 보았습니다. 암장된 계수를 용하고 희신을 金으로 놓고 보니 신약한 木에게 무리가 아닌가 싶고, 木으로 삼고 나면 화국(火局)이 치열하여 재성을 살리므로 어떤 것이 나을지 모르겠습니다. 水가 암장되어 金이 와도 용신에 도움이 되지

않고 극신약인 점을 감안하여 木을 희신으로 보았습니다.

 잘 보셨습니다

계수가 용신이고 희신은 木이 됩니다. 다만 운에서 木이 와도 도움이 되지 않을 거라고 생각합니다. 결국 水가 아니고서는 답이 되지 않는다고 이해하면 됩니다.

672 약하다는 결론입니다

時	日	月	年
庚	丙	丁	壬
子	寅	未	子

정미월이 병인 일주라면 약하지 않다고 생각하지만 연주와 시주의 상황을 고려하면 약하다는 결론입니다.

 인성이 필요합니다

약간 아리송한 구조입니다. 연·시의 상황을 보면서 火의 세력이 고립된 것으로 봐야 하지 않을까 싶습니다. 인성이 필요하다고 봅니다.

673 요란한 사주입니다

```
時 日 月 年
庚 丙 癸 丁
寅 申 卯 酉
```

묘목이 월지를 잡았으나 신·유금에 깨어진 것 같아 신약으로 보고 木·火를 희·용한다고 생각하지만 목왕절이라 헷갈립니다.

 월령을 얻어도 도움이 못 됩니다

이런 상황에서는 월령을 얻은 것이 아무런 도움이 되지 못한다고 이해하면 됩니다. 잘 보셨습니다.

674 조후로 火를 쓰고 木은 희신, 土는 약이 될까요?

```
時 日 月 年
辛 庚 庚 辛
巳 午 子 亥
```

자월이라 사화·오화가 뜨겁지 않으니 천간의 금들이 뿌리를 내린다고 보면 조후를 고려하여 火를 쓸 것이라고 생각합니다. 희신은 木, 土가 약신이 됩니다.

그대로 봐야겠습니다

다소 약한 것이 부담이지만 천간의 金이나 사화 등의 힘을 고려해서 조후로 우선합니다. 희신은 土를 보는 것도 고려해야 합니다. 자오충이 있기 때문입니다.

675 과연 이러한 명식도 내격으로

時	日	月	年
癸	己	乙	癸
酉	亥	卯	酉

해수에 암장된 무토가 유일한데 과연 위의 사주도 내격으로 볼 수 있나요? 종격으로 본다면 희·용신이 어떻게 될까요?

 정격으로 봅니다

참 어려운 문제를 얻으셨네요. 그러나 결론은 火·土를 기다리는 것으로 보는 것이 좋습니다. 용신은 火로 하고 희신은 土로 봅니다.

여기에서 정격으로 봐야 하는 이유는 金과 木이 서로 대립하기 때문이며, 그래서 종하는 형상이 되지 못했습니다. 만약 종을 한다면 용신은 水가 되고 희신은 金과 木이 됩니다.

676 인성이 필요한가요?

```
時 日 月 年
癸 庚 癸 庚
未 午 未 午
```

일간 주위가 극·설을 하는 무리로 둘러싸인 것이 눈길을 끕니다. 월을 얻긴 했지만 인성이 메마르고(계수가 적셔준다고는 하지만 지지가 상당히 조열하여 역부족일 듯합니다), 극·설이 바로 옆에 붙어 있으니 약한가요?

 신약용인격

인성을 쓴다고 해도 아쉽기는 마찬가지입니다. 그래도 달리 방법이 없으니 신약용인격으로 봅니다.

677 식신을 쓰면 됩니까?

```
時 日 月 年
丙 甲 戊 庚
寅 戌 寅 子
```

관은 일간을 극하기 어렵고 인성이 안전하게 보존되어 있으며,

두 인목이 재성을 견제하고 있으니 약하지 않은 구조로 보아 병화를 용하면 될까요?

 병화를 씁니다

연간의 무력한 金은 목왕절에 소용이 되지 않으니 인월의 병화를 쓰고 목화통명(木火通明)이 됩니다. 좋습니다.

678 내공이 부족하여

時	日	月	年
甲	丁	戊	乙
辰	酉	寅	未

천간이 火의 세력이고 인목이 월지를 차지하고 있어서 약하지 않게 보고 土·金으로 보았는데, 인월에 무토당령을 생각하면 또 다른 가능성을 생각하게 됩니다.

여기서 무토가 을목을 얼마나 제지할 수 있는지 궁금합니다. 미토도 한몫 한다고 봐도 되나요? 미토가 아니고 해수라도 상황은 여전한가요?

 신약하다고 해석합니다

일지 유금이 진토의 생을 받아서 그대로 인목을 쳐버리는 것이 부담이 되어 인성이 필요한 것으로 보았습니다.

을목은 멀고 무토는 도움이 되지 않으며, 진토는 습하고 미토도 도움이 되지 못한다고 보는데 유금은 부담이니 신약하다고 해석해 봅니다.

679 희신이 궁금합니다

1) ①의 남자 사주 명식에서 평화의 사절단으로 木을 용하고 火를 희신으로 잡을 경우 火가 오면 전쟁이 날 텐데, 시끄럽더라도 火운이 土운보다 느낌상 더 낫다고 보면 될까요?

2) ②의 여자 사주 명식의 경우 정재합 된 남자와 인연이 되면 그래도 사는 게 좀 나을까요?

 운에서 부담이 되겠지만 희신은 火로 봅니다

1) 火를 희신으로 정하기는 했지만 운에서는 부담이 되겠네요. 그래도 월령을 잡은 火가 어느 정도 기운이 있다고 봐서 그대로 희신으로 봅니다. 다만 조토가 들어오는 것도 좋습니다.

2) 기본적으로 팔자에 남편과의 인연이 흉하다고 보면 어떤 남자를 만나더라도 흉합니다. 그리고 정재와 합된 남편을 만나면 그 남자는 아마도 묶어놓고서 두들겨 패지 않을까 염려됩니다. 구태여 남자를 고른다면 水 일주를 보는 것이 그래도 낫다고 말할 수 있습

니다.

680 사화로 조후도 해결하면서 제살하는 형태인가요?

```
時 日 月 年
辛 乙 辛 辛
巳 丑 丑 亥
```

월지 축토가 문제입니다. 신금의 뿌리로, 일간에게 도움을 주지 못하면서 해수와의 연결고리도 차단하는 두 가지 악역을 하고 있다는 생각이 듭니다.

두 축토와 해수가 머금은 습기를 고려한다면 다소 신약하지만 버틸 힘은 있다고 보고, 사화 상관으로 왕한 관살을 제어하려 하지 않을까 하는 생각도 하게 됩니다. 조후와 제살을 겸하는 형태라고 보아야 하나요?

 관살의 힘이 부담입니다

마음이야 그러고 싶지만 관살의 힘이 너무 부담됩니다. 인성이 아니고는 해결하기 어려울 것으로 보입니다. 신약용인격으로 봐야 할 것 같습니다. 물론 따분하지요.

681. 용신이 궁금합니다

```
時 日 月 年
丙 甲 庚 乙
寅 辰 辰 未
```

진월이 갑목이고 일지도 진토라 약해 보이지 않는데 경금이 자꾸 걸립니다. 그래도 진월 갑진이라면 갑목이 火를 생각할 것 같아, 병화를 용하고 土를 희신으로 생각했습니다.

 약합니다

약하다고 봐야 할 것입니다.

682. 겨울이라 불이 그립긴 하지만

```
時 日 月 年
乙 甲 丙 己
丑 戌 子 亥

46 36 26 16  6
辛 庚 己 戊 丁
巳 辰 卯 寅 丑
```

여명인데 지금 40세입니다. 26세 기토대운에 군인인 남편을 교통사고로 잃었고 경금대운이 힘들었다고 합니다.

자월의 갑목이 약하지 않아 보여서 火를 용신으로 보았는데 자꾸 보니까 자수는 술토와 병화로 인해 힘이 없고, 해수는 기토로 막혀 추위도 물이 좋아 보입니다. 火·木이 맞습니까? 아니면 물이 필요하다고 봐서 金·水가 더 좋을까요? 내년(2001년)부터의 장사운을 물었습니다.

 그대로 火를 용합니다

약하지 않습니다. 첫 번째 감이 중요합니다. 그대로 火를 용신으로 삼고 보면 됩니다.

장사는 내년이 올해(2000년)보다 낫다고 보면 됩니다.

683 월지 진토가 일간 갑목에게 얼마나 도움을 줍니까?

時	日	月	年
丙	甲	庚	乙
寅	辰	辰	未

월지 진토와 연지 미토의 태도가 궁금합니다. 월지 진토는 경금을 생하느라 일간에게 별 도움을 주지 못할 것이라고 생각합니다. 그러나 木에게 유리한 진월이고 갑목에게 유리한 진토이기도 하니 일간에게 30% 정도는 도움을 준다고 생각할 수 있나요?

연지 미토는 을목의 뿌리인데 70~80% 정도의 기운이 을목에게 쏠리고 있다고 보고 나머지 20～30%는 土로 존재한다고 보면 되겠는지요?

 잘 보셨습니다

그 정도라고 봅니다. 연지는 생각보다 도움이 되지 않습니다. 그래서 도움이 없는 것으로 보는 것이 좋습니다.

결과적으로 일지의 진토에서 힘을 얻고 시지의 인목이 도움을 주는 것으로 봐서 신약용인격으로 봅니다.

684 강약 구분이 어렵습니다

時	日	月	年
丁	丙	丙	己
酉	寅	子	未

일간 주변이 모두 비겁과 인성입니다. 그런데 자월이고 병자월이라서 저울질이 잘 안 됩니다. 아무래도 인성인 인목을 용하고 火를 기다리는 구조로 보았습니다.

 관성을 용신으로 합니다

자월이라고는 해도 미토가 견제하고 있고 인목이 설기를 하므로 별로 위협적이지 못해서 약하지 않은 것으로 보고 그대로 관성을 용신으로 삼아도 될 것 같습니다.

685 조후로 볼 때 용신과 희신 그리고 한신

```
時 日 月 年
庚 甲 癸 丁
午 辰 丑 未
```

火 용신, 木 희신으로 보았습니다. 그러면 조후로 火를 용한 것이므로 인성인 水는 기신운이 되어 흉하며, 한신인 기토·무토가 천간으로 오면 인성인 계수를 극하고 합하여 나쁘다고 해야 하나요? 또한 지지로 오는 술토와 미토는 도움이 되고 축토·진토는 나쁘다고 보나요? 약하다고 보아 水·木으로 볼 수는 없나요?

 확신을 갖고 접근하는 것이 좋습니다

축월 갑진의 상황이니 약하지 않고, 약하다는 의심은 갖지 말아야 합니다. 火가 용신이고 土가 희신으로, 습토는 도움이 되지 않고 木은 무난합니다.

686 깨지고 무력하지만 그래도 재성이 나을까요?

```
時 日 月 年
乙 甲 辛 壬
丑 子 亥 子
```

필요한 불이 없으니 관과 재 사이에서 갈등하게 됩니다. 관을 쓰자니 인성이 너무 강하고 재를 쓰자니 반은 죽어 제구실을 못하게 되었습니다. 그래도 관은 인성의 세력이 태강하여 부담스러우니 재를 쓰고 식상을 기다려야 할까요?

 참 딱한 구조입니다

그래도 관살이 있으니 그대로 관을 용하고 재성을 기다린다고 해야 합니다.

687 寅·午·戌 완전한 삼합인데 모두 불로 봐야 합니까?

時	日	月	年
庚	戊	庚	甲
申	戌	午	寅

37	27	17	7
丙	丁	戊	己
寅	卯	辰	巳

모처럼 보는 寅·午·戌의 완전한 삼합입니다. 인목과 술토도 불덩어리로 보고, 약하지 않은 구조로서 식신을 써야 합니까?

 거의 불덩어리라고 해도 됩니다

월간의 경금은 무력하고 연간의 갑목은 火기운으로 흐르고 있어서 일간 무토가 왕한 형상입니다. 그러니 시주의 식신을 용신으로 하고 재성을 기다리는 것으로 봅니다.

688 역시 희·용신이 어렵습니다

①	②
時 日 月 年 丁 庚 庚 乙 亥 午 辰 亥	時 日 月 年 庚 丁 甲 癸 戌 亥 寅 卯

1) ①의 사주는 신약하다고 보아 신약용인격으로 보았는데 맞습니까?

2) ②의 사주는 더욱 애매한데 신강하다고 보아서 식신생재로 보았는데 맞는지 궁금합니다. 바빠서 간단히 올리는 걸 용서해주십시오.

 정답!

1) 정답입니다.

2) 역시 잘 보셨네요. 약하지 않은 구조입니다. 약하지 않은 것은 강한 것에 비해서는 다소 떨어지지만 그래도 약하지는 않으므로 극·설을 용신으로 쓸 수 있다는 의미로 이해하면 됩니다. 용신으로는 재를 쓰고 희신으로 식신을 보는 것이 좋습니다.

688 용신으로 오화를 생각했습니다

```
時 日 月 年
乙 戊 庚 己
卯 辰 午 亥
```

월과 일 세력을 얻어서 약해 보이지 않는데 을묘가 강해 보여 용신으로 오화를 생각했습니다.

 약해 보입니다

시주의 을묘가 부담이 되고 진토가 손상을 받는 것이 아쉽습니다. 용신으로 인성을 의지하고 해수는 기신이 됩니다. 희신으로 土를 봅니다.

690 신약용인으로 보았습니다

```
時 日 月 年
庚 辛 庚 丙
寅 丑 寅 午
```

인월이고 일지 축토가 인목에 극을 받고 있어서 신금의 뿌리가 약해 보입니다. 그래서 인성을 용신으로 생각하는데 다시 보면 약해 보이지도 않아서 고민됩니다.

 비겁도 중요합니다

그렇게 보면 됩니다. 다만 인성도 좋지만 木이 왕한 계절이므로 비겁도 상당히 중요합니다. 잘 보셨습니다.

691 재성이 기신이면

時	日	月	年
甲	戊	壬	己
寅	午	申	酉

1) 신약으로 봐서 오화를 용신으로, 土를 희신으로 보았습니다. 진토가 들어올 경우 오화의 열기를 빼가므로 나쁘다고 봐야 할지, 아니면 희신운이므로 좋다고 봐야 할지 모르겠습니다.

2) 재성이 들어오면 보통 여자(배우자)를 만날 가능성을 이야기 하는데 재성이 기신일 경우에도 그렇게 말할 수 있나요? 병자년에 실연했다고 합니다.

 진토는 도움이 되지 않습니다

1) 희신이 木에 있으므로 진토는 도움이 되지 않습니다. 용신을 약하게 하는 것이 나쁩니다.

2) 재성이 기신이라도 여자와 연관된 일이 생기는 것으로 보는 것이 좋습니다. 다만 그 결과는 사주의 암시대로 가겠지만 만나는

인연은 그렇게 나타납니다.

692 재성을 써야 할까요?

時	日	月	年
庚	丁	癸	壬
子	卯	卯	寅

널브러진 관이 부담스럽긴 하지만 인성이 막강하니 약하지는 않을 것으로 생각합니다. 관을 쓰자니 인성이 강하여 적절치 않아 보이는데, 강한 인성을 염두에 두어 경금을 쓰는 것이 타당하지 않을까 생각됩니다.

 희신은 土가 됩니다

관살의 의미가 필요하지 않으니 재성을 용하도록 합니다. 그렇게 되면 희신은 土가 될 것입니다.

693 종격으로 보입니다

時	日	月	年
庚	癸	壬	辛
申	酉	辰	酉

```
63  53  43  33  23  13   3
己  戊  丁  丙  乙  甲  癸
亥  戌  酉  申  未  午  巳
```

진월의 계유 일간이라 강하다고 보았습니다. 木·火를 찾는데 보이지 않아 土를 용신으로 삼으려 하지만, 양쪽에 생금을 2개나 끼고 있는 진토가 과연 용신이 될 수 있을까 싶습니다. 웬만하면 정격으로 보려 하지만 진토는 내키지 않습니다. 종아격으로 金·水 용신에 火·土 기·구신으로 보았습니다. 木은 천간에서 용신과 합하거나 지지에서 충만 내니 별로 좋을 게 없는 한신으로 보았습니다. 오화 대운에 경진세운을 지나는데 올해(2000년)는 좀 낫지 않을까요?

 용신이 무력하다는 결론

결국 용신이 무력하다는 것으로 결론을 내려야 할 것 같습니다. 월지에 정관이 당령하고 있으니 비록 약하다고는 하지만 용신으로 하고 재성이 희신으로 도움을 줘야 할 것입니다. 그런데 보좌가 약해서 아쉽습니다.

694 일지 미토가 을목의 뿌리인데 약한가요?

```
時  日  月  年
己  乙  庚  乙
卯  未  辰  卯
```

일지 미토가 을목의 뿌리가 되어주어 약하지 않은 것으로 생각했는데 요즘에 다시 보니 약한 느낌이 듭니다. 일지 미토가 일간의 뿌리가 되고 있긴 해도 土는 土라는 생각이 들며, 연주가 경진에 막혀 격리되어 있고 사주에 土·金의 세력이 만만치 않아 보입니다. 신약용비격으로 비겁을 써야 될까요?

 약하지 않게 봐도 됩니다

이 정도라면 약하지 않은 것으로 봐도 됩니다. 그냥 정관을 용신으로 삼아도 됩니다. 을목이 未에 통근한 것도 상당하고, 연주의 힘도 고려해야 합니다.

695 기토지만 무술월이라면

時	日	月	年
甲	己	戊	丙
子	酉	戌	辰

이 사주는 무술월이라 약해 보이지 않습니다. 진술충이 있고 갑기합이 되어 있어도 약하게 보이지 않아 용·희신을 金·水로 보았습니다. 용신을 맞게 보았나요?

 식신을 의지하는 것이 좋다고 봅니다

잘 보셨습니다. 金·水가 좋아 보입니다. 옛날 사주라면 혹시 시간의 갑목을 용신으로 했을 수도 있는데, 요즘에는 식신을 의지하는 것이 옳다고 봅니다. 역시 사람의 시대적 상황에 따른 의지력이 반영되는 것이 아닌가 싶습니다.

696 약하게만 보입니다

```
時 日 月 年
戊 戊 丁 己
午 寅 丑 卯
```

여자아이인데 강약이 애매해서 올립니다. 축월이라서 木이 강하고 土는 약해 보이니 아무리 세력이 강하고 월을 얻어도 약해 보입니다. 그래서 조후도 겸해 火를 쓰고 木을 기다리고 싶습니다.

 木 용신, 火 희신으로 합니다

이 정도라면 그냥 木을 용신으로 삼아도 됩니다. 약하지 않아 보입니다. 火는 희신입니다.

697 종한 사주에 선전까지 겹치면 어떤 현상이

```
時 日 月 年
丁 甲 乙 丁
卯 午 巳 未
```

48	38	28	18	8
庚	辛	壬	癸	甲
子	丑	寅	卯	辰

사월(巳月)의 갑목이 뜨겁습니다. 미토는 온기의 土라 火를 막기에 역부족입니다.

용신 火, 희신 木으로 보았습니다. 맞나요? 또한 월·일주 선전이 있습니다. 식신·인성에 선전까지, 성격 존에 관해 답변 부탁드립니다.

 선전은 종격과 무관합니다

종을 했다고 확인한 후 그 다음의 상황을 고려하는 것이 좋을 듯 싶습니다.

현재의 대운은 임수를 넘기고 인목으로 접어든 상황인 듯한데, 水·木운에서 무난하게 지냈다면 당연히 정격이고 고통이 많았다면 종아로 봐도 됩니다.

이럴 경우에 선전의 작용이 따로 있다고 보기는 어렵지만 작용이 있다고 보면, 겁재가 선전에 포함되어서 경쟁심이 이상하게 작용하지 않을까 상상해봅니다. 즉 과다 경쟁심으로 이상한 행동을 할 수도 있지 않을까 생각됩니다. 선전은 종격과 무관한 것으로 생각됩니다.

698 용신이 안 보이는 사주입니다

```
時 日 月 年
戊 丙 己 癸
戌 辰 未 丑
```

1) 木을 써야 하는데 辰 중 을목은 진술충으로 깨지고, 未 중 을목은 축미충으로 날아갔으니 정말 난감합니다. 그리고 급수는 어떻게 봐야 하나요?

2) 인성 木이 약하다고 보아 水가 희신일 것이라고 생각했는데 火가 희신이 된다고 합니다. 辰 중 을목이 戌 중 신금에게 깨지기 때문인가요?

 水가 희신 역할을 못한다고 할 수 있습니다

1) 참 답답한 구조이지만 달리 방법이 없습니다. 그대로 인성을 용하고 희신은 火로 삼습니다. 등급은 10급이 됩니다.

2) 만약에 木이 간지에 나타난다면 水가 희신이 되지만 지장간에 암장되었을 경우에는 水의 운이 생목이 되지 않으므로 희신 역할을 못합니다. 마치 신약한 정화가 亥 중의 갑목을 용신으로 삼았을 경우에 그 갑목의 세력이 약해도 실제로 水운은 도움이 되지 않는 것과 같습니다.

699 土는 木의 뿌리 : 金의 인성 = 6 : 4로 보면 될까요?

```
    時 日 月 年
    丙 甲 甲 乙
    寅 辰 申 丑

己 庚 辛 壬 癸
卯 辰 巳 午 未
```
戊
寅

1) 신월 갑목이 실령하여 신약한데 비겁을 쓰고 보니 木의 세력도 만만치 않은 것 같습니다. 갑목이 辰 중 계수에 뿌리를 내린다고는 하지만 미약한 것 같고, 어떻게 용신을 잡아야 할지 궁금합니다.

2) 진토와 축토가 일간 갑목과 을목에게 반 이상 귀속되었을 것으로 생각됩니다. 신금이 중앙에 있으니 두 土가 신금을 외면하지는 않겠지만 기운이 신금에게 몰릴 것 같지는 않습니다. 土를 木의 뿌리로 본다면 약하지 않으니 火로 설하는 것이 좋을 것 같습니다.

木의 뿌리 : 金의 인성 = 6 : 4로 보면 될까요? 신월이 아니라면 8 : 2로 보려다가 이렇게 보았습니다. 土가 개입되니 모르겠습니다.

 일지의 진토를 의지합니다

1) 이런 구조에서 늘 어렵습니다. 사주에 특별히 土가 많다면 비겁을 우선하고 그 외에는 인성을 사용하는 것으로 기준을 정해두는 것도 좋습니다. 여기에서는 일지의 진토가 천금의 가치를 지니고 있습니다. 의지하도록 합니다.

2) 다시 보니까 크게 약하지 않아 보입니다. 구체적인 것은 확인

해봐야겠지만 약하지 않은 것으로 볼 수도 있다고 생각합니다.

약하지 않다면 시간의 식신이 좋아 보입니다. 월지의 신금은 특별히 木을 제어하는 구조는 아니라고 봅니다.

700 패가한 시기를 천간의 병대운으로 보는 것이 어떨까요?

```
時 日 月 年
辛 壬 壬 壬
丑 申 寅 申

戊 丁 丙 乙 甲 癸
申 未 午 巳 辰 卯
```

1) 『적천수강의』 1권 p.187에 보면 "초운의 계묘 · 갑진에서는 木의 부족한 부분을 도와 부모의 도움이 넉넉했는데 을사대운에는 충돌하여 애로가 있었고, 병오대운에는 군겁쟁재로 火를 유통시켜줄 방법이 없었으니 집이 깨지고 자신도 죽게 되었다"라고 되어 있습니다. 낭월님은 어려운 부분은 없어 보인다고 했는데 전 어렵습니다. 제가 판단할 때는 인목이 양쪽으로 충을 당해 힘이 없어도 축토는 쓰기 어려우니 결국 상관생재격으로 보이는데, 왜 火운에서 그렇게 심하게 당했는지 궁금합니다.

2) 납득이 안 되는 부분입니다. 지지 오화대운에 축토가 설기한다고 해도 약발은 받아야 하지 않을까 하는 생각입니다. 해수가 오화를 정면으로 치는 것도 아니고, 용신 인목이 양 신금으로부터 극을 당하는 상황에서 들어오는 오화라면 부족하지만 인오반합도 이

루니 적어도 나쁜 일이 생기지는 않아야 할 것으로 생각합니다.

『적천수강의』에서는 패가한 시기를 뭉뚱그려서 병오대운이라고 했는데, 좀더 정확하게는 火가 두 임수에게 극을 당하는 병대운이라고 보는 것이 타당하지 않을까 생각해보았습니다.

 대운과 세운을 모두 참고해야 합니다

1) 火운에 부담이 되었던 점에 대해서 의문이 생기셨군요. 생각하건대 인목이 신금에게 과도하게 제어를 당하다보니까 오화의 힘으로 밀어내지 못했나 봅니다. 물론 축토도 오화를 무력하게 하는데 일조했으리라고 짐작해보며, 특히 천간의 임수들도 부담되는 것은 마찬가지였을 것이고, 더구나 세운의 작용까지 고려한다면 부담되었다는 내용이 이해됩니다.

상관생재격이라고 하더라도 결국 운에서는 오화가 들어와서 축토에게 설기를 당하고, 인목은 견제를 당하고 있어서 제 기능을 하지 못한 것 같습니다. 질문한 분의 생각에는 천간의 임수까지 달려들었으니 어떻게 빠져나가겠느냐는 설명일 텐데, 크게 틀린 것은 아니라고 봅니다. 혹시 이해가 되지 않으면 다시 한 번 질문주시기 바랍니다.

2) 그렇게 보는 것이 좋겠습니다. 다만 구체적으로 확인이 가능하다면 대운과 세운을 모두 참고해서 결론을 내리는 것이 원칙입니다. 실제 자료일 경우에는 반드시 이러한 점에도 신경을 써야 할 것입니다.

701 임수가 좋아 보입니다

```
時 日 月 年
辛 辛 戊 壬
卯 巳 申 子
```

1) 무신월에 신사가 시간에 金이 있어 약해 보이지 않습니다. 그래도 묘목이 사화를 강화시키는 게 마음에 걸립니다.

2) 사화를 용신으로 잡은 것이 쉽게 납득되지 않습니다. 신월의 열기 없는 사화이니 일간의 뿌리가 될 텐데 용신의 역할을 잘 할 수 있을지 의문입니다. 일간과 합이 되니 유정하다고는 하겠지만 이 사주가 火가 필요한 구조인지 이해하기 어렵고, 월을 얻은 임수를 쓰는 것이 더 낫지 않을까 하는 생각이 듭니다.

 임수는 화극금에 비하지 못할 듯합니다

1) 火가 필요한 구조라고 보고 희신은 木이 되며, 그 木은 신묘라서 생각보다 무력하다고 보면 크게 고민하지 않아도 될 것 같습니다. 잘 보셨습니다.

2) 당연히 일리 있는 말씀입니다. 다만 사주에 金이 많으니 火가 있으면 좋겠는데, 임수는 무토에게 얻어맞아서 아무래도 화극금에 비하지 못할 듯싶은 형상입니다. 그래서 火를 용신으로 보고 싶습니다.

702 흥선대원군의 사주입니다

```
    時 日 月 年
    癸 壬 己 庚
    卯 辰 丑 辰

丙 乙 甲 癸 壬 辛 庚
申 未 午 巳 辰 卯 寅
```

선생님은 신약으로 보아 金을 용신으로 하였습니다. 그러나 저의 짧은 식견으로는 조후가 좋지 않을까 싶습니다. 이유는 대원군이 초년에는 미관말직으로 불우하였지만 巳·午·未의 남방운에는 크게 발복하여 국운을 횡행하는 지경에까지 이른 것이라 보기 때문입니다.

대원군은 43세에 철종이 죽으면서 안동 권문의 세도정치를 꺾고 득세하게 되며, 여러 차례 부침을 겪고 75세의 을미사변에 이르러 실권하게 됩니다. 저의 짧은 식견을 바로 잡아주십시오.

일리가 있습니다

운의 대입으로 봐서 일리가 있는 의견이라고 봅니다. 다만 사주의 구조에서 아무래도 관살이 왕해서 인성을 필요로 하는 구조가 아닌가 싶은 생각이 듭니다. 운의 대입이 비중이 있는 것은 사실이지만 겨울 임수에게 조후의 비중보다도 도움을 주는 인성의 협조가 더 급하지 않은가 생각합니다. 낭월도 직접 채집한 명식이 아니니 구체적으로 확인이 어렵지만, 이 사주 구조로만 봐서는 인성이 용신이 되는 것으로 봐야 하지 않을까 싶습니다.

혹시 명식이 잘못된 것인지도 모른다는 생각도 해보지만, 구체적으로 확인이 어려운 사주의 경우에는 운의 대입보다도 원국의 이해에 비중을 둡니다. 조후로 대입하려고 해도 재성이 없어서 조후의 구조가 되지 못합니다. 이 경우에는 운의 대입에서 다소 의심 가는 점이 있더라도 그대로 넘어가는 수밖에 없습니다. 조후의 의미는 약하다고 생각합니다.

703 약해 보이지 않는 상관이 신경 쓰입니다

時	日	月	年
癸	戊	辛	辛
丑	戌	卯	亥

쉽게 일간의 강약을 논하여 土 용신, 火 희신으로 보고 싶으나 신금의 형태가 무척 신경 쓰입니다.

 간단하게 봐도 될 듯싶습니다

신금에 관심이 가는 이유가 뭔지 모르겠습니다. 구태여 상관에 신경 쓰지 말고 신약하니까 그냥 土·火로 잡으면 됩니다. 너무 깊이 생각하다보면 때로는 엉뚱한 것으로 고민할 수도 있습니다.

704 약하지 않은 것으로 보았습니다

時	日	月	年
庚	丁	辛	辛
子	卯	卯	丑

관과 식상이 있지만, 구조상 관과 식상이 일간의 기운을 빼앗아 갈 분위기는 아닌 듯합니다. 그러나 재가 중중해서 인성이 위축되어 다소 부담스럽지만 목왕절의 金이니 조금 무시하고 약하지 않다고 생각했습니다.

 결국 약하다고 할 수 있습니다

월지의 묘목은 신금에게 제어당하고, 일간 정화는 의지할 곳이 일지라고 본다면 결국 약하다고 해야 할 것입니다. 구조도 중요하지만 전반적으로 木·火의 기운이 너무 위축되어 있다고 볼 수 있습니다. 다시 살펴보기 바랍니다.

705 처음으로 인사드립니다

時	日	月	年
戊	壬	甲	壬
申	戌	辰	戌

```
68  58  48  38  28  18  8
辛  庚  己  戊  丁  丙  乙
亥  戌  酉  申  未  午  巳
```

1) 현재 19세 고등학생으로 병오대운입니다. 살중용인격으로 보아서 申 용신, 壬 희신으로 잡았습니다. 그리고 기신은 土, 구신은 火로 보았습니다.

2) 이 학생이 졸업은 무사히 할 수 있을까요? 도대체 안정을 못하고 사는 것같이 보입니다. 마음에 구심점도 없는 것 같은데 생활태도는 어떨까요?

또 강한 관살에서 신약이 된 이 사람의 성격 구조는 어떨까요?

3) 이 때의 신금을 왕하다고 보아야 하는지, 아니면 토다금매(土多金埋)의 형상으로 보아야 하는지요? 저는 토다금매의 형상으로 水를 생하기 어렵다고 봅니다.

4) 申·酉대운의 시기는 너무 멀리 있는 듯합니다.

 왕하지 않다고는 할 수 없습니다

1) 잘 보셨습니다.

2) 대운이 재성이니 무사하다고 하기 어렵습니다. 고난이 함께하지만 올해 경진년(2000년)의 도움으로 졸업은 하리라고 봅니다. 그런데 올해 3학년이기를 바랍니다. 내년 신사년(2001년)에는 졸업을 장담 못합니다. 그렇게 되면 억압감이 심할 것입니다.

3) 토다금매라고 해서 왕하지 않다는 의미는 아닙니다. 왕하지만 인성이 과다하여 재성이 필요하다는 의미로 이해하는 것이 좋을 듯합니다.

4) 대운이 멀리 있으니 고난의 시간이 따르겠지만 인생 역정을 생각하면 나쁘다고만 할 일은 아닙니다. 투자하는 뜻에서 군대에 들어가는 것이 어떨까 싶은 생각도 해봤습니다.

706 식신생재격으로 봐도 되나요?

```
時 日 月 年
壬 戊 癸 戊
戌 戌 亥 申
```

용신을 金으로 보고 희신을 水로 본다면 식신생재격의 형상인데 식신생재격으로 보면 되나요?

그리고 경진년(2000년)에는 진술충이 생기고, 신사년(2001년)에는 사해충이 일어나는데 사해충은 도움이 안 되지만 진술충은 도움이 될 것 같아 보입니다.

 진술충보다는 사해충이 낫다고 봅니다

土가 충하면 水는 자동으로 손상을 입게 되지 않을까 싶습니다. 반면에 사해충은 수극화의 원리가 적용되므로 흉할 것이 없다고 봅니다.

707 水·金으로 보고 있습니다

```
時 日 月 年
乙 甲 己 甲
亥 戌 巳 辰
```

여름이 갑목이라면 우선 인성이 상황을 살피는 게 중요하고, 그 다음에 강약을 보아야 한다고 생각합니다. 그렇다면 시지 해수가 용신이고 희신은 金이라고 봅니다. 일단 신약하지만 木은 해수를 빼앗아가므로 좋지 않다고 생각합니다. 천간의 金은 나쁘지 않다고 보았는데 제대로 보았는지 궁금합니다.

희신은 木으로 봐야 합니다

용신은 해수가 틀림없는데 희신은 용신 해수가 술토에게 제어당하고 있어서 木이 필요하다고 봅니다. 운에서 오는 金은 물론 좋다고 봐야 합니다.

708 용신과 급수가 궁금합니다

```
時 日 月 年
戊 丙 己 癸
戌 辰 未 丑
```

木을 써야겠는데 辰 중 을목은 진술충으로 깨지고, 未 중 을목은 축미충으로 날아갔으니 정말 난감합니다. 그리고 급수는 어떻게 봐야 할까요?

 참 답답한 구조입니다

달리 방법이 없습니다. 그대로 인성을 용하고 희신은 火로 삼습니다. 등급은 10급이라고 할 수 있습니다.

709 용신과 희신이 궁금합니다

時	日	月	年
甲	庚	己	庚
申	子	丑	子

일단 약하지 않으니 조후를 생각해서 火가 있으면 용신으로 보고 싶은데 없으니 아쉽지만 木을 용하려고 합니다. 그리고 희신은 火로 보고 싶습니다. 용·희신을 木·火로 볼까요? 아니면 용신으로 木을 썼으니 희신은 水로 갈까요?

 水 용신, 木 희신의 구조입니다

火가 없으니 水를 용신으로 하고 木으로 보호하는 구조라고 할 것입니다. 火는 한신이기는 하지만 도움이 되는 것으로 봅니다.

710 운에서 들어와 천간합을 할 경우에도 화하나요?

```
時 日 月 年
乙 甲 己 甲
亥 戌 巳 辰
```

운에서 천간에 갑목이 들어와 갑기합이 되면 土로 화하는지를 물었는데, 지지의 삼합일 경우에는 운에서 들어오면 왕지가 월령을 잡았을 때는 거의 화한다고 보는 것이 생각나서 혹시 천간합도 이에 준해서 생각해야 하는 것은 아닐까 해서 질문 올립니다. 이 사주는 일간과 쟁합이 되어서 화하기는 어렵다는 생각이 듭니다.

천간합도 운에서 들어와 합하고 사주의 분위기가 화할 수 있는 여건이 되면 화하는 경우가 있나요?

 이론적으로는 가능합니다

이론적으로는 여건이 되면 화합니다. 가령 천간에서 일간 갑목에 기토가 둘이나 있고 지지가 전부 土로만 되어 있어서 이미 화토격(化土格)일 경우, 운에서 갑목이 들어와 나머지 하나의 기토와 합하면 화할 수도 있지 않을까 싶습니다. 그 정도가 아니고서는 화(化)는 어렵다고 할 것입니다.

711 寅 중 병화를 용신으로 쓸까요?

時	日	月	年
乙	乙	甲	癸
酉	丑	寅	酉
37	27	17	7
戊	丁	丙	乙
午	巳	辰	卯

인월 추운 날에 태어난 을목에 유금을 쓰기보다는 寅 중 병화를 용신으로 보고 싶으나 조금 헷갈립니다.

 암장된 火를 용신으로 대입

그렇게 하고 싶은 마음이 굴뚝 같습니다. 목왕절에 金을 쓰기보다는 암장되었지만 火를 용신으로 보고 대입시켜봅니다.

712 木 용신에 水 희신으로 생각합니다

時	日	月	年
辛	辛	戊	庚
卯	卯	子	戌

```
40  30  20  10
甲   乙   丙   丁
申   酉   戌   亥
```

조후를 보아 火 용신이라고 생각했는데 보면 볼수록 木이 金에 비해 약해 보이고, 水 또한 土에 눌려 약해 보이며 일간이 강하게 느껴져 木 용신에 水가 희신이라고 생각합니다. 사부님의 가르침을 부탁드립니다.

 木 용신, 火 희신으로 합니다

불이 없어서 기웃거려봤습니다. 아무리 둘러봐도 불이라고 할 만한 것은 없네요. 술토 속에 있는 것으로 용신을 삼을 수는 없습니다. 그냥 木으로 하고 木이 金을 만났으니 火를 희신으로 삼도록 합니다. 물론 운에서는 木운보다는 火운이 더 좋습니다.

713 자수가 우선하지 않나요?

Q712를 보면 자수가 극을 받았기 때문에 버려두고 木을 우선한 것 같은데, 水를 먼저 써야 하는 것 아닌가요? 木을 먼저 써야 할 만큼 토세(土勢)가 위협적인 것도 아니고, 용신의 주변 상황은 일단 용신을 잡아놓고 살피라는 스님의 말씀이 떠올라서요.

 자수는 무력해서 탈락입니다

일반적인 흐름으로는 水가 용신이 되어도 좋겠는데, 자수는 무력하고 또한 金의 기운을 설하지도 않아서 후보에서 탈락입니다. 그래서 그냥 木을 용신으로 하는 구조로 생각됩니다.

714 金은 희신입니까? 도움이 되는 한신입니까?

時	日	月	年
辛	乙	壬	己
巳	丑	申	酉

위의 사주의 용신이 임수라는 데는 이견이 없습니다. 그런데 희신으로 木을 보는 게 좋습니까? 아니면 관인상생으로 金이 희신이 됩니까? 저는 일단 水·木으로 보았습니다. 시간에 신금이 있어서 관살인 金을 희신으로 보는 것은 무리라고 생각했기 때문입니다.

그리고 임수가 기토에게 극을 받는 것 때문에도 약신으로 木이 좋아 보입니다. 水·木으로 간다고 해도 천간에 金은 나쁘지 않다고 생각합니다. 제대로 생각하고 있는 것인가요?

천간으로 오는 경금운을 볼 때 경금이 일간과 합되는 것은 나쁘게 보아야 합니까? 아니면 일간과의 합이므로 관계없다고 봅니까?

용신이 월에 강하게 뿌리를 얻었다면 급수로 최소한 중격은 된다고 보는데 5~6급으로 봐도 될까요?

연간부터 일간까지 토생금 금생수 수생목으로 흐름이 있는데 흐름을 인정해야 하나요?

7급 정도로 봅니다

잘 생각하셨습니다. 희신은 木이 좋고, 천간으로 金이 오는 것은 나쁘지 않지만 일간에게 부담이 되는 것은 어쩔 수 없습니다. 그 정도로 이해하면 됩니다.

급수를 볼 때 용신이 극을 받았다는 것을 고려한다면 7급 정도로 볼 수 있습니다.

그리고 흐름은 일간을 통과해서 가야지 들어오기만 해서는 흐름이라고 하기 어렵습니다.

715 여름 불과 겨울 물은 조후를 생각 안 해도 되나요?

時	日	月	年
己	壬	癸	戊
酉	午	亥	申

임수가 약하지 않아 보입니다. 그러면 해월이기 때문에 조후를 고려해 오화를 용신으로 생각해도 될까요? 일단 저는 火·土로 보았는데, 火가 여름에 태어나거나 水가 겨울에 태어나면 조후를 생각하지 않아도 된다는 말씀이 생각나서 조후를 생각하지 않는다면 기토를 용신으로 보는 것도 좋아 보입니다. 火를 용합니까? 아니면 土로 눌러줄까요?

木이 없어서 유감입니다

겨울의 水가 왕하다고 봐서 설기하고 싶은데 木이 없어서 유감입니다. 그냥 관성을 용신으로 하고 재성은 희신이 되는 것으로 봅니다. 조후는 고려하지 않아도 됩니다.

716 시간의 을목이 부담스러워 인성이 필요합니다

```
時 日 月 年
乙 己 壬 己
丑 未 申 未
```

상관생재격으로 보았다가 질문을 올려놓고 다시 생각해보니 인성이 필요할 것 같아서 수정합니다. 기토가 임수를 막기 어렵고 연주의 세력이 좀 멀어서 큰 도움을 주기 어려울 것 같으며, 시간의 을목이 부담스러울 것 같아서 인성이 필요하다고 생각합니다.

 그렇게 보는 것이 무난합니다

미토 속의 정화를 의지하는 것으로 봐야겠습니다. 정말로 火가 아니고서는 버틸 수 없는 상황이라고 해야 할 것입니다.

Q 717 왕지가 월을 못 잡았는데

```
   時 日 月 年
   戊 丁 癸 庚
   申 卯 未 辰

   50 40 30 20 10
   戊 丁 丙 乙 甲
   子 亥 戌 酉 申
```

용신은 木·水가 될 것 같습니다. 지지로 해수가 들어오면 진토·미토가 버티고 있어 제 역할을 하기 어려울 텐데 평운은 된다고 보아야 합니까?

해수대운은 어설프지만 해묘미 삼합이 조금은 작용하지 않을까 생각하여 자수대운이 해수대운보다 조금 못할 것이라고 생각해보았는데 맞습니까?

평운 정도입니다

그렇습니다. 용신이 木이고, 희신은 극을 받은 木을 보호하자는 차원에서 火가 우선하는 것으로 봅니다.

물론 水도 좋지만 천간으로 들어오는 水는 별 도움이 안 됩니다. 다만 문제는 지지의 水운인데, 해수가 자수보다는 좋다고 해도 평운 정도에 머물겠습니다.

718 土·金을 쓰면 될까요?

```
時 日 月 年
丙 丁 丙 乙
午 酉 戌 亥
```

연지 해수가 일간에게 부담을 줄 것 같지 않고, 일지 유금도 월은 얻었지만 오화의 견제로 맥을 못 출 것 같습니다. 술토가 천간 火의 뿌리가 되어주니 약하지 않은 것으로 보았습니다. 土·金으로 쓰면 됩니까?

 잘 보셨습니다

그렇게 하는 것이 최선이라고 할 수 있습니다.

719 월지 해수로 설기하면 좋을 것 같은데

```
時 日 月 年
丙 庚 丁 庚
戌 戌 亥 戌
```

일지를 얻어서 어지간히 세력을 갖추고 있기 때문에 약하지 않은 것으로 봐도 될 듯싶습니다.

겨울이라서 조후를 보니 병·정화가 천간에 떠 있고 술토가 지지에 죽 깔려 있어서 온기도 부족하지 않아 보여 불이 꼭 필요한 상황은 아닌 것 같습니다. 오히려 화세(火勢)가 부담이 될 수도 있을 듯하여 월령을 얻은 해수로 설기하는 것이 좋다고 생각했습니다. 水·木을 쓰면 될까요?

 그렇습니다

그렇게만 본다면 이미 생극제화의 이치에 밝아졌다고 볼 수 있습니다. 더욱 깊은 경지에 이를 것으로 봅니다.

720 종격은 급수를 어떻게 봅니까?

時	日	月	年
甲	戊	甲	癸
寅	子	寅	卯

요즘에는 사주 자체의 길흉에 관심이 갑니다. 꼭 사주를 급수로 따져서는 안 되겠지만 학문적인 견지에서 종격일 경우 급수를 어떻게 보는지 궁금합니다. 종격은 주변이 모두 용신이니 아주 좋은 급수입니까? 궁금합니다.

 종살격입니다

급수는 2~3급 정도로 봅니다. 판사를 하다가 그만둔 사람인데 경금대운에 옷을 벗었습니다. 이것으로 볼 때 용신의 상황을 살펴서 그대로 급수를 정하면 됩니다.

721 약하게 보입니다

```
時 日 月 年
甲 丁 戊 癸
辰 未 寅 巳
```

인성과 겁재가 분산되어 있어 약해 보이는데 어찌 보면 약해 보이지 않고, 일단 木·火로 보았습니다.

 재성이 보이지 않아서 유감입니다

약하지 않고 인성이 강한 편인데 재성이 있었다면 좋았을 텐데 아쉽습니다. 식상을 용신으로 합니다. 상관을 쓰려니 합이 되었고, 식신을 쓰려니 설기가 부족해서 다소 아쉬운 구조라고 봅니다.

722 가까이 있는 木도 나쁘지 않나요?

```
時 日 月 年
丁 戊 戊 己
巳 寅 辰 酉
```

金·水로 보았습니다. 그런데 가까이 있는 木도 나빠 보이지 않습니다.

 木보다 金이 좋습니다

진월의 상관을 고려하면 木보다 金이 더 좋습니다. 아마도 결정을 내리는 힘이 부족한 듯싶은데 명상을 해보면 많은 도움이 되지 않을까 생각합니다.

723 기초부터

```
   時  日  月  年
   癸  癸  癸  丁
   丑  卯  丑  未

   49  39  29  19   9
   戊  己  庚  辛  壬
   申  酉  戌  亥  子
```

위의 사주를 보면 인성이 지장간에만 있고 관성이 강해서 비겁 계수를 용신으로 삼고 인성인 金을 희신으로 보았습니다.

그런데 이상한 점은 이 분이 중학교 때 아버님을 여의고 자수성가하였다는 겁니다. 독학으로 대학을 나와 현재는 물리치료사로 상당히 유명한 분입니다.

24세부터 사회에 나와 해수·경금대운을 겪으면서 고생도 많이 하였으나 현재는 상당한 명성과 돈을 얻었는데, 올해(2000년) 초 주식투자로 많은 돈을 잃었다고 합니다. 생활이 어려워질 정도는 아니고 단지 여유자금을 몽땅 잃었다고 합니다. 그래서 올해 다시 돈을 모으려고 하는데, 제 생각대로 희·용신을 대입해보면 잘 이해되지 않습니다.

제 생각에는 어렸을 때부터 쭉 괜찮았을 것 같은데 어려서 상당히 고생한 것 같습니다. 물론 올해부터 술대운으로 바뀌어서 운의 변화가 있으니 주식으로 상당히 많은 돈을 잃어버린 것은 이해가 됩니다.

 주식은 운과 상관없다고 봅니다

보신 내용에는 문제가 없다고 생각합니다. 어렸을 때의 운은 부친이 돌아가셨다니 달리 방법이 없었을 것이고, 부친이 없는 상황에서는 자수성가할 수밖에 없다는 것도 흐름이라고 생각합니다. 또한 운이 좋아서 그 정도의 노력이 결실을 보게 된 것도 다행이라고 할 것입니다.

다만 올해 주식으로 손해본 것은 약간 다릅니다. 사주의 운과 주식으로 돈을 버는 것은 별로 연관 있다고 보지 않습니다. 운이 나빠도 버는 사람이 있고, 운이 좋아도 잃는 사람이 있는 것을 볼 수 있습니다.

그래서 노름이나 주식이나 같은 것으로 봐서 운과 상관없다고 해석하는 것이 옳습니다. 그래도 세운이 좋아서 완전히 망하지는 않았다고 봐야 할 것입니다. 대운이 술토인 것도 부담입니다.

724 혹시 신강으로 보셨나요?

```
    時 日 月 年
    戊 丙 癸 丁
    戌 子 卯 巳

55  45  35  25  15   5
丁   戊   己   庚   辛   壬
酉   戌   亥   子   丑   寅
```

낭월스님이 7급이라고 한 것은 자수가 월지를 잡아서 용신을 자수로 보았기 때문인 듯합니다. 그렇다면 신강하여 관을 용신으로 삼는 구조라고 할 수 있는데 저는 병화가 신약하여 木 용신에 火 희신으로 잡았습니다. 제가 이해를 잘 못해서 다시 질문 올립니다.

그리고 만약 신약하여 木 용신에 火 희신으로 본다면 운이 별로 좋지 않아서 8급 정도라고 이야기하면 됩니까?

 신약하지만 7급입니다

신약하면서 7급이 된다고 보는 것은 월령에 왕성한 木이 장악하고 있기 때문입니다. 결국 신약한 사주입니다. 운이 불리하더라도 그냥 기본적인 급수는 있는 것으로 봅니다.

사주는 좋아서 7급이나 되는데, 운이 불리해서 제대로 발휘되지 않아 유감이라고 이야기하면 됩니다. 참고하기 바랍니다.

725 土·金으로 보았습니다

```
時 日 月 年
甲 丁 甲 戊
辰 卯 子 申
```

일간 주변이 인성으로 가득해서 약해 보이지 않아 土·金으로 보았는데 제대로 보았습니까?

 재성을 의지해야 합니다

사주에 인성이 많아서 강하다고 봅니다. 그리고 연간의 무토는 거의 무력해서 용신의 역할을 제대로 못한다고 보아 재성을 의지하는 구조라고 봅니다. 희신은 土가 되는데 재성이 무력한 것이 유감입니다.

726 몇 급 정도로 볼 수 있습니까?

```
時 日 月 年
戊 丙 癸 丁
戌 子 卯 巳
```

용신격에 대한 이해가 공부하면 할수록 쉽지 않다는 생각이 듭니다. 언뜻 보면 용신이 월지에 있고 용신을 깨는 기신이 없어 보여 좋다고 생각되지만 일간에게 용신이 별로 힘이 되어주지 못하는 것 같아서 좋지 않다는 생각도 듭니다. 몇 급 정도로 보면 되겠습니까?

 무정한 구조라서 7급 정도로 봅니다

늘 어렵게 생각되는 부분입니다. 이 경우에 느끼는 점도 역시 마찬가지입니다. 용신이 월령을 잡으면 상격이라고 했지만, 경우에 따른 변수가 많아서 때로는 9급이 되기도 합니다.

물론 월지의 용신이 충된 경우일 수 있지만, 올려주신 묘목의 경우에는 월령을 잡았지만 일간과 무정해 보이는 구조라서 감점의 요인이 됩니다. 그래서 7급 정도의 용신이 아닌가 싶습니다.

727 질문입니다

時	日	月	年
壬	乙	癸	丁
午	丑	卯	巳

곤명(坤命)으로 을목이 묘월에 났고 시간과 월간에 인성을 깔았으며, 일지에 축토는 水의 고장이니 신강이라고 판단하려고 합니다.

신강이니 극과 설을 찾아야 하는데 표 중 신금으로는 힘들 것 같고, 그래서 불을 써야 되지 않을까 생각합니다. 물론 마른 흙도 반기지 않을까요? 용신은 火·金, 기신은 水·木, 한신은 土가 되지 않을까요?

그리고 한 가지 더, 이 사주는 목화유정(木火有情)이 될까요?

 보신 대로 상당히 강한 구조입니다

火를 원하는 것으로 보고, 정화가 계수에게 맞은 것은 유감입니다. 희신은 水를 제거할 土가 되고, 기신은 水에, 구신은 木이 되는 것으로 이해하면 됩니다.

木·火가 유정하지만 火·土가 유정하지 못한 것이 유감입니다. 참고하기 바랍니다.

728 용신으로 木을 생각했는데

時	日	月	年
戊	庚	庚	丁
寅	辰	戌	酉

인성이 강해 木으로 용하고 水를 희신으로 생각했습니다. 그런데 火도 나빠 보이지 않으니 고민됩니다. 그래도 인성이 강해서 강해진 것으로 보고, 인목이 인성을 극하는 모습이 좋아 보여 용신으로 木, 희신으로 水를 생각했습니다.

그런데 실제 운대입에서는 천간으로 木·水보다 木·火가 좋고, 지지로는 木·水가 좋다고 생각합니다. 제대로 판단한 것인가요?

金이 왕하면 火가 용신

연간의 정화를 용신으로 하고 木은 희신이 되는 것으로 봐야 합니다. 金이 왕하면 火가 용신이라는 기준을 적용하면 됩니다.

729 혹시 종격이 아닐까요?

時	日	月	年
己	己	癸	丙
巳	巳	巳	辰

사월(巳月)의 기토가 무척 왕하여 종격으로 볼 수도 있지 않을까 생각합니다. 계수가 너무 무력한 것 같아서요. 종격이 아니라면 계수가 용신이고 金이 희신인가요? 현재 디자이너이고 제가 관찰한 것으로는 종격이 아닌 것 같기도 한데, 어떤 면에서는 종격 같기도 합니다.

 계속 확인해보십시오

자칫하면 종격으로 볼 수도 있는 사주이지만 역시 인성이 많은데 재가 있으니 그대로 용신입니다. 金·水운에서 발하는 것으로 봅니다. 옆에 있다면 지켜보면서 확인하는 것이 좋습니다. 경진년(2000년)에도 재미있을 듯싶군요. 운이 돕지 않으면 따분한 구조로 보겠습니다.

730 대립하면 극하는 쪽이 강하다는데

```
時  日  月  年
壬  乙  丙  壬
午  亥  午  子
```

水와 火가 싸우는 형상이니 통관 용신을 중하게 보자는 쪽도 일리가 있다는 생각입니다. 그러면 木이 중요해진다는 말씀인데 스님은 어떻게 생각하십니까?

두 번째로 水와 火가 대립하면 극하는 쪽이 강하다고 알고 있습니다. 水도 원국의 절반인 4개나 됩니다. 그렇다면 여름철도 장마철이라고 보이는데 이럴 때 조후로 水를 생각해야 한다는 것은 이해가 안 됩니다. 아무리 오월(午月)이라도 이 상황에서 水를 중하게 보는 것을 이해하기가 힘듭니다.

 인성을 필요로 한다고 생각합니다

이 사주의 경우 火기운이 만만치 않다고 생각하지만 확인하고 싶다면 살아가는 모습을 봐야겠습니다. 을목이 火기운이 많아서 인성을 필요로 한다고 생각하는데, 저와 다른 의견으로 수용이 되지 않으면 표(※)를 해두고 넘어가기 바랍니다.

731 묘유충과 인오합 중 어느 것이 더 흉할까요?

```
時 日 月 年
丙 乙 辛 丙
戌 酉 丑 午

25  15   5
甲 癸 壬
辰 卯 寅
```

丑 중 계수를 용하고 水·木으로 가는 사주로 보고 설명했습니다. 그런데 木은 원국의 구조상 도움이 안 되는 운입니다. 특히 묘목은 묘유충으로 날아가니 전혀 도움이 안 되고, 인목 또한 인오합으로 도움이 안 된다고 보고 있습니다. 1986년 병인년에 죽었다고 하는데 인목이 합되고 묘목이 충되어 운이 아주 흉하다고 볼 수 있어서 더욱더 저의 판단이 옳다고 생각했습니다.

두 번째 질문은 진짜 중요한 건데, 인목은 합되고 묘목은 충되므로 둘 다 도움이 안 된다는 것은 알지만 굳이 구분하자면, 이 경우 인목이 묘목보다 도움이 된다고 보고 문답실에 올렸습니다. 즉 충이 나면 묘목이 깨져 남는 게 없으므로 전혀 도움이 안 되나, 인목은 합이 되니 조금은 남아서 묘목보다는 조금이나마 일간에게 도움이 될 것으로 설명했습니다. 제대로 설명했는지요.

丑 중 계수가 용신인데 木운이 와서 축토를 극하면(유금이 일지에 없다고 보고) 용신이 깨진다고 보아야 합니까? 아니면 관계없습니까?

인목보다는 묘목이 나은 것으로 봐야

　인성이 필요하다고 보는데, 인목대운은 합되어서 무력하며 묘유 충으로 묘목이 무력하더라도 인목이 합되어서 火기운을 생조하는 것보다는 나은 것으로 봐야 하지 않을까 싶습니다. 여하튼 水운이 오지 않으면 소용이 없다고 봅니다.

732 일간과 용신을 어떻게 볼까요?

　용신은 일간이 사회적으로 활동하는 데 얼마만큼 도움을 주는 오행인지를 확인하는 데 중요하다고 생각합니다. 그러나 용신도 일간이 있고 나서 필요하다고 생각합니다. 즉 일간이 힘드는데 용신만 강해져 무슨 소용이 있을까 고민을 해봅니다.
　운이 들어왔을 때 대략 다음의 4가지 경우가 있다고 보는데 이런 경우에 어떻게 이해하는 게 좋은지 스님 말씀을 듣고 싶습니다.
　① 일간과 용신 모두에게 도움이 된다.
　② 일간에 도움이 되나 용신에게는 도움이 안 된다.
　③ 용신에게 도움이 되나 일간에게는 도움이 안 된다.
　④ 용신과 일간에게 모두 도움이 안 된다.

 운에서 일간의 입장은 제외

　운을 보는 것에서 일간의 입장은 제외시킵니다.

733 다시 한 번 설명해주십시오

時	日	月	年
庚	甲	乙	辛
午	寅	未	亥

1) 스님, 문답실에 올라온 사주인데 제가 의견을 잠깐 올렸습니다. 그런데 용신을 잡아놓고도 확실하게 자신이 안 섭니다. 명식을 보고 의견 부탁합니다.

2) 정말 이 사주는 저로 하여금 많은 생각과 공부를 하게 하는 사주가 분명합니다. 문답실에서 많은 의견이 오갔고 저도 많은 고민을 했습니다. 스님 말씀은 여름의 나무는 약하지 않지만 물, 즉 인성의 동태가 더 중요하다는 말씀으로 이해해야 합니까?

그리고 여름에 미월도 포함을 시키나요? 만일 오월(午月)이라면 스님 말씀에 토를 달고 싶지 않은데 환절기인 미월이라서 그렇습니다. 또한 신해라면 해수가 신금에게 생을 받고 있어 충분히 폭포수 역할을 한다고 이해하고 있습니다. 좀 멀지만 그래서 인성의 동태가 그리 중요하지 않다고 보았습니다.

아직 소화를 못 시켰으니 다시 한 번만 설명해주십시오.

 약하지 않은 형상입니다

1) 약하지는 않은 형상이라고 봅니다. 다만 여름의 木이라면 단지 木이 있다고 해서 약하지 않다고만 보지 않을 수도 있지요. 그래서 우선 인성이 필요하지 않은지 살펴보고 결정을 내려야 합니다.

인성이 아니라면 火가 좋아 보이는 형상입니다.

2) 더 이상 설명해야 할 필요를 못 느끼겠습니다. 이해되지 않는 자료첩을 하나 만들어서 보관하였다가 나중에 보면 될 듯싶습니다.

734 辰 중 계수를 쓸까요?

```
時 日 月 年
庚 庚 辛 庚
辰 戌 巳 戌
```

필요로 하는 것은 水인데 辰 중에 암장되어 충을 맞아 깨어져 있습니다. 그래도 일간이 마음은 水로 갈 것이라고 생각하니 辰 중 계수를 용할까요? 아니면 아쉽지만 사화를 용신으로 볼까요?

 월지의 사화를 용신으로

질문을 올리면서 확실하지 않은 것은 모두 같은 심정일 겁니다. 확실하면 질문할 필요가 없기 때문이지요. 그러니까 자신이 최종적으로 결론을 내린 것을 그대로 올려주기 바랍니다. '아니면'의 부분은 낭월이 판단하겠습니다.

水는 충되고 무력해서 쓸 수 없는 상황입니다. 그냥 월지의 사화를 용신으로 삼는 구조라고 봅니다.

735 金·水로 보면 될까요?

```
時 日 月 年
壬 戊 壬 乙
戌 申 午 巳
```

강약이 애매합니다. 일간 좌우의 임수가 여름이긴 하나 일지 신금으로 인해 힘을 좀 얻었을 것으로 생각됩니다. 그래도 앉은자리가 허하고 월간의 임수는 연간의 관으로 설기되며, 을목 관성은 관으로서의 역할을 잊은 듯하니 약하지 않은 것으로 보고 金·水를 쓰면 되겠지요?

 맞습니다

일간은 충분히 힘이 강해서 金·水가 용신이 됩니다. 여름의 무토라면 웬만해서는 약하지 않을 형상입니다.

736 묘미합이 걸립니다

```
時 日 月 年
癸 丙 癸 乙
巳 子 未 卯
```

얼른 보고 신약용인으로 을목을 용신으로 보았습니다. 그런데 자꾸 볼수록 묘미반합이 저를 괴롭힙니다. 그냥 신약용인으로 볼까요? 그리고 희신으로 水가 좋겠습니까? 아니면 火로 볼까요?

그리고 천간으로 火운이 온다면 을목이 천간에 있으므로 나쁘지 않다고 봐도 되나요?

 신약입니다

卯·未의 반합은 화하지는 않고 水의 힘을 약화시키는 작용은 합니다. 시지의 사화가 애매하게 걸려 있는데 자수나 계수를 봐서 무력하다고 결정내립니다. 그래서 신약입니다.

737 아무리 오월(午月)이라도

時	日	月	年
壬	乙	丙	壬
午	亥	午	子

1) 제가 아직은 안목이 부족하여 의견을 문답실에 올리고도 애매한 경우 확인을 안 거치면 왠지 찜찜해서 이렇게 자주 글을 올립니다. 스님을 귀찮게 해서 죄송하지만 그래도 공부한다는 명분으로 이렇게 자주 귀찮게 해드립니다.

위의 명식이 비록 오월(午月)이지만, 金은 없어도 水가 저렇게 왕하고 사주에 水와 火가 대립하고 있다면 인성이 강해 상관격으로 보고, 월간 병화가 용신이 된다고 보았습니다.

그리고 희신은 용신이 水에게 병들었으니 약신인 土가 우선되어 土를 희신으로 정했습니다. 용신을 맞게 보았는지 궁금합니다.

2) 위의 예처럼 용신이 병들어(극 받는 것) 있는 경우 약신을 먼저 희신으로 삼는다고 이해하면 되나요? 때로는 희신으로 약신보다 흐름을 먼저 보는 경우도 있는 것 같아 문의 드립니다.

 水가 용신이 되는 구조

1) 水와 火의 세력이 반반이라고 봅니다. 임자도 강하지만 오월의 병오도 만만치 않은 형상입니다. 그래서 억부가 적절하다고 보면 조후를 고려하겠고, 결론은 水가 용신이 되는 구조가 아닌가 싶습니다. 水가 용신이라면 희신은 金이 됩니다.

혹시 약하지 않아서 火가 용신이라면 희신은 土가 됩니다. 병을 제거하는 것이 먼저이기 때문입니다.

2) 때로는 용신의 운보다 한신의 운이 더 나은 경우도 있음을 생각한다면 공부는 잘 정리되고 있는 것으로 보입니다. 토론은 어디까지나 토론이고 구체적인 확인은 역시 살아가는 모습에서 찾아야 합니다. 이론적으로는 약하지 않지만, 여름이어서 水가 필요하다고 보고 싶은 사주입니다.

738 약하지 않게 보아 金·水로 생각했습니다

時	日	月	年
己	己	庚	甲
巳	酉	午	寅

세력과 월지는 얻었지만 일지를 못 얻고 사유반합도 있어 약하게 볼 수도 있는 명식입니다. 그러나 관도 멀고 특히 관이 인오합으로 火를 도와주며 경금에게 제압당하는 상황이어서 강하게 보았습니다. 그래서 용신을 金으로 보고 희신은 水로 해서 답변을 올렸는데 제대로 본 것인지 궁금해 사주를 올립니다.

 그럴 수 있습니다

정리가 많이 되어가는 것이 보입니다. 발전하고 있으니 머지않아서 질문이 많이 들어올 것 같습니다. 약하지 않은 구조로 생각할 수 있습니다.

739 水운을 어떻게 볼까요?

時	日	月	年
辛	丁	戊	戊
丑	卯	午	申

1) 오월(午月)이 정화라면 관살이 없고, 무오에 정묘이므로 결코 약하지 않다고 보았습니다. 굳이 말한다면 어느 정도 세력이 균형을 이루었다고 봐서 조후가 우선되는 사주라고 생각합니다.

그런데 관살이 丑 중에 암장되어 있어 고민하다가 시간인 신금을 용하고 水를 기다리는 것으로 판단했습니다. 판단은 했지만 자신이 없어 스님께 다시 문의드립니다. 제대로 보았나요?

2) 金을 용하면서도 내심 마음에 걸린 것이 상관생재의 형상이었

던 게 사실입니다. 그런데 金·土로 가서 상관생재로 보려다 아무래도 원국에 土가 3개나 되므로 왠지 土를 희신으로 보는 게 답답해 보여 용신 신금이 土보다는 水를 원하리라고 생각했습니다.

그렇게 결론을 내리면서도 확신이 안 서 스님께 질문 올렸는데 그러면 水운은 어떻게 볼까요? 저는 이 명식을 풀어주면서 水운이 좋지만 천간으로 오는 水운은 무토가 강하므로 도움이 안 되고 지지로 오는 水는 도움이 된다고 말했습니다.

현실적으로는 金·土로 가지만 무토나 술토·미토는 도움이 안 된다고 보는데 어떻게 볼까요? 특히 천간의 무토운에 대한 설명을 부탁드립니다.

 설하는 것으로 보는 것이 낫습니다

1) 설하는 것으로 보는 것이 축토 속에 암장된 상태보다 나은 것으로 보입니다. 상관생재격이 되는 형상입니다. 土·金으로 보고 金·水는 아니라고 생각합니다. 참고하십시오.

2) 설명 잘 하신 것으로 보입니다. 습토나 金이 좋겠네요. 천간의 무토도 물론 도움이 되지 않습니다.

740 태어난 시가 맞나요?

時	日	月	年
癸	甲	戊	丙
酉	申	戌	寅

74	64	54	44	34	24	14	4
庚	辛	壬	癸	甲	乙	丙	丁
寅	卯	辰	巳	午	未	申	酉

술월 갑목이 신약하여 시간 계수를 쓰고 보니 이 분의 삶과 차이가 있는 것 같아서 문의합니다.

위의 사주를 가진 분은 24세에 남편을 여의고 재가하여 여태까지 힘들게 살아왔는데, 3년 전부터 중풍 증세로 고생하고 있습니다.

목불수수자혈병(木不受水者血病)이라 했는데 계유시라면 계수가 강한 뿌리를 갖고 있는데 중풍에 걸릴 수 있을까라는 생각을 해보았습니다. 태어난 시를 저녁 식후라 유시라고 하는데, 제 생각으로는 갑술시가 아닌가 하는 생각이 들어서 질문드립니다. 그렇다면 木을 용하고 金이 기신이 될 것 같은데 맞나요?

 갑술시면 목불수 형상이 됩니다

적천수의 질병론이 그대로 부합되는 것은 아니므로 그냥 참고만 하면 좋습니다. 반드시 일치하는 것은 아니라고 봐야 합니다.

갑술시가 되면 목불수가 되는 형상이네요. 일리가 있다고 봅니다. 물이 필요한 나무가 水를 보지 못하여 삶이 고통스럽다고 설명할 수 있고, 아쉽게도 운이 남방으로 달려서 기복이 심했다고 해석할 수 있습니다.

741 진토도 水의 뿌리가 될 수 있다고는 하나

```
時 日 月 年
癸 壬 壬 甲
卯 辰 申 寅
```

 연주·시지의 木이 가을이긴 하나 일간을 상당히 설할 것 같습니다. 월지를 얻고 세력도 간신히 확보했다고 볼 수도 있을 것 같은데, 힘의 균형이 애매해서 진토의 모습에 따라 강약이 달라질 것으로 보입니다.
 축토라면 임수의 뿌리로 보는 데 전혀 문제가 없겠는데, 진토는 水의 뿌리로 보기에는 좀 꺼려집니다. 지장간을 들여다보면 水가 차지하고 있는 비율이 너무 적기 때문입니다. 진토를 일간 임수의 입장에서 뿌리로서의 역할과 극하는 관으로서의 역할을 어느 정도의 비율로 볼 수 있습니까? 뿌리 : 관성 = 40 : 60 정도로 생각해보았습니다.
 그리고 어쨌든 일지가 허하지만은 않으니 약하지 않다고 보고 용신을 木·火로 보았는데 맞습니까?

 약하지 않다고 봅니다

 그냥 진토에서는 水의 비중이 매우 약하지만, 임진이 되어버리면 아마도 水의 비중을 80% 정도로 잡아야 하지 않을까 싶습니다. 지장간의 변수이고 또한 土의 변수이기도 합니다. 그래서 이 사주는 약하지 않은 것으로 보고, 다른 지지의 土도 이러한 관점으로 이해하면 참고가 되지 않을까 싶습니다.

742 용신으로 水를 생각했습니다

時	日	月	年
丙	庚	癸	己
子	辰	酉	未

용신을 水로 유통시키는 게 좋아 보입니다. 하지만 시간의 병화도 신경이 쓰입니다. 유통시켜 水·木으로 갈까요? 아니면 극하는 火를 용하고 火·木으로 갈까요? 저는 水로 유통시키는 게 좋아 보이지만 그래도 혹시나 하는 마음입니다.

火보다는 水가 더 좋아 보입니다

상관이 좋아 보입니다. 재성이 없어서 유감이지만, 火를 용신으로 삼을 구조라고 하기는 어렵고 水가 더 좋아 보인다고 생각합니다.

743 분명 말씀해주셨는데 기억이 안 납니다

時	日	月	年
丙	辛	丙	甲
申	巳	寅	寅

위의 사주는 일간 신금 주위에 정관이 3개나 합이 되어 있는 묘한 구조입니다. 그러면 심리가 어떻게 나오는지 궁금합니다. 심리 분석할 때 같은 십성이 2개이면 극하는 성분이 나온다고 하였는데 3개가 되면 어떻게 되나요? 분명 말씀해주신 것 같은데 제가 잊어버렸습니다.

둘째로 이런 경우에도 정관의 성분은 있다고 보아야 합니까? 만일 정관 성분이 있다면 그것이 마음 속에는 있으나 겉으로는 안 나온다고 보는 게 타당합니까?

 같은 십성이 3개 겹쳐 있으면 억압의 심리로

흔하지 않은 자료이니 잊어버릴 만도 하지요. 3개가 겹쳐 있을 경우에는 강화되는 것으로 봐서 억압이 심한 심리로 나타나지 않을까 싶습니다. 확인해볼 수 있다면 좀더 살펴보기 바랍니다.

744 아무래도 계수보다는 정화가 좋은가요?

	時	日	月	年
	辛	辛	癸	丁
	卯	丑	丑	未

축월의 金이 강해 보입니다. 겨울의 金이니 우선 불을 찾게 되고 연간의 정화가 눈에 들어오긴 하는데 계수가 바로 옆에서 버티고 있어 조금 고민됩니다. 미토·축토가 각각 정화와 계수의 뿌리가 되고 있지만 그래도 일간에게는 힘을 실어줄 테니 일간의 힘은 넘

처난다고 봅니다. 그리고 축미충으로 흔들리긴 하지만 월지에 뿌리를 두고 있는 계수로 설기하는 것이 좋지 않을까 하고 생각해봅니다. 그래도 정화가 아주 죽지는 않았으니 우선하나요?

 계절을 고려해서 정화에게 의지한다고 봅니다

구조로 봐서는 계수가 좋아 보이지만 계절을 고려하려니 부득이 정화에게 의지하는 구조입니다. 아마도 火운이 와야 발하지 않을까 생각해봅니다.

745 미토가 상관을 패인할 수 있을까요?

時	日	月	年
乙	庚	癸	庚
酉	子	未	申

일(日)을 못 얻었지만 비겁의 운과 월지의 미토정인이 약하게 보이지 않습니다. 그러면 신강하다는 이야기로 설이나 극을 찾아야 하는데, 관성은 미토에 약간 보이고 상관이 천간 지지에 있는 것으로 봐서 아무래도 水로 기울지 않나 싶습니다.

궁금한 건 미토가 상관을 패인할 수 있을까요? 아무래도 월지니까 힘이 세고, 을경합금으로 미약한 을목이 金으로 화해서 오히려 해를 입지 않을까요?

잘 보셨습니다

상관패인격은 상관이 많아서 신약할 경우에 해당하는 말입니다. 여기에서는 이미 신왕하다는 결론이 나왔으므로 인성을 만나게 되면 미토는 오히려 용신을 극하는 기신이 되어버립니다. 지지에 있어서 다행입니다.

시간의 을목은 희신이 되는데 연결이 약해서 아쉽습니다. 을경합에 대해서는 별로 고려하지 않아도 됩니다.

746 몇 급 정도로 생각하면 됩니까?

時	日	月	年
戊	丙	乙	甲
子	子	亥	寅

사주가 좋은 것 같아 궁금해서 올립니다. 살아가는 것을 지켜봐도 정말 잘 살고 있다고 생각하는 사람의 사주인데, 성격도 좋고 외모도 좋고 무엇 하나 부족함이 없어 보입니다. 또 모든 사람들이 좋아합니다. 몇 급이 될까요?

 사주의 형상이 청하게 보입니다

水 · 木 · 火 · 土로 흘러가는 사주 명식의 모습이 무난합니다. 병화가 뿌리가 약한 것이 아쉽지만 이 정도라면 5급은 충분할 것으로 봅니다.

그리고 남자라면 운이 동남으로 흘러가니 좋겠습니다. 용신은 인성에 있고 희신은 火가 되는 것으로 보면 적당합니다.

747 궁금합니다

時	日	月	年
丙	丙	戊	丁
申	寅	申	巳

이 사주를 보면 좀 덥다는 생각이 들고, 월지는 얻지 못했지만 세력과 일을 얻었으니 약하지는 않은 것 같습니다. 그래서 관성을 쓰려니 사주에 없고 땅을 파봐도 없는 것 같으며, 무토를 쓰려니 양토이고 건조해서 별로 반기지 않는 것 같습니다. 그러면 水를 기다리면서 金을 용해야 되는 거 아닌가요? 저의 생각이 잘못되었다면 무엇이 잘못되었을까요?

인신충이면 전체적으로 대강 어떤 걸 예상할 수 있을까요?

 참 묘한 사주입니다

약하지는 않다고 볼 수 있는데, 관살이 암장되어 도움이 되지 않으니 아쉽지만 토생금으로 방향을 잡도록 합니다. 여기에서 아쉽다고 하는 것은 습토가 아니기 때문이며, 흐름은 무난하다고 봅니다. 다만 지장간의 신금 속에 임수가 있다는 것을 참고하는 것이 좋습니다.

이렇게 되면 전체적으로 분주하다는 문제가 있다는 것이 거의 틀림없지 않을까 싶은데, 그래도 월령에 재성이 당령이 되어 있으니 바람직하다고 합니다. 한 분야에 전문적인 기술을 갖고 있으면 좋 겠다는 생각이 듭니다.

748 처성과 여자관계에 대해

時	日	月	年
庚	丁	己	庚
戌	卯	卯	申

79	69	59	49	39	29	19	9
丁	丙	乙	甲	癸	壬	辛	庚
亥	戌	酉	申	未	午	巳	辰

묘월 기토가 월·일은 얻었지만 재와 식상이 강하여 신약하므로 묘목을 용하고 火를 희신, 金을 기신으로 삼으면 되나요?

이 분은 병술대운에 작고하신 분인데 두 여자를 데리고 사셨습니다. 정재가 많은 것하고 관계가 있나요?

 희신은 火로 봅니다

용신으로는 인성이 필요하고, 재성이 겹친 것과 두 처를 거느린 것은 완전히 무관하지는 않습니다. 그러나 반드시 그렇다고 할 수도 없습니다. 그래서 그럴 수도 있다는 정도로 생각하는 것이 좋습니다.

질문 중에 기토가 월을 얻었다는 말은 정화가 월을 얻었다는 것의 오타로 생각되는데, 金이 희신이라는 것은 문제가 있습니다. 희신은 火가 되어야 합니다. 참고하기 바랍니다.

749 희신과 일간의 합에 대해

```
時 日 月 年
己 甲 丙 己
巳 子 子 亥
```

위의 사주는 보는 사람마다 용신으로 무엇을 잡느냐에 대해서 약간 이견이 있을 수 있는 사주입니다. 인성이 강하니 인성을 누르는 土를 용신이라고 볼 수도 있고, 겨울이 나무이니 조후가 급해 火가 용신이라고 말할 수도 있습니다. 그러나 여러 가지 정황을 볼 때 병화가 용신으로 타당하다고 봅니다. 그리고 土가 희신이 된다고 보는데 스님 견해는 어떻습니까? 여하간 火·土가 필요하고 식신생재격으로 보았습니다.

 일간이 필요한 것은 용신입니다

용신을 보지 않고 희신을 보고 있는 것은 기신을 보고 있는 것보다는 나을지 모르지만 좋다고 할 일은 아닙니다. 일간이 필요한 것은 희신이 아니고 용신이기 때문입니다. 그리고 위치로 봐서 희신보다도 한신에 가까운 것으로 봅니다. 병화가 필요로 하는 것은 木이 더 우선하지 않을까 싶어서 말입니다. 좋지 않습니다.

75Q 용신과 일간의 합에 대해

```
時 日 月 年
乙 丙 辛 辛
未 寅 卯 卯
```

위의 사주는 누가 보더라도 월간인 신금이 용신입니다. 물론 土가 있다면 또다시 흘릴 수도 있으나 시지 미토는 그런 분위기가 아니고, 또한 일간 병화의 입장에서는 인성이 강해 인성을 쳐주는 신금이 정말 반갑겠습니다. 그래서 金·土로 가는 사주인데 월간 신금이 일간과 합이 되었으니 어찌 보면 정말 좋다고 말할 수 있습니다. 용신이 일간만 바라보고 있고 일간도 용신만 바라보고 있기 때문입니다.

하지만 신금을 용한 것은 강한 木을 쳐주라는 의미도 있는데 일간과 합이 되어 木을 치기보다는 일간과 연애만 하며 용신의 역할을 못하고 있으므로 과연 이렇게 일간과 합이 된 용신을 좋다고 해야 하는지 의문이 생깁니다.

 너무 깊이 생각하였습니다

때로는 너무 깊이 생각하다보면 오히려 본론에서 벗어날 수도 있다고 생각합니다. 용신이 일간과 합이 되면 일간의 마음이 친밀해져서 좋을 것으로만 생각하면 되는데, 합하여 다른 일을 하지 않는다고까지 생각이 미치면 점차로 복잡해집니다. 물론 공부하는 과정이라고 생각합니다. 많이 연구하기 바랍니다.

■ 나가는 말

　사주 공부하는 과정에서 조금이나마 도움이 되셨는지요? 처음에 『사주문답』 1권을 내면서 1년에 한 권씩 낼 생각이었지만, 중간에 『사주용어사전』을 편집하느라고 시간을 빼앗겨 거의 3년 만에 『사주문답 2』를 보여드리게 되었습니다. 물론 독자들 중에는 낭월의 게으름을 탓하고 싶은 분도 있을 것입니다. 그래서 『사주문답 3』은 서둘러 작업에 들어가도록 하겠습니다.

　『사주문답』은 앞으로 3권까지 펴내서 천문천답(千問千答)이 되도록 할 예정입니다. 의외로 『사주문답』 1권을 통해 도움을 많이 받았다는 벗님들이 많아서 큰 보람을 느낍니다.

　어디에 일일이 물어볼 곳도 없는 상황에서 자신의 궁금증을 회원들이 잘 물어줘서 너무 큰 도움이 되었다는 말도 듣곤 합니다. 이 보람은 〈낭월명리학당〉의 문답회원들과 함께 나누겠습니다. 모두가 진지하게 질문하고 궁리하는 덕분에 그 내용이 더욱 알차게 가꿔졌다고 할 수 있습니다. 좋은 인연에 늘 감사드립니다.

　또한 이렇게 나가기에 앞서 혹시 답변에 오류는 없는지 염려되는 마음이 있어 망설이게 됩니다. 그러한 부분은 벗님의 공부가 깊어지면 자연히 밝혀지리라고 생각하고 일단 마무리를 짓습니다. 더욱 정진하겠습니다.

계미년 새해에 계룡 감로에서
낭월 두손 모음

사주문답 2

글쓴이 / 박주현
펴낸이 / 유재영
펴낸곳 / 동학사

1판 1쇄 / 2003년 1월 14일
1판 5쇄 / 2015년 7월 15일
출판등록 / 1987년 11월 27일 제10-149

주소 | 121-884 서울 마포구 토정로 53 (합정동)
전화 | 324-6130, 324-6131 · 팩스 | 324-6135
E-메일 | dhsbook@hanmail.net
홈페이지 | www.donghaksa.co.kr
www.green-home.co.kr

ⓒ 박주현, 2003

ISBN 89-7190-110-1 03150
* 잘못된 책은 바꾸어 드립니다.
* 저자와의 협의에 의해 인지를 생략합니다.